JUSTIÇA PENAL NEGOCIADA

Crítica a partir de uma investigação comparada

Bernardo Frechiani Lara Maciel

JUSTIÇA PENAL NEGOCIADA

Crítica a partir de uma investigação comparada

2023

EDITORA JusPODIVM
www.editorajuspodivm.com.br

EDITORA *Jus*PODIVM
www.editorajuspodivm.com.br

Rua Canuto Saraiva, 131 – Mooca – CEP: 03113-010 – São Paulo – São Paulo
Tel: (11) 3582.5757
• Contato: https://www.editorajuspodivm.com.br/central-de-relacionamento

Copyright: Edições *Jus*PODIVM

Diagramação: Equipe *Jus*PODIVM

Capa: Ana Caquetti

M152j Maciel, Bernardo Frechiani Lara
Justiça Penal Negociada: Crítica a partir de uma Investigação Comparada / Bernardo Frechiani Lara Maciel – São Paulo: Editora JusPodivm, 2023.

272 p.

Inclui Bibliografia
ISBN: 978-85-442-4445-6

1. Direito Penal. 2. Sistemas Processuais Penais. 3. Culturas Jurídicas. I. Maciel, Bernardo Frechiani Lara. II. Título.

CDD 345

Bibliotecária responsável:
Ana Carolina Ribeiro Mois – CRB7 – RJ 007348/0

Para Y., companhia venturosa,
este livro pertence a ti.

"... Estamos no exacto e preciso lugar de fronteira, a autêntica, a linha de separação, neste limbo sem pátria entre os postos das duas polícias, la duana e la douane, la bandera e la drepeau".

José Saramago

"Diferentemente de Newton e Schopenhauer, seu antepassado não acreditava num tempo uniforme, absoluto.
Acreditava em infinitas séries de tempos, numa rede crescente e vertiginosa de tempos divergentes, convergentes e paralelos (...) O tempo se bifurca perpetuamente rumo a inumeráveis futuros".

Jorge Luis Borges

O esquecimento é então evocado nas proximidades das disfunções das operações mnésicas, na fronteira incerta entre o normal e o patológico. (...)

Paul Ricouer

SUMÁRIO

PROLEGÔMENOS

A recente tendência de alargamento dos espaços de consenso, em sede processual penal, tem suscitado fecundas contendas doutrinárias e controvérsias jurisprudenciais no Brasil, notadamente depois da promulgação da Lei nº 12.850/2013 (cognominada de Lei das Organizações Criminosas), e a apresentação dos Projetos de Lei 236/2012 e 8.045/2010.

O pendor da contemporaneidade, no sentido de atribuir à **negocialidade** um estatuto de *modelo*, enseja, é fato, querelas de vária ordem em campo doutrinário; pelo que, em prelúdio, afigura-se já necessária a demarcação prévia (portanto, não exauriente) dos contornos de objeto de tal jaez. Consubstancia a barganha[1], em síntese, um conjunto heterogêneo de práticas judiciárias procedentes do direito norte-americano, perpassadas, então, pelas *linhas de força* do modelo anglo-saxônico e engendradas no bojo do *adversarial system*, que têm por atributo comum um ajuste entre acusação e réu relativamente à persecução criminal.

As soluções negociadas vindicam análise, portanto, desde uma perspectiva histórica, evidenciando-se, como primeiro esforço analítico, a formação das culturas jurídicas brasileira e estadunidense, em suas diferenças marcantes assim como em suas mútuas interações, com o desiderato de, ao final do percurso, dispor da indispensável robustez teórica para efetuar a crítica à importação inadvertida de categorias jurídicas.

---

1. No curso da presente tese, tomar-se-á a *barganha*, na esteira da definição proposta por Vinícius Vasconcellos, "como o instrumento processual que resulta na renúncia à defesa, por meio da aceitação (e possível colaboração) do réu à acusação, geralmente pressupondo a sua confissão, em troca de algum benefício (em regra, redução de pena), negociado e pactuado entre as partes ou somente esperado pelo acusado" (VASCONCELLOS, Vinícius. **Barganha e Justiça Criminal Negocial**: análise das tendências de expansão dos espaços de consenso no processo penal brasileiro. 2ª ed. Belo Horizonte: Editora D'Plácido, 2018. p. 67). Compreende-se que tal conceito é o mais operativo para trabalhar com as soluções negociadas, não apenas por permitir antever, na própria definição, alguns dos pontos problemáticos de tais mecanismos (i.e. vulneração à defesa, renúncia ao processo, coercibilidade da proposta), mas também por se colmatar às mais variadas tendências negociadas – *plea bargaining* e suas derivações, transação penal, delação premiada, etc. – a partir de uma base conceitual comum.

Acresce à problemática relativa ao transplante de instituto peculiar de modelo alóctone, já de si instigadora de controvérsia, o fato de os mecanismos incorporados ao direito brasileiro carecerem de uma regulamentação consistente, o que se pode explicar – eis uma das hipóteses centrais da presente tese – pela ambiência inquisitória na qual a barganha veio a se inserir. O desarranjo, a nível intersistêmico como a nível intra-sistêmico, sugere uma incongruência matricial, a comprometer visivelmente sua adaptabilidade ao processo penal nacional.

Outrossim, para lá de todas as dúvidas que naturalmente surgiriam quando da importação acrítica de categorias forâneas, a ausência de um regramento coerente e compatível com a realidade jurídico-penal brasileira só faz tornar ainda mais confusa a aplicação dos mecanismos negociais na prática processual penal. Não raro a citada confusão vulnera o efetivo exercício do direito de defesa, assomando o referido *caos normativo* como mola propulsora às pretensões repressivas de um maximizado Estado Penal.

No ponto, vem a calhar um primeiro apontamento: desde uma episteme repressivo-eficientista (que Coutinho[2] denomina de "*ideologia repressivista*"), que divisa o processo não como método estruturado de arbitramento de responsabilidade penal, mas tão só instrumento de imposição de castigo, a hiperdilatação dos espaços negociados assume foros de empreitada exitosa, porquanto considerada crucial para o desmantelamento da criminalidade organizada.

Assente que corrupção, lavagem de dinheiro e crimes de tal espécie consubstanciam modalidades delitivas altamente reprováveis, considerado seu desvalor ético. Não obstante, a fim de reprimir tais delitos, ao Estado não é dado despir-se de sua vinculação estrita à legalidade e à moralidade, e se esvair de seu **conteúdo ético mínimo**, sob pena de praticar ato ilícito e imoral a pretexto de coibir condutas enquadradas, precisamente, como ilícitas e imorais[3].

---

2. COUTINHO, Jacinto Nelson de Miranda. Por que sustentar a democracia do sistema processual penal brasileiro? In:____. **Observações sobre os sistemas processuais penais**: escritos do Prof. Jacinto Nelson de Miranda Coutinho. Vol. 1. Curitiba: Observatório da Mentalidade Inquisitória, 2018. p. 105

3. A respeito da violação ao mínimo ético do Estado, ver: COUTINHO, Jacinto Nelson de Miranda; CARVALHO, Edward Rocha de. Acordos de delação premiada e o conteúdo ético mínimo do Estado. **Revista de Estudos Criminais**, n. 22, ano VI, p. 75-84, São Paulo, abr.-jun. 2006.

Em distinta fraseologia, equivale a dizer: condutas atípicas, antijurídicas e culpáveis, e, assim, subsumidas ao molde rígido do tipo normativo, devem ser acoimadas segundo as "regras do jogo processual", cujo perfil acusatório encontra-se constitucionalmente fincado.

Uma segunda hipótese de trabalho: hodiernamente, nota-se a comparência de um processo penal do espetáculo (Rubens Casara[4]), subjacente a uma cultura de emergência (Hassan Choukr[5]), em que os papéis dos diversos atores sociais têm sido redesenhados. A "nova razão do mundo"[6] aponta para uma crescente mercantilização das relações humanas, na qual se considera quase tudo disponível, fungível, vendável, como mercadoria fosse. Não escapa a essa lógica o processo penal: a barganha, menos onerosa e mais eficiente, é a resposta do sistema jurídico-penal às pressões extrínsecas advindas dos sistemas político e econômico.

Na atual quadra, cumpre destacar, ainda, o papel desempenhado pelos meios de comunicação de massa (os *mass media)* em vista da consolidação de um "novo" processo penal[7]; atuam como porta-vozes do capital financeiro, apoiando a introjeção de mecanismos negociados, por serem mais proveitosos do ponto de vista econômico. Afinal, à lógica da mercadoria, nada mais desejável que um modelo de *mais punições em menos tempo*.

Nesse pórtico, adscreve à *nova razão do mundo neoliberal* o fato de existir uma pretensa impunidade no imaginário coletivo brasileiro. A despeito do crescimento exponencial de sua população carcerária nas últimas décadas, fenômeno notável a olho nu, dura no ideário popular a noção de que se pune pouco em *terra brasilis*. Variados são os motivos para esta

---

4. CASARA, Rubens. **Processo penal do espetáculo**: e outros ensaios. 2ª ed. Florianópolis: Tirant lo Blanch, 2018. 248p. Sobre o conceito de espetáculo, recomenda-se a leitura de DEBORD, Guy. **A sociedade do espetáculo**. Trad. Estela dos Santos Abreu. Rio de Janeiro: Contraponto, 1997. 238p.
5. CHOUKR, Fauzi Hassan. **Processo Penal de Emergência**. Rio de Janeiro: Lumen Juris, 2002. 242p.
6. DARDOT, Pierre; LAVAL, Christian. **A nova razão do mundo**: ensaio sobre a sociedade neoliberal. Trad.: Mariana Echalar. 1ª ed. São Paulo: Boitempo, 2016. 413p.
7. Nilo Batista recorda que Zaffaroni inclui, "em seu rol de agencias do sistema penal, as 'agencias de comunicação social' e os exemplos que ministrou ("rádio, televisão e jornais") deixam claro que não se referia aos serviços de relações públicas de tribunais ou corporações policiais". Por essa razão, Batista poderá "sinaliza[r] para a ultrapassagem da mera função comunicativa por parte da mídia" e, nessa senda falará "da *executivização* dessas agências de comunicação social do sistema penal". BATISTA, Nilo. Mídia e sistema penal no capitalismo tardio. **Discursos sediciosos**: crime, direito e sociedade, Rio de Janeiro, ano 7, n. 12, p. 271 – 289, 2º semestre de 2002.

distorção; no presente trabalho, entretanto, adotar-se-á a tese forte de que a modelagem de tal visão passa pela relação ambígua do brasileiro com a lei e com o sistema de justiça criminal[8].

Ademais, há de considerarmos o mote da narrativa matricial do País, que permeou toda a tradição clássica da sociologia pátria, ancorada em conceitos como "homem cordial" e "jeitinho brasileiro", que, somada ao *mito fundacional* do patrimonialismo corrupto português, faz com que encerremos em nós uma contínua descrença em relação àquilo que nos concerne. As instituições e atores jurídico-penais não evadem a essa percepção.

Feito o giro teórico, retomo o ponto em aberto: o neoliberalismo e sua "temporalidade espetacular" (Debord) operam no sentido de um redesenho também do processo penal. Norteando-se pelo eficientismo do mercado, o direito não saiu incólume, sendo substanciais as mudanças em seus mais diversos ramos: a aceleração dos ritos processuais deu ensanchas, no campo do processo civil, ao extraordinário destaque conferido às práticas negociais (vide art. 190 no Código de Processo Civil de 2015), bem como ao vulto atribuído à mediação, à conciliação e à arbitragem.

Não obstante, a migração da citada lógica ao processo penal é operação de alto risco. Geraldo Prado[9], ao laborar sobre aspectos controvertidos da transação penal, denuncia a euforia de parte da doutrina tradicional brasileira com a introdução do citado instituto – a transação – e prefigura os sentidos possíveis da "*revolução*" que estaria por vir à vista de sua incorporação ao sistema jurídico nacional. A cogitar-se da barganha, o panorama de euforia não foge à raia.

Forçoso reconhecer uma guinada contemporânea rumo às alternativas de consenso. Imperioso, por isso mesmo, manter incessante vigilância epistemológica e permanente atenção à tarefa de *demarcação de limites*, a fim de que a adesão a tais modalidades não implique a *continuidade* de práticas autoritárias, somente metastizadas em novas técnicas punitivas, quiçá travestidas em moderna roupagem e, pois, mais sorrateiras.

Realizada a aproximação teorética ao objeto de estudo, convém efetuar breve exposição metodológica. Na presente tese, quero advertir o leitor, a discussão acerca do método não é meramente lateral, indo além de uma concepção reducionista de *forma* de pesquisa para alcançar o cerne mesmo

---

8. Nesse sentido, a presente tese é tributária da análise de Geraldo Prado em Transação Penal, obra a qual voltar-se-á adiante.
9. PRADO, Geraldo. **Transação Penal**. 1ª ed. Coimbra: Edições Almedina, 2015.

do objeto perscrutado, haja vista que a eleição do método *delimita*, inexoravelmente, o ferramental analítico-categorial de que se vale o investigador.

Daí compreender-se a assertiva de que o método escolhido é, antes de tudo, uma maneira – entre inúmeras – de se conceber, e, por conseguinte, se entrever o objeto. No ponto, tomar-se-á de empréstimo a figura zizekiana da *paralaxe*[10] como indispensável ponto de apoio, referencial teórico-metodológico, crê-se, mais fecundo para o conhecimento multilateral do objeto sob exame. Com isso, percebe-se desde logo, a tese não encampa o discurso de alheamento do sujeito em relação ao objeto, nem pretende assumir uma neutralidade axiológica, expedientes que só fazem disfarçar, em nosso sentir, o "local de fala" do investigador.

Dessarte, é correto afirmar que a eleição do método, ela própria, surge como decisão política basilar; isso pois a abordagem metodológica impactará profundamente nos modos de se conhecer o objeto[11].

Forte em tal premissa, revela-se necessário determinar propriamente o método adotado. De pronto, considerando o referencial adrede explicitado (que servirá como norte epistêmico ao trabalho), não se estranhará a pronta rejeição ao método lógico-formal, edificador de "*um campo de investigação restrito às normas jurídicas e sua interpretação*", como alerta Geraldo Prado[12]. Deveras, para os propósitos da tese, descabida a seleção de metodologia que, indiscutivelmente, circunscreve a atuação do intérprete à busca por significações da norma compatíveis ao todo do ordenamento jurídico, "orientada", assim, à necessária mas insuficiente tarefa de "eliminação de lacunas e antinomias"[13].

A partir da crítica ao método lógico-formal, registada sua insuficiência categorial para a assimilação de fenômenos extrajurídicos e seu deficit

10. Paralaxe é um fenômeno óptico simples em que há uma mudança de posição aparente de um objeto em relação a um segundo plano mais distante, quando esse objeto é visto a partir de ângulos diferentes. Slavoj Zizek serve-se do fenômeno como uma espécie de guia metodológico para a sua aventura filosófico-psicanalítica. A "abordagem paraláctica" é a nós valiosa, visto permitir a captura dos diversos pontos de vista e possibilitar a compreensão pela eleição de um ou outro ângulo. ZIZEK, Slavoj. **A visão em paralaxe**. Trad. Maria Beatriz de Medina. São Paulo: Boitempo, 2008. p. 14.
11. FEYERABAND, Paul. **Contra o método**. 2ª ed. São Paulo: Ed. Unesp, 2011. 376p.
12. PRADO, Geraldo. op. cit., p. 102-3.
13. Idem, p. 117.

constitutivo para evidenciar o desempenho real da *maquinaria processual das expectativas*[14], faz-se necessária, dizia, a determinação do método de trabalho.

Assim, desponta apropriada à satisfação de nosso intento a adoção do método histórico-crítico. É que o transplante de mecanismos negociais dos Estados Unidos da América para o Brasil não se pode furtar à passagem por um filtro de admissibilidade, bem como não pode menoscabar a recepção do órgão vertido em um novo corpo jurídico; tal diferença entre culturas afigura imprescindível chave analítica ao entendimento da concretização, no plano prático, da moderna tendência de expansão dos espaços de consenso.

Demais, em abono ao pensamento de Geraldo Prado, estamos convictos de que "identificar as correspondentes heranças históricas [...] e considerar também a cultura concreta e complexa das formações sociais são antídoto metodológico contra o perigo de uma globalização que não respeita diferenças e não acata a pluralidade"[15]. Eis o desafio à *crítica* proposta na tese, que pretende responder a tal repto com a feitura de exame histórico dos dois grandes sistemas jurídicos (*common law* e *civil law*) e análise detida de seus influxos sobre a formação de duas distintas culturas jurídicas.

A história, pois, como recurso imprescindível à análise da introdução de mecanismos negociais na justiça criminal brasileira; quer indicando as *heranças* punitivas do Brasil, quer patenteando a *cultura concreta e complexa* em que a barganha vem a se intrometer. Nessa linha, Casara e Melchior convocam a atenção para o fato de que:

> A crítica se estabelece, portanto, a partir do funcionamento concreto da delação premiada no sistema de justiça criminal, fundado sob uma estrutura econômica, social e jurídica própria do que chamaremos aqui de pós democracia. Esta é a conjuntura real em que se inserem as instituições e a população, logo, que se produz as expectativas sociais e políticas que atravessam o processo penal.[16]

---

14. Termo cunhado por Rui Cunha Martins que será posteriormente desenvolvido na tese. Por ora, basta a percepção de que as expectativas sociais têm repercussões profundas, desde o exterior, no direito; nas palavras do autor português, "a maquinaria agenciadora das expectativas é o mecanismo responsável por movimentos da evidência a partir do exterior, correspondendo a uma contaminação da prova vinda de fora para dentro daquela putativa fronteira jurídica". MARTINS, Rui Cunha. **O ponto cego do direito**: the brazilian lessons. 3ª ed. São Paulo: Atlas, 2013. p. 40.
15. PRADO, Geraldo. op. cit, p. 123.
16. CASARA, R.; MELCHIOR, A. P. Estado pós-democrático e delação premiada: crítica ao funcionamento concreto da justiça criminal negocial no Brasil. In: ESPIÑEIRA,

Como último, mas não de somenos relevo, alerta metodológico, importa consignar que o exame do objeto será efetuado a partir de três raias, a seguir descritas como espécie de *guia ou manual ao leitor.*

Desde uma linguagem cartográfica[17], empreenderemos o trajeto epistêmico pelos seguintes "planos de espacialidade": inicialmente, em perspectiva global, perscrutar-se-á as diferenças entre os grandes sistemas do direito contemporâneo e os impactos de tal genealogia na formação de culturas jurídicas absolutamente díspares entre si. Nesse primeiro enfoque, a análise visará a demonstrar que a existência de culturas jurídicas distintas é o nó górdio de qualquer debate acerca da importação ou do transplante de modelos jurídicos; também passará pela confirmação da globalização de tipo neoliberal enquanto protagonista de uma "nova razão do mundo" (Dardot e Laval), confirmação sem a qual não se percebe os modos pelos quais as "expectativas espetaculares" abalroam iterativamente o processo penal.

Em plano subsequente e mais restrito – escala continental – o enfoque recairá sobre a inserção dos mecanismos negociados em ambiente latino-americano, cuja tradição jurídico-penal é pródiga em autoritarismo. Neste domínio, a partir de uma análise minuciosa em torno dos sistemas processuais penais, intentar-se-á revelar as "propriedades ativáveis" dos instrumentos da barganha, que, não obstante recobertos pelo discurso glorificante da ideologia punitivista, são bastante compatíveis e amoldáveis à "performatividade inquisitória" (aí está radicada uma das *metástases inquisitoriais* bem descritas por Ricardo Gloeckner[18]).

Por ulterior, em circunscrição propriamente nacional, o exame incidirá sobre as soluções de consenso na realidade processual brasileira, descrevendo os efeitos nocivos da importação acrítica do modelo estadunidense e suas distorções quando instalada em *locus* de manifesto autoritarismo (fundando, por aqui, o alcunhado *autoritarismo consensual*).

Bruno; CALDEIRA, Felipe (ORGS.). **Delação Premiada**: Estudos em homenagem ao ministro Marco Aurélio de Mello. 2ª ed. Belo Horizonte: Editora D'Plácido, 2017. p. 415.

17. É mister assinalar a influência de Boaventura de Sousa Santos na escolha por essa abordagem cartográfica. Veja-se SANTOS, Boaventura de Sousa. Para um novo senso comum: a ciência, o direito e a política na transição paradigmática. Volume 1: **A crítica da razão indolente**: contra o desperdício da experiência. 8. ed. São Paulo: Cortez, 2011.

18. GLOECKNER, Ricardo. Metástases do sistema inquisitório. In: GLOECKNER, Ricardo (org.). **Sistemas processuais penais**. 1ª ed. Florianópolis: Empório do Direito, 2017. 375 p.

A **consensualidade** enquanto modelo de adjudicação de responsabilidade criminal sofre objeções de vária ordem já em seu nascedouro; cá, no Brasil, a importação de seus mecanismos tem nos conduzido por perigosa senda, afastando-nos cada vez mais de um processo penal efetivamente acusatório. Pelo que, trazer à ribalta a figura do consenso, lançando-lhe claridade em seus órgãos e suas funções, parece-nos providência mais que cautelar, indeclinável.

Capítulo 1

UM ESTUDO COMPARADO ENTRE DUAS DISTINTAS CULTURAS JURÍDICAS E A IMPORTAÇÃO DA BARGANHA PROCESSUAL PENAL: DA ANAMNESE ÀS CONDIÇÕES PARA O TRANSPLANTE

1.1. PARA UMA "ARQUEOLOGIA" DA CULTURA JURÍDICA BRASILEIRA: OS VESTÍGIOS MATERIAIS DA FAMÍLIA ROMANO-GERMÂNICA DE DIREITOS (PERMANÊNCIAS E RUPTURAS)

Os institutos e práticas judiciárias subjacentes ao conceito de barganha[1], como sucede com as demais práticas sociais, são dotados de *historicidade.* Reconhecê-la, e daí conduzir a investigação comparada entre as culturas jurídicas concretas, é providência epistemológica indeclinável. E, se é fato que memória, história e esquecimento estão imbricados (Ricoeur), maior razão assistirá àquele que, sem descurar do caráter seletivo da história (a seletividade é-lhe, digamos, inerente), assentir que tão mais rico será o investimento analítico quanto maior for o domínio das propriedades históricas do instituto examinado.

Assim é que, com o escopo de proceder à análise das culturas jurídicas brasileira e estadunidense, a fito de promover, ao fim, a crítica ao transplante da barganha, tem-se como de bom alvitre a realização de uma espécie de *radiografia histórica* dos dois sistemas de direito que lhes conferem (às respectivas culturas) fundamento. Vistoriemos, inicialmente, a família do *civil law.*

O *civil law*, enquanto grande sistema do direito contemporâneo (David, 2014; Losano, 2007) instalado - pois, com o transcorrer dos séculos, nas mais variadas latitudes e longitudes –, fulcra-se no direito romano. Eis, em formulação singela, o seu critério identificativo; liame - este vínculo ao direito romano - que permite agrupar sob esse mesmo "signo" uma miríade de ordens jurídicas.

Não obstante, releva consignar que, conquanto a tradição romana apresente-se como estrutura fundacional sobre a qual se ergueram os mais

1. Para compreender a abrangência atribuída ao conceito de barganha, ver Nota 1.

diversos edifícios jurídicos, o seu desenvolvimento multisecular acabou por operar um considerável (e esperável) distanciamento entre tais linhagens, a depender de elementos vários, como os *modos de recepção*, as *características de cada localidade, os regimes políticos vigentes, a organização social, o desenvolvimento econômico, a vigência do poder temporal, a maior ou menor correspondência com institutos do direito erudito, etc.* A ponto de, aqui como alhures, estudiosos de quilate denunciarem a moderna fratura do *iceberg* do *civil law* (recorro à metáfora proposta por Taruffo) e, inclusive, questionarem a validade científica, em dias atuais, do recurso aos chamados macrossistemas, preferindo reconduzir o debate comparativo ao nível dos ordenamentos.

De sorte que proponho, quero crer não com exagerada ousadia, uma síntese entre o pensamento de René David e a linha argumentativa de Michele Taruffo, cuja elaboração frástica (textual) faço nos seguintes termos: não apenas a família de direitos romano-germânica carrega às costas uma longa história, vinculando-se ao direito romano, embora afastando-se, já em seu nascedouro, "da própria concepção que se tem de direito, da que era admitida no tempo de Augusto ou Justiniano"[2]; como, igualmente, essa própria "família de ordenamentos" padeceu, com o tempo, de desdobramentos sucessivos em membros cada vez mais afastados, de modo que em seu painel genealógico, em especial nos últimos dois séculos, "revela-se impositivo reconhecer a presença de, no mínimo, três modelos fortemente diferenciados (...) o modelo austro-alemão, o modelo franco-italiano e o modelo espanhol"[3], cada qual decompondo-se em outros tantos modelos.

Em outros dizeres: o referente "família" (no caso, *civil law*) exerce, hoje, similar função de resgate (rememoração) àquela desempenhada outrora pelo referente "direito romano": mais na condição de *rastro* do que na de *totem* (valho-me do ícone para indicar o seu caráter de perenidade, de culto cristalizado, não perturbado pelo tempo). Pelo que conhecer tais vestígios históricos é condição necessária - ainda que insuficiente - para a reconstituição da cultura jurídica brasileira.

Tendo isto em linha de conta, retomemos o fio. A gênese da família romano-germânica enquanto tal - isto é, como corpo mais ou menos organizado - remonta aos albores do século XII d.C., a partir dos ingentes

---

2. DAVID, René. **Os Grandes Sistemas do Direito Contemporâneo.** *Col. Justiça e Direito.* 5ª ed. São Paulo: Martins Fontes, 2014. p. 33.
3. TARUFFO, Michele. **Icebergs de Common Law e Civil Law?** Macro-comparação e Micro-comparação Processual e o Problema da Verificação da Verdade. Trad. Hermes Zanetti Jr. In: Revista de Processo, vol. 181, p. 167, 2010.

esforços empreendidos pela escola de eruditos da Università di Bologna para a "reconstrução analítica da obra de Justiniano e à exegese dos textos assim recuperados"[4]. Cumpre registrar, no ponto, que o renascimento (Braudel) dos estudos do direito romano nas universidades europeias não se deu ao acaso; pelo contrário, insere-se tal movimento intelectual, nos dizeres de Boaventura de Sousa Santos[5], no cerne mesmo do processo de tensão entre regulação da atividade econômica e emancipação social.

As fraturas a nível territorial, político e social, notas características da sociedade feudal[6], tinham seu "duplo", no âmbito do direito, na pluralidade de ordens jurídicas simultaneamente aplicáveis. A atribulada confluência entre estas várias ordens (direito canônico, direito feudal, direito real, *lex mercatória*, direito urbano) paga tributos à fragmentariedade e à miscigenação entre povos romanizados e germânicos, notando-se ora a mescla de categorias jurídicas, ora a sua mantença em domínios distintos, na qualidade de "direito erudito" e de "leis bárbaras"[7].

Assim é que o ressurgimento da urbe como polo comercial (a partir do século X), acrescido do enriquecimento progressivo da classe social de mercadores, tornou forçosa a reconfiguração desse quadro jurídico extremamente caótico, multiforme e arbitrário do sistema feudal. Nesse tocante, há de se concordar com Losano quando afirma que "o direito romano oferecia a uma sociedade mercantil instrumentos jurídicos mais adequados que os dos direitos romano-bárbaros de alta Idade Média"[8].

O aparecimento do direito como um saber autônomo inscreve-se, pois, em contexto histórico de ruptura com a pulverização vigente e de exigência por uma nova regulação jurídica da vida social, que se adequasse aos interesses emancipatórios da classe nascente – classe que, se financeiramente protagonista, ainda desprovida de representação política à altura. A demanda por racionalidade, estabilidade e unicidade frente a um panorama jurídico disforme, complexo e anacrônico está no centro do renascimento

4. LOSANO, Mario. **Os Grandes Sistemas Jurídicos**: introdução aos sistemas jurídicos europeus e extra-europeus. 1ª ed. São Paulo: Martins Fontes, 2007. p. 52.
5. SANTOS, Boaventura de Sousa. **A Crítica da Razão Indolente**: Contra o desperdício da experiência. Vol. 1. 1ª ed. São Paulo: Cortez Editora, 2017. p. 120-124.
6. BERMAN, Harold J. **Direito e revolução**: a formação da tradição jurídica ocidental. São Leopoldo: Editora Unisinos, 2004. p. 85-7.
7. LOSANO, Mario. op. cit, p. 41.
8. Idem, p. 51.

dos estudos das compilações de Justiniano e da cátedra, por Irnério, do *Corpus Iuris Civilis.*

Através das glosas, tal empreitada ganha força e se dissipa por outras universidades da Europa, pelas mãos de diplomatas, notários e juízes formados em Bolonha, culminando na obra magna de Acúrsio, que constituiu o "instrumento da aceitação do direito romano nos outros Estados europeus"[9]. O prestígio do direito romano nas universidades europeias tornou-se tão notório que se elevou a nível de disciplina fundamental, como se depreende do excerto de René David:

> Sob pena de se tornarem escolas locais de processo, sem prestígio, sem irradiação e sem meios, as universidades deviam ensinar algo diferente do direito local. Além disso, foi precisamente para superar este direito local, para se elevar acima dos costumes atrasados e insuficientes, que o renascimento dos estudos do direito romano se produziu. **Nenhuma universidade europeia vai tomar como base do seu ensino o direito local consuetudinário; este, aos olhos da Universidade, não exprime a justiça, não é verdadeiramente direito.**[10] (grifo nosso)

No ponto, faz-se importante um parêntese: a recepção do direito romano não ocorreu, convém frisar, em termos de mera *adesão,* mas registrou-se uma interpenetração entre costumes locais e princípios do direito erudito. Exemplo de tal entroncamento é o compêndio das *Siete Partidas*, em que o monarca Afonso X, de Castela, intentou conciliar regras consuetudinárias com os direitos romano e canônico. Ainda na esteira de David[11], é de se reconhecer que essa compilação teve profundos impactos na cultura jurídica ibérica, impelindo a península na direção da romanização – o que, inclusive, ressoou na colonização jurídica da América Latina.

Recupero o fio. Por intermédio do trabalho dos glosadores, o direito romano foi restabelecido e acomodou-se bem aos propósitos emancipatórios da nova classe de mercantes. No entanto, a aplicação do direito romano clássico pelos juristas revelou-se, paulatinamente, demasiado rígida e excessivamente

9. Idem, p. 52.
10. DAVID, René. op. cit, p. 42.
11. Idem, p. 57.

fiel ao texto de Justiniano[12], e passou a não mais coadunar-se, aos olhares de uma burguesia então já emancipada, com a realidade social do século XIV.

Neste instante, representada por Bártolo de Sassoferrato, desponta a escola dos Pós-Glosadores ou Comentadores, que "via no direito romano a *ratio scripta*, ou seja, um conjunto de princípios que deviam ser adaptados à realidade de cada Estado por meio de intervenções que os Glosadores teriam considerado inadmissíveis"[13]. Por meio de um estudo menos aferrado ao direito romano e mais adaptável às realidades locais, tornou possível o aparecimento de novos ramos do direito, que, no entanto, eram sucessivamente incorporados ao *ius commune*. É para o tal relacionamento entre permanência e ruptura que Antônio M. Hespanha chama atenção, quando afirma que "unidade não significa, neste contexto, homogeneidade, pois, mesmo neste nível da alta cultura, a ideia de um direito comum compatibilizava-se com o reconhecimento de particularidades jurídicas regionais (...)"[14].

No ponto, é Hespanha mesmo quem recorda que a gradual submissão do *ius commune* ao direito próprio dos reinos, já em contexto de centralização política dos Estados Nacionais, "acontece, antes de mais, naqueles ramos em que o direito romano não podia trazer grande contributo (dada a maior evolução do estilo de vida) – como o direito público, o direito criminal e o direito comercial"[15]. Ademais, este fortalecimento do poder soberano aliado aos projetos de expansão ultramar acabaram por deslocar o "centro" oriental-mediterrâneo para o Ocidente europeu (Dussel) e por propelir os direitos régios no sentido da consolidação dos suso referidos ramos públicos[16].

Este movimento simultâneo de descolamento do *ius commune* e aproximação entre as ordens jurídicas do Continente Europeu calhou por fornecer, gradativamente, as bases para o surgimento do direito natural racionalista. Não sobeja recordar, a pretexto das condições para o florescimento do jusnaturalismo racionalista, também das intensas repercussões da revolução científica de séculos XVI e XVII (Galileu e Descartes) para o exalçamento da razão humana à condição de pedra angular do direito.

A ideia de que **leis naturais** poderiam ser apreendidas por meio da observação e do uso da razão, à imagem das ciências da natureza, represen-

---

12. HESPANHA, António Manuel. **A Cultura Jurídica Europeia**: síntese de um milénio. Coimbra: Edições Almedina, 2012. p. 213.
13. LOSANO, Mário. op. cit, p. 54.
14. HESPANHA, António Manuel. Ibidem, p. 115.
15. HESPANHA, António Manuel. op. cit, p. 232.
16. HESPANHA, António Manuel. op. cit, p. 241.

tou, no âmbito do direito, uma importante virada epistemológica. Nesse toar, atilada a observação de René David no que concerne à ruptura entre o jusnaturalismo dos séculos XVII e XVIII e a escola dos pós-glosadores:

> Abandonando o método escolástico, eleva a um alto grau a sistematização do direito, que ela [escola do direito natural] concebe de modo axiomático, eminentemente lógico, à imitação das ciências. Afastando-se da ideia de uma ordem natural das coisas exigida por Deus, ela pretende construir toda a ordem social sobre a consideração do homem (...)[17]

O direito natural racionalista, verifica-se, é símbolo do rompante final com a escolástica; afinal, se era imperativo secularizar a razão humana, então inconteste que esta *ratio* não mais poderia ficar jungida à ordem divina.

Um breve parêntese, por valioso ao exame ora empreendido: ao falar de ruptura com a teologia escolástica, não há como deixar de destacar dois relevantes movimentos ideológicos. Em primeiro plano, o abalo das estruturas da filosofia clássica com o pensamento do escolástico inglês Guilherme de Ockham (século XIV). A **navalha de Ockham**, como ficou conhecido, inaugura a via moderna[18], em oposição ao realismo tomista, e desafia a produção do conhecimento dentro do paradigma realista[19]. Em segundo plano, mas não de menor importância, a legitimidade da Igreja Católica, enquanto portadora singular da Verdade real, é posta em xeque já em princípios do

---

17. DAVID, René. op. cit, p. 46.

18. Acerca da tensão entre as duas vias, KUNZ salienta que: "A constante "luta entre as duas vias", isto é, o conflito entre os que sustentavam a "via moderna" (nominalismo) e os "nominales" (terministae, conceptistae) e os "reales", preenche todo este período do tempo. Com a sua exagerada separação entre a fé e a ciência, o nominalismo contribuiu decisivamente para preparar a estrada aos inovadores do século XVI". (KUNZ, Armindo Antonio. **História da Igreja**: a Idade Nova (1303-1648). Taubaté: Instituto Teológico SCJ, 1978. p. 45)

19. Guilherme de Ockham desafia a tese prevalente, até então, do conhecimento enquanto ato de revelação divina, para, com a formulação do *nominalismo*, afirmar que "o conhecimento humano é condicionado ao contato direto ou indireto com algum objeto ou dado da experiência" (GHISALBERTI, Alessandro. **Guilherme de Ockham**. Trad. Luís A. de Boni. Porto Alegre: EPIPUCRS, 1997. p. 67). Tal ruptura ontológica com a Verdade (paradigma ainda não rompido pelo processo penal), bem como a separação entre filosofia/ciência e teologia/religião, são pontos fundamentais para compreender a revolução científica do século XVI.

século XVI, com a Reforma de Lutero[20]. Dois movimentos que são, por assim dizer, endógenos, eis que partem desde dentro da Igreja e objetam, a seu modo, sua autoridade.

O jusnaturalismo racional, que teve em Hugo Grotius um de seus expoentes, tem débito histórico com as sucessivas rupturas operadas por, entre outros, a navalha de Ockham, a Reforma de Lutero e a nova ciência de Descartes e Galileu. Referida defluência avista-se quando, em *De Jure Belli ac Pacis*, Grotius salienta:

> A preservação da ordem social, que sumariamente resumimos e que se harmoniza com a inteligência humana, é a fonte do direito na verdadeira acepção do termo [...] O que temos vindo a dizer seria sempre válido, mesmo que admitíssemos aquilo que só com a maior perversidade pode admitir-se: que Deus não existe, ou que os assuntos dos homens O não preocupam (1964: 11-13, Prolegomena, Secções 6-11)[21]

Do excerto transcrito, constata-se a aludida influência (i) na busca por um conhecimento seguro e coalescente com a inteligência humana, em oposição à certeza/verdade absoluta – contrapondo-se, desse modo, à postura dos tomistas; (ii) na desvinculação com as leis divinas, a exibir uma nova ordem social que devia de assentar-se sobre a razão humana; (iii) no caráter *tendencialmente* universal e imutável do direito natural, pois fundado em idêntico princípio ideal (Vico), ainda que os suportes físicos – os direitos positivos – sejam distintos entre si.

Com relação aos êxitos alcançados pela escola do direito natural de séculos XVII e XVIII, René David adverte que

---

20. Ao mesmo tempo tributário e crítico do ockhamismo, Lutero propõe a retomada da centralidade do estudo da Escritura Sagrada e desafia a autoridade pontifícia – à época, o papa Leão X –, denunciando a "detestável tirania dos clérigos com relação aos leigos" (LUTERO, Martinho. **Do Cativeiro Babilônico da Igreja**. Trad. Martin N. Dreher. São Paulo: Martin Claret, 2007. p. 106.), bem como afirma que "a Palavra de Deus se encontra em uma situação incomparavelmente mais alta que a Igreja, a qual, como criatura da Palavra, não pode determinar, ordenar ou fazer, mas ela deve ser regida, ordenada e estabelecida" (Idem, p. 1001).
21. GROTIUS, Hugo. **De Jure Belli Ac Pacis**. 1964, p. 11-3 apud SANTOS, Boaventura de Sousa. **A Crítica da Razão Indolente**: Contra o desperdício da experiência. Vol. 1. 1ª ed. São Paulo: Cortez Editora, 2017. p. 125.

> Em primeiro lugar, fez reconhecer que o direito devia estender-se à esfera das relações entre os governantes e governados, entre a administração e os particulares.
>
> (...)
>
> O segundo êxito espetacular da escola do direito natural foi a codificação. (...) A codificação liquidará os arcaísmos que muito frequentemente se perpetuaram; ao mesmo tempo, ela porá fim à fragmentação do direito e à multiplicidade dos costumes, que são muitas vezes um obstáculo na prática, e para os quais se tornou impossível, na época, fornecer uma justificação.[22]

Difiramos o segundo êxito para momento posterior, quando a abordagem centrar-se-á no processo de codificação. No que toca à **relação entre governantes e governados**, contudo, é certo que "a substituição de uma estrutura mental teológica por uma outra dominada pelo novo pensamento científico"[23] implicou a exigência por uma justificação não teológica do poder; uma justificação, em última instância, que prescindisse uma qualquer evocação divina.

A esse respeito, a consolidação do direito público enquanto ramo do saber autônomo deve, e muito, à premência, por respaldar uma nascente ordem social e política; esta, não podendo mais se estear em leis divinas, haveria de ser concebida como obra de indivíduos que optaram racionalmente por limitar suas liberdades naturais e se submeter a um Estado mais capacitado a preservá-las. Nesse ponto, Geraldo Prado explana que "o crime como violação das regras elementares do contrato social será tratado como consequência obrigatória do reconhecimento de uma igualdade de todos os homens, comprometendo a responsabilidade de cada um na assunção de sua coexistência com os outros"[24].

As teorias modernas do contrato social são, dessarte, "fruto do debate sobre o direito natural racionalista, do qual, evidentemente, partem, e de se considerarem parte da nova ordem social e política e do novo método científico moderno de análise da realidade"[25]. Inserem-se no contexto de reconhecimento especulativo/teórico de um estado natural, no qual os indivíduos fruíam de sua liberdade inata – quer tal gozo conduzisse a um estado

---

22. DAVID, René. op. cit., p. 65-6.
23. HESPANHA, António Manuel. Ibidem, p. 313.
24. PRADO, Geraldo. **Transação Penal.** 1ª ed. Coimbra: Edições Almedina, 2015. p. 156-7.
25. SANTOS, Boaventura de Sousa. op. cit., p. 129.

de crueldade ou de paz; entretanto, por um ou outro motivo, voluntariamente decidiram firmar um pacto entre si, com vistas a instituir a sociedade civil, nesse ato delegando parcela de suas prerrogativas naturais ao soberano em troca da tutela de seus interesses legítimos.

O pacto social, ainda que encarado como mero artifício teórico ou expediente discursivo, conota a propensão dos pensadores políticos modernos a recorrer à **metáfora da negociação** como forma exclusiva, axiomática, singular a se cogitar a problemática da transição entre estado de natureza e sociedade civil. O reconhecimento da **potência alinhadora** do pacto social posiciona o debate jurídico, desde o instante inaugural da sociedade política, em termos de *modalidades de negociação*, invocando ora o *consentimento*, ora a *vontade soberana*, ora a *autoimposição*, mas recusando-se, em todo caso, a aceitar um estado de anomia.

Em Hobbes, cujo pensamento político aflorou em meados do século XVII, pronuncia-se o caráter belicoso do estado de natureza ("guerra de todos contra todos") em face do qual devém justificável, e inclusive desejável, a presença de um soberano com poderes absolutos e capaz de garantir a paz social, impondo-se de si e por si como autoridade máxima. O autor empenha-se para apresentar uma legitimação original ao poder político: ainda dentro do paradigma absolutista, o contratualismo hobbesiano marca a renúncia do povo "ao estado de natureza – ou seja, à liberdade total e à igualdade que necessariamente conduz à guerra de todos contra todos – e cria uma sociedade civil baseada na soberania absoluta do Estado que, em vez de liberdade e da igualdade, garante a paz, a autoridade efectiva (...)"[26].

Para este autor, a assinatura do contrato implicava o automático decesso do direito natural à vista da fundação da sociedade política, "justamente porque, uma vez instituído o soberano como único legislador, não haveria lugar para qualquer direito que não tivesse origem nele"[27]. O direito civil, nesta perspectiva, cinge-se à *vontade* da autoridade soberana; paradoxalmente, a negociação política, condição necessária ao firmamento do pacto, exaure-se no mesmo átimo da "anuência" (visto que inexiste negociação possível entre o soberano e seus súditos; há, sim, dever de irrestrita obediência destes para com aquele).

Ao seu turno, Rousseau elabora a teoria da vontade geral em meados do século XVIII. Em seu contratualismo, consigna que a sociedade civil

---

26. Idem, p. 133.
27. HESPANHA, António Manuel. op. cit, p. 317.

configura forma de sobrelevação humana se comparada ao estado de natureza, na medida em que, por meio da *associação* em comunidade, torna possível aos indivíduos potenciar as suas liberdades. Neste pensar, o Estado repontaria não como o Leviatã, mas como ente garantidor da vontade geral e fomentador da aludida emancipação do homem[28].

Em Rousseau, o ato do contrato também funda a sociedade política; mas, fá-lo atribuindo à própria comunidade a soberania, e não a depositando, senão de modo secundário, no Estado. Com efeito, dado que a soberania é do povo, o direito torna-se *autoimposto* ao corpo social por meio da expressão da vontade geral; pelo que, para Rousseau, a subscrição do pacto não encerra, como em Hobbes, a possibilidade de concerto, mas, ao contrário, expande os horizontes políticos da negociação.

Realizado o giro pelos contratualistas – com a ressalva de que Locke será detidamente examinado no subcapítulo vindouro –, recobremos o **segundo êxito espetacular da escola do direito natural**, que havia sido deixado em aberto. A esse propósito, convém registrar a advertência de Hespanha, ao falar da escola do jusnaturalismo, para o fato de que foi a sua "conceção *individualista* e *voluntarista* (...) que modelou os conteúdos dos códigos civis do século, bem como uma boa parte dos nossos manuais de direito privado".[29]

À investigação, pois, do **processo de codificação**. Neste passo, interessa notar que, se o Iluminismo legou ao ocidente, é fato, um dilatado campo de negociação política para grassar, ao mesmo tempo acabou por encistar a possibilidade de negociação em formas jurídicas regulares, controláveis e previsíveis. A codificação, enquanto expressão cientificizada de um direito racional, revelou-se o meio por excelência para se conferir a visada regularidade, controle e previsibilidade à ordem sociopolítica.

Advém o largo movimento de codificação operado no século XIX – com destaque ao Código Civil Napoleônico de 1804 e, já em seu ocaso, no Código

28. "A passagem do estado de natureza ao estado civil produz no homem uma mudança considerável, substituindo em sua conduta o instinto pela justiça e conferindo às suas ações a moralidade que antes lhes faltava. Só então, assumindo a voz do dever o lugar do impulso físico, e o direito o do apetite, o homem, que até então não levara em conta senão a si mesmo, se viu obrigado a agir com base em outros princípios e a consultar sua razão antes de ouvir seus pendores. Conquanto nesse estado se prive de muitas vantagens concedidas pela natureza, ganha outras de igual importância: suas faculdades se exercem e se desenvolvem, suas idéias se alargam, seus sentimentos enobrecem, toda a sua alma se eleva a tal ponto (...)" (ROUSSEAU, Jean-Jacques. **O Contrato Social**. 3ª ed. São Paulo: Martins Fontes, 1996. p. 25-6).

29. HESPANHA, António Manuel. op. cit., p. 321-2.

alemão de 1900 – como um credível marco regulatório dos ideais científicos do direito moderno, na medida em que viabilizou o agrupamento de leis abstratas e universais (caracteres, a abstração e universalidade, comuns às ciências da natureza) em um único documento escrito, de maneira organizada e sistemática. O caráter universal das leis codificadas ajuda a explicar sua exitosa dispersão pela Europa e sua "expansão além da Europa"[30], quer por meio da recepção, quer pela colonização ultramar – o que impactará deveras no Iluminismo jurídico luso-brasileiro (Neder[31]).

O período de legiferação, anotemos, é decisivo para a história da família de ordenamentos romano-germânica, porquanto oportuniza que a lei positivada pelo Estado assume o posto de fonte primeira do direito, liquidando quaisquer resquícios de uma indesejável mixórdia jurídica (refiro-me àquele caos normativo resultante da pluralidade de direitos e costumes locais). A lei, considerada obra-mor da racionalidade humana, granjeará centralidade nos ordenamentos jurídicos do *civil law* e sua interpretação e aplicação deverão ser as mais fiéis à vontade do legislador, depurando-a de qualquer consideração de ordem ética, religiosa, política, metafísica – o cientificismo e estatismo estão bem denotados, por exemplo, na escola da exegese francesa do século XIX, que considerava ser o juiz mero "bouche de la loi" ("boca da lei").

Tal processo de codificação, com a definitiva elevação da lei escrita a patamar de núcleo da ordem política, encerra o triunfo do polo da *regulação* sobre o da *emancipação*, ao enclausurar esta última à condição de "promessa não realizável". A Revolução Francesa dá-nos bem a medida: o apelo da burguesia a todo arsenal discursivo da "*Liberté, égalité, fraternité*", lema usado a pretexto de cooptar o *tiers état* (Terceiro Estado), converte-se, no instante seguinte à "tomada da Bastilha", em força reacionária, mobilizando semelhante armaria justamente para refrear o processo revolucionário que antes havia incitado.

Por intermédio do mito do contrato social e do processo de codificação, a burguesia pôde estimular o sentimento de solidariedade social, a fim de mobilizar as massas, para depois, alcançado seu desiderato, sufocar a apetência emancipatória das classes subalternas. Nessa esteira, ao sublinhar a tensão entre regulação e emancipação na modernidade, Boaventura de Sousa Santos afirma que

30. DAVID, René. op. cit., p. 77.

31. NEDER, Gizlene. **Iluminismo jurídico-penal luso-brasileiro**: obediência e submissão. Coleção Pensamento Criminológico nº 04. 2ª ed. Brasil: Editora Revan, 2007. 256p.

> ... ao entrar na posse desta herança, **o Estado minimizou os ideais éticos e as promessas políticas de modo a ajustar uns e outros às necessidades regulatórias do capitalismo liberal**. A soberania do povo transformou-se na soberania do Estado-nação dentro de um sistema inter-estatal; a vontade geral transformou-se na regra da maioria (obtida entre as elites governantes) e na *raison d'état*; o direito separou-se dos princípios éticos e tornou-se um instrumento dócil da construção institucional e da regulação do mercado; a boa ordem transformou-se na ordem *tout court*.[32] (grifo nosso)

E o autor português prossegue, assinalando que

> O Estado liberal encontrou no caos daí resultante [das contradições do desenvolvimento capitalista] a justificação para **impor um modo de regulação que convertesse as pretensões mais inequivocamente emancipatórias do paradigma em anomia ou utopia** e, portanto, em qualquer dos casos, em perigo social.[33] (grifo nosso)

Em suma, o século XIX consolida - não sem resistência - a hegemonia da classe burguesa. No campo do saber, dá azo ao estabelecimento do positivismo[34]. Neste novo paradigma epistemológico, o direito, para ser considerado ciência, teria de "cultivar métodos objetivos e verificáveis, do género dos cultivados pelas ciência 'duras', dela devendo ser excluídas todas as considerações valorativas (políticas, morais)"[35].

Destarte, o positivismo jurídico, fundador de uma Ciência do Direito em sentido estreito, visará à declinação de qualquer consideração de natureza metafísica ou ética e à elaboração de um sistema que seja autorreferente, fechado, que se legitime a si próprio. As marcas indeléveis de tal corrente de pensamento são profundamente identificadas até os dias atuais, no ensino e na prática, promanando dela, é bem verdade, um campo fértil para os avanços civilizatórios - se comparado ao estado de coisas pregresso - mas implicando o decaimento de um sem-número de compromissos epistêmicos e políticos que o Direito deixou em aberto.

---

32. SANTOS, Boaventura de Sousa. op. cit, p. 140.
33. Idem.
34. Relativamente à adoção do método científico do positivismo nas ditas "ciências sociais", e, em especial, no direito, ver WIEACKER, Franz. **História do Direito Privado Moderno**. 2ª ed. revista. Trad.: A. M. Hespanha. Lisboa: Fundação Calouste Gulbenkian, 1967. p. 497-505.
35. HESPANHA, António Manuel. op. cit, p. 399.

Efetuado o tracejo histórico das linhas mais relevantes da família romano-germânica – ressalvando-se que, no item 1.4, serão tratados o capitalismo organizado e a globalização –, importa escrutar o percurso luso-brasileiro e situar o Brasil nesse processo histórico que o filia à tradição do *civil law*. A análise favorecerá, em momento oportuno, a demonstração da incompatibilidade dos mecanismos negociados com a cultura sobre a qual se assenta a ordem jurídica brasileira.

Sem a pretensão de exaurir a história do direito português, dotada, é sabido, de enorme riqueza historiográfica, o itinerário a que se propõe a tese partirá da romanização do direito ibérico, a partir do século XIII, com os manuscritos *Fuero Real* e *Siete Partidas* na vigência do reinado de Afonso X de Castela. Com efeito, estes diplomas lograram enorme influência na Península Ibérica até o século XV, eis que possibilitaram a aglutinação do direito romano e das glosas ("direito erudito") com os costumes e práticas locais em um só suporte documental.

Em Portugal, a recepção do direito romano ocorre "por meio dos portugueses que foram estudar na Itália. E sua difusão se deve, principalmente, à universidade fundada, em 1290, por D. Dinis, em Lisboa, e, mais tarde, transferida para Coimbra"[36]. Em paralelo, contudo, a esse acolho ao direito romano, sucederam movimentos de remodelação do direito canônico e de manutenção/continuidade das práticas costumeiras, o que explica a indigitada confluência entre caracteres dos direitos romano, canônico e local.

A esse respeito, elucida Antônio M. Hespanha que

> Na falta de expressa previsão das fontes de direito justinianeu ou de direito canónico, apelava-se para o direito doutrinal dos glosadores ou dos comentadores. Em primeiro lugar, para a Glosa de Acúrsio e, na insuficiência desta, para a opinião de Bártolo, ainda que contrariada por outros doutores, pois o rei, por o ouvir dizer a letrados, a tinha tida como a habitualmente mais conforme à boa razão (...)[37]

A partir do século XV, as Ordenações Afonsinas, Manuelinas e Filipinas, pela ordem, sintetizariam o esforço a fito de promover um direito comum, no qual as tensões entre as diversas ordens jurídicas pudessem ser amainadas e se tornasse viável concatenar efetivamente as leis do Reino com

36. ALVES, J. C. M. Panorama do direito civil brasileiro: das origens aos dias atuais. **Revista da Faculdade de Direito**, Universidade De São Paulo, 88, 1993. p. 187.

37. HESPANHA, António Manuel. op. cit, p. 273.

os direitos romano e canônico, ainda que, como visto acima, num sistema de subsidiariedade[38].

À guisa de adicionar uma camada de complexidade, as conquistas ultramar de Portugal, em ambiência de mercantilismo acumulativo e de consolidação dos Estados Nacionais, deveriam conduzir, ao menos no plano virtual, à expansão do direito europeu para as terras recém-colonizadas (instituindo, com isso, um outro *campo tensional* entre metrópole e colônia). Digo virtualmente, pois, desde cedo, Portugal empenhou-se para estatuir dois regimes jurídicos distintos: as Ordenações e leis da metrópole para a gente portuguesa, de um lado; e o domínio violento e adestrador dos capitães donatários e das missões jesuíticas, de outro. Aliás, ilustrativa a observação de Alfredo Bosi no sentido de que "(l)ei, trabalho e opressão são correlatos sob o escravismo colonial"[39].

Nessa esteira, Hespanha bem resume o embaraço entre os citados regimes jurídicos, quando assinala que

> no Ultramar, a guerra justificava-se ainda por alargar a fé e o reino ("reconquista" e "cruzada"). Era a guerra mais legítima, e também menos regulada e mais feroz: a guerra "sem quartel", que se podia mover contra rebeldes, infiéis ou bárbaros. Este imaginário da guerra devia ser dominante entre os colonos, nomeadamente entre a nobreza e os militares. Para estes, os nativos eram inimigos, facilmente equiparáveis a bárbaros, contra os quais tudo era permitido. **Esta contraposição entre a ideologia da unidade do género humano (temperada pela ideologia da civilidade-rusticidade) e a da guerra (de cruzada, ou de conquista) explica a tensão, muito evidente no Brasil durante toda época colonial, entre a legislação do reino que proibia a escravização dos nativos**

38. A propósito, Alves registra que "Como nessas fontes subsidiárias avultava o direito romano, foi este largamente utilizado em Portugal até a segunda metade do século XVIII, e não apenas serviu para preencher as lacunas do direito português, mas também pelo prestígio de que desfrutava como *ratio scripta*, foi usado, com bastante frequência, contra textos expressos das Ordenações, generalizando o entendimento de que as normas do direito lusitano que lhe fossem contrárias deveriam ser interpretadas restritivamente, ao passo que as com ele conformes seriam extensivamente compreendidas" (ALVES, J. C. M. Panorama do direito civil brasileiro: das origens aos dias atuais. **Revista Da Faculdade De Direito**, Universidade de São Paulo, 88, 1993. p. 188).
39. BOSI, Alfredo. **Dialética da colonização**. 4ª ed. São Paulo: Companhia das Letras, 2001. p. 24.

e as pretensões esclavagistas e de extermínio normais entre os colonos ("bandeirantes", guerras "dos bárbaros")[40] (grifo nosso)

Evidencia-se, no ponto, a latente contradição entre a legislação do reino e o direito vigente na colônia; tal antinomia é, para nós, a reveladora do défice congênito de quaisquer narrativas que pretendam explicar a formação da cultura jurídica do Brasil em termos de mero continuísmo com Portugal. Para muito além da influência do direito português, a "história real do Direito [Penal] em nossas terras se revela por trás de pelourinhos, senzalas, açoites e chibatas, execuções públicas e autos de fé"[41].

E, conscientes do enraizamento da escravidão no imo da ordem social e política da colônia (e não só da colônia, visto ter o Brasil abolido a escravatura quando já independente, em 1888), não há como concebermos a formação da cultura jurídica brasileira dissociada desta lamentável e violentíssima mancha histórica.[42]

Voltemos à análise do direito português, com vistas a podermos detectar as ressonâncias deste na formação da cultura jurídica brasileira, não olvidando jamais o jogo de força entre a produção discursiva e as práticas socioculturais – notadamente, as judiciárias.

Com efeito, se as Ordenações se esforçaram por reunir em seu bojo os direitos romano e canônico, a revolução científica, que varreu a Europa no século XVII, e a ascensão do jusracionalismo, acarretaram a necessidade de redesenho das bases do direito português: ante a secularização da ordem social, impunha-se a revisão do sistema de fontes do direito, em que se prestigiasse a razão humana em detrimento de antigas *opinio* dos glosadores e comentadores (Acúrsio e Bártolo).

Nesse diapasão, Neder e Cerqueira Filho lecionam que a inserção no "paradigma legalista, que toma o primado da lei como eixo da articulação

40. HESPANHA, António Manuel. op. cit, p. 291-2.

41. PRADO, Geraldo. **Transação Penal**. 1ª ed. Coimbra: Edições Almedina, 2015. p. 162.

42. BOSI, Alfredo. op. cit, p. 195. Merece a pena, por oportuno, um destaque à observação de Bosi: "O par, formalmente dissonante, escravismo-liberalismo, foi, no caso brasileiro pelo menos, apenas um paradoxo verbal. O seu consórcio só se poria como contradição real se se atribuísse ao segundo termo, *liberalismo*, um conteúdo pleno e concreto, equivalente à ideologia burguesa do trabalho livre que se afirmou ao longo da revolução industrial européia".

do campo político e ideológico, anunciava, na virada do século XVIII para o XIX, a necessidade de adotar códigos criminal e civil modernos"[43].

Assim, neste contexto, no fim do século XVIII, Marquês de Pombal inicia uma reforma jurídica em Portugal, com destaque para a *Lei da Boa-Razão*, de 1769, e para a reforma universitária, de 1772. No tocante à primeira, há de se observar com o historiador português:

> **A Lei da Boa Razão, de 18/08/1769, reviu todo o sistema de fontes de direito** no sentido de tornar o direito mais certo, ou porque estava fixado na lei do Estado, ou porque estava organizado em sistemas orientados por grandes princípios. **Isto equivalia à proscrição do direito doutrinal e jurisprudencial que, como se sabe, constituía a espinha dorsal do sistema do ius commune; assim, bane-se a autoridade de Bártolo, de Acúrsio e da opinio communis doctorum, o mesmo acontecendo com a vigência do direito canónico nos tribunais comuns.** Mantém-se a autoridade subsidiária do direito romano, mas apenas quando este fosse conforme à Boa Razão, ou seja – como se esclarecerá depois nos Estatutos da Universidade – aos princípios jurídico-políticos recebidos nas nações "polidas e civilizadas". (...) **Numa palavra, institui-se o monopólio da edição do direito a favor da lei do soberano,** monopólio apenas temperado pela possibilidade de invocação dos princípios de direito natural, nomeadamente daqueles que tinham sido incorporados na legislação dos novos Estados iluministas.[44] (grifos nossos)

Quanto à reforma do ensino jurídico, esta foi responsável por intrometer nos quadros da Universidade de Coimbra o estudo do direito português, nos ditames do ideário jusracionalista (em que há uma busca pela identidade portuguesa), bem como "forneceu critério prático para se aferir a conformidade do direito romano com a boa-razão: era o acolhido pelos mais ilustres representantes do *usus modemus pandectarum*"[45] – vale frisar, no ponto, que a nova cadeira de direito pátrio, dado seu relevo, fora ocupada por um dos juristas mais renomados à época, Pascoal de Melo Freire.

---

43. NEDER, Gizlene; CERQUEIRA FILHO, Gisálio. **Os filhos da lei**. Revista Brasileira de Ciências Sociais, vol. 16, n. 45, 2001. p. 114.
44. HESPANHA, António Manuel. op. cit, p. 350.
45. ALVES, J. C. M. op. cit, p. 189.

No Brasil, as reformas pombalinas também se fizeram sentir: o Marquês "ordenou a consolidação das leis brasileiras e reformou o sistema judiciário", bem como "facilitou o acesso de brasileiros às universidades portuguesas, das quais muitos jovens voltaram embebidos de idéias liberais que prepararam os movimentos independentistas no Brasil"[46]. Nesse tocante, confirma-se que a Independência, em 1822, é em muito tributária da influência iluminista sobre as elites locais, que iam a Portugal estudar e retornavam impregnadas de um espírito liberal. Em relação a esse movimento, Ruth Gauer atesta que

> **A construção do pensamento brasileiro foi mediada por Coimbra**. Se, por um lado, os portugueses foram hábeis na recriação do mundo português no Brasil pela miscigenação, por outro essa habilidade se produziu também com relação à normatização dos costumes e à formação superior dos "colonos" brasileiros, na Universidade de Coimbra. Na visão de Joaquim Nabuco (1982): "(...) pertencemos à América pelo sentimento novo, flutuante de nosso espírito, e à Europa pelas camadas estratificadas do nosso espírito". (...) **A formação em Coimbra foi essencial para garantir a europeização das camadas dominantes e de outros segmentos sociais na colônia.**[47] (grifos nossos)

Demais disso, convém lembrar que a fuga da família real e de parte considerável do aparato técnico-burocrático da Corte lusitana ao Brasil, em 1808 – pós invasões napoleônicas em Portugal –, repercutiu favoravelmente aos ideais de emancipação difundidos nas elites locais, o que culminaria, pouco mais tarde, no processo de independência.

A dubiedade entre dominação colonial (permanência) e liberalismo iluminista (ruptura) simboliza a faceta do novo Brasil, que havia sido recém-empossado como nação independente. O direito não escapa a essa ambiguidade; antes, é por meio dele que ela se afirma. Exemplo mais acabado é a promulgação, em outubro de 1823 – portanto, logo após a independência –, de uma lei na qual se estabelecia que "permaneceriam vigentes as Ordenações, leis, regimentos, alvarás, decretos e resoluções promulgados pelos

---

46. LOSANO, Mário. op. cit, p. 269-270.

47. GAUER, Ruth Maria Chittó. A contribuição portuguesa para a construção da sociedade brasileira. **Revista de História das Ideias do Instituto de História e Teoria das Ideias**. Faculdade de Letras da Universidade de Coimbra. Vol. 19, 1998. p. 586. A respeito da construção do Estado brasileiro, sugere-se artigo da mesma autora: Violência e medo na fundação do Estado-Nação. ***Civitas*** **– Revista de Ciências Sociais**. Ano 1, nº 2, dezembro de 2001, p. 79-98.

reis de Portugal até 25 de abril de 1821, enquanto não se organizasse um novo Código, ou não fossem eles alterados"[48]; ou seja, a promoção da ruptura política cristalizou, paradoxalmente, a manutenção do regime jurídico pré-iluminista da metrópole, ainda que com caráter transitório.

Por sua vez, no tocante ao ensino jurídico pós-independência, explica Hespanha:

> Depois da Independência, o Brasil cria as suas próprias escolas de direito, com a cautela de que isso não pulverizasse a harmonia ideológica que a comum pertença à academia de Coimbra tinha garantido até então. A Carta de lei de 11 de agosto de 1827 instituiu os cursos de direito em São Paulo e Olinda (transferido para o Recife, em 1854). A matriz coimbrã não se alterava muito: a formação jurídica continuava a assentar num caldo jusnaturalista (direito natural, direito público universal, direito das gentes), agora combinado com a influência da doutrina francesa do primeiro quartel do século XIX, e com o novo direito do reino (análise da Constituição do império, direito civil pátrio).[49]

Destacam Neder e Cerqueira Filho[50] que, em 1827, surgirão as primeiras faculdades de direito - em Pernambuco e São Paulo - embebidas no ideário iluminista lusitano, vide as reiteradas menções dos estatutos das universidades brasileiras ao Estatuto da Universidade de Coimbra.

Entretanto, se é verdade que foram engendradas novas condições para a produção do conhecimento científico, com intensa propagação de valores universalizantes e formação de centros culturais urbanos, igualmente o é a manutenção do pensamento racista escravocrata e a negação cabal da alteridade - na linha de Dussel[51], lobriga-se a negação da alteridade não só como "negação eurocêntrica do Outro", mas como internalização, pelo "Outro", da negação a si próprio.

---

48. ALVES, J. C. M. op. cit, p. 186.
49. HESPANHA, António Manuel. op. cit, p. 427.
50. NEDER, Gizlene; CERQUEIRA FILHO, Gisálio. **Formação Jurídica e História das Faculdades de Direito em Portugal e no Brasil**. *In*: Direito em Movimento, Rio de Janeiro, v. 16 - n. 2, p. 106-136, 2º sem. 2018
51. DUSSEL, Enrique. **Ética da Libertação**: na idade da globalização e da exclusão. 4ª ed. Petrópolis: Editora Vozes, 2012, 672p. - especial destaque para a Seção 2, intitulada "*O 'sistema-mundo': Europa como 'centro' e sua 'periferia'. Além do eurocentrismo*".

O Brasil, que constava do *front* da modernidade ao cindir com a metrópole, não foi capaz de romper com o familismo patriarcal e escravista: para dialogar com Gilberto Freyre[52], a nova lógica urbana apenas substituiu a senzala pelos sobrados e mucambos, mantendo, contudo, análoga estrutura de dominação. As novas escolas de direito, conciliando práticas discursivas alinhadas à modernidade com vetustos preconceitos e ostensivas formas jurídicas de exclusão, inserem-se nesta conjuntura como instituições mantenedoras de uma ordem que legitimasse essa aparente contradição. A propósito, é mais uma vez Alfredo Bosi quem nos alerta para o fato de que "uma linguagem ao mesmo tempo liberal e escravista se tornou historicamente possível"[53].

Nesse turbilhão, em que se chocaram tendências liberais e conservadoras, surgiu, sob coordenação de Bernardo Pereira de Vasconcelos e José Clemente Pereira, o projeto do que viria a ser o Código Criminal de 1830 – código este que sofreu explícita influência do projeto lusitano de Pascoal de Melo Freire, aquele catedrático que há pouco referimos. As discussões para a elaboração do projeto evidenciam a tentativa de harmonizar discurso moderno – antenado com as tendências pós-revolucionárias – e recrudescimento punitivo, principalmente através das penas cruéis aos escravos[54].

Em nosso sentir, assiste razão maior à citada historiadora brasileira quando afirma ter sido fundamental o pronunciamento de Bernardo Vasconcelos, "porque encaminhou uma solução que, aparentemente, apontava para uma conciliação: concluiu pela retirada da pena de morte, tal como queriam seus oposicionistas, mas manteve a pena de morte (como dissemos, para os escravos rebelados)"[55]. Em tal discurso, valendo-me da formulação de Bosi, patenteia-se o congraçamento aparentemente ilógico entre linguagem liberal e escravista, progressista e conservadora.[56]

---

52. A referência aqui é feita a duas obras: FREYRE, Gilberto. **Casa-grande e senzala**: Formação da família brasileira sob o regime da economia patriarcal. 48ª ed. rev. São Paulo: Global, 2003; e ainda FREYRE, Gilberto. **Sobrados e mucambos**: decadência do patriarcado e desenvolvimento do urbano. 16ª ed. São Paulo: Global, 2006.
53. BOSI, Alfredo. Ibidem, p. 212.
54. NEDER, Gizlene. **Degredo e pena de morte no Brasil Império** *In:* ANPUH - XXV Simpósio Nacional de História - Fortaleza, 2009. p. 5.
55. Idem, p. 7.
56. No que diz respeito ao tratamento "diferenciado" concedido aos escravos, vale colacionar alguns excertos do projeto final do Código Criminal, que comprovam essa postura ambivalente:

"Art. 60. Se o réo fôr escravo, e incorrer em pena, que não seja a capital, ou de galés,

Para além disso, o advento da Lei nº 4/1835 estabelece um regime de aplicação da pena capital à parte aos escravos que "matarem por qualquer maneira que seja, propinarem veneno, ferirem gravemente ou fizerem outra qualquer grave offensa physica a seu senhor, a sua mulher, a descendentes ou ascendentes". Passando por cima do Código de Processo Criminal de 1832, que "exigia votação unânime sobre fato criminoso para a imposição da pena capital", a Lei nº 4/35 impunha ao réu-escravo tratamento mais severo, visto que estabelecia que "a imposição da pena de morte será vencida por dous terços do numero de votos; e para as outras pela maioria; e a sentença, se fôr condemnatoria, se executará sem recurso algum"[57].

Daí, compreende-se o porquê de a modelagem da subjetividade do brasileiro passar por uma permanente desconfiança em relação à lei penal (Prado); ora, desde cedo operou-se uma cisão entre discurso e práticas jurídicas: e, no mais das vezes, o primeiro, através de uma roupagem ideológica, buscou ocultar a violência - real e simbólica - das últimas. Como se pôde reparar, já no contexto do primeiro Código Criminal do País, mas de igual modo em toda a história republicana do País, as constantes fricções entre o que se diz (ou deixa por dizer) e o que se faz (ou deixa por fazer) estão alojadas no esqueleto mesmo da cultura jurídica brasileira.

É observando a formação jurídica do Brasil - que, ao mesmo tempo, parte e dissidia de Portugal, encontrando guarida, no século XX, em Itália, vide a influência do Codice Rocco de 1930[58] - que pode ser compreendido o vínculo do direito brasileiro ao sistema do *civil law tradition*; no mesmo passo, é apenas perscrutando os **vestígios materiais** deixados pela história que se entenderá a relação dúbia - ora de desrespeito, ora de temor - do

---

será condemnado na de açoutes, e depois de os soffrer, será entregue a seu senhor, que se obrigará a trazel-o com um ferro, pelo tempo, e maneira que o Juiz designar.

Art. 113. Julgar-se-ha commettido este crime [insurreição], retinindo-se vinte ou mais escravos para haverem a liberdade por meio da força.

Penas - Aos cabeças - de morte no gráo maximo; de galés perpetuas no médio; e por quinze annos no minimo; - aos mais - açoutes."

(BRASIL, Lei de 16 de dezembro de 1830 - **Código Criminal do Império do Brazil**. DOU, 1830, online).

57. PRUDENTE, E. A. DE J. O negro na ordem jurídica brasileira. **Revista da Faculdade de Direito**, Universidade de São Paulo, v. 83, 1 jan. 1988. p. 138.

58. Sobre os influxos da tradição autoritária italiana no processo penal brasileiro, sugere-se a leitura da brilhante obra de Ricardo Gloeckner. GLOECKNER, Ricardo. **Autoritarismo e processo penal**: uma genealogia das ideias autoritárias no processo penal brasileiro. Vol. 1. Florianópolis: Tirant lo Blanch, 2018. 662pp.

brasileiro para com a lei, os influxos da escravidão no molde das subjetividades brasileiras, a estratégia de seleção de "inimigos comuns" aos quais se aplicariam as leis penais (e dos amigos de sempre, aos quais seria dado um jeitinho). Foi nesse jogo de forças dialético, em última instância de *negociação permanente* entre submissão e emancipação política, conservação e fraturas, centro e periferia, repressão e privilégios, que se forjou o direito - penal e processual penal - no Brasil.

1.2. UM ESBOÇO DA CULTURA JURÍDICA ESTADUNIDENSE: POR ENTRE OS ESCOMBROS DO SISTEMA DA *COMMON LAW TRADITION* (PERMANÊNCIAS E RUPTURAS)

Consumado o percurso histórico de formação e desenvolvimento da família romano-germânica, bem como examinados os liames que vinculam a cultura jurídica brasileira - a par de suas idiossincrasias - à tradição europeia continental, revela-se forçoso aos propósitos comparativos da tese empreender a reconstituição histórica de um outro grande sistema de direito contemporâneo: o do *common law*.

De maneira similar àquela revista efetuada com a cultura jurídica brasileira, será a partir de uma pesquisa de fôlego da gênese - e das condições de consolidação - da *common law tradition* que a corrente reflexão tencionará progredir, evidenciando os caracteres peculiares desta **família de ordenamentos** e comparando-os, por contraste, àqueles constitutivos do sistema romano-germânico. Em última instância, diligencia-se por exibir que a modelagem de culturas jurídicas absolutamente diferenciadas entre si (não obstante os seus pontos de toque), perpassadas por experiências históricas particulares, deve ser posicionada no centro do debate acerca da moderna tendência de alargamento dos espaços de consenso.

Com o intuito de executar tal *radiografia histórica*, é bom retermos a advertência de René David[59], no sentido de que "todo o estudo da *common law* deve começar por um estudo do direito inglês. A *common law* é um sistema profundamente marcado pela sua história, e esta história é de forma exclusiva, até o século XVIII, a do direito inglês". Reter tal advertência sem, contudo, descurar do valioso alerta epistemológico de Taruffo - expresso por meio da metáfora dos *icebergs*, constante também do subcapítulo anterior

59. DAVID, René. op. cit., p. 351.

–, para quem "a divisão entre o sistema inglês e o sistema estadunidense tornou-se profunda e radical".[60]

É, pois, do estudo do direito inglês que se encetará a análise das condições de formação da cultura jurídica estadunidense, conquanto se reconhecendo, de antemão, a profunda cisão moderna entre os dois modelos jurídicos.

A propósito, convém salientar que os estudos historiográficos mais avalizados, bem como a tradicional doutrina comparatista, tendem a segmentar a trajetória histórica do direito inglês em quatro períodos: (i) o que se inicia com a expulsão dos romanos da ilha, no século V, e se finda com a invasão normanda, em 1066; (ii) o que medeia a conquista normanda e a dinastia dos Tudors, em 1485; (iii) o marcado pela tensão entre *common law* e *equity*, entre os séculos XVI e XIX; e (iv) o modelo atual, no qual, sem prejuízo à primazia do direito consuetudinário, confere-se maior relevo à tarefa legiferante.

A história do direito inglês, isto posto, remonta ao denominado período anglo-saxônico, que principia com a cessação do domínio de Roma sobre a ínsula, nos albores do século V, e termina com a conquista normanda, em 1066. Nesse ínterim, a Inglaterra viria a ser ocupada fundamentalmente pelos saxões, que se organizaram, inicialmente, em sete reinos apartados e independentes, fenômeno ao qual se convencionou nomear **heptarquia**. Acerca desse ciclo inicial, salienta David Hume[61]:

> **De esta suerte se estableció en Bretaña la heptarquia ó los siete reinos Sajones, al cabo de siglo y médio de revueltas y de combates**. Toda la parte meridional de la isla, excepto el país de Gales y la Cornualla, cambió enteramente de pobladores, de lenguaje, de costumbres y de instituciones politicas. (...)

---

60. TARUFFO, Michele. op. cit., p. 167.

61. HUME, David. **Historia de Inglaterra**: desde la invasion de Julio César hasta el fin del reinado de Jacobo II (Año de J. C. 1689) – Tomo I. Barcelona: Imprenta de Francisco Oliva, 1842. p. 19-20. Em tradução livre, resta assim o excerto acima colacionado: "Desta sorte, se estabeleceu na Bretanha a heptarquia ou os sete reinos Saxões, ao fim de um século e meio de revoltas e combates. Toda a parte meridional da ilha, com exceção do País de Gales e da Cornualha, mudou inteiramente de habitantes, de linguagens, de costumes e de instituições políticas. (...) Enquanto preciso disputar o território com os Bretões, palmo a palmo com a ponta da espada, os diferentes monarcas saxões firmaram acordos e agiram coligados por interesse, mas quando os insulanos foram derrotados e cercados nas áridas províncias de Gales e Cornualha, e não incomodaram mais os seus vencedores, introduziu-se a discórdia entre os príncipes da heptarquia".

> Mientras fué preciso disputar el terreno á los Bretones palmo á palmo con la punta de la espada, los diferentes principes Sajones obraron de acuerdo y coligados por el interés, **pero cuando los isleños quedaron totalmente encerrados en las áridas provincias de Gales y Cornualla, y no molestaron ya á sus vencedores, introdújose la discordia entre los principes de la heptarquia.** (grifos nossos)

Com efeito, se por absoluta necessidade militar os distintos príncipes da heptarquia firmaram alianças com vistas a combater os bretões, tão logo a contenda terminou e o domínio sobre a ilha foi consolidado irromperam discórdias entre os vencedores. Durante séculos, mais especificamente até a terceira década dos anos 800, constata-se uma série de conflitos armados e sórdidos golpes entre os chefes dos reinos integrantes da heptarquia (nomeadamente, Wessex, Sussex, Essex, Mercia, Kent, Estanglia, Nortumberland), com tentativas vãs de centralização política[62].

A unificação dos reinos saxões viria a ocorrer somente no ano de 827, após a ascensão de Egberto ao trono de Wessex; entretanto, este estado de graça e de harmoniosa convivência entre os súditos deteriorou-se rapidamente, com os frequentes acossamentos dos dinamarqueses aos insulanos. Nessa esteira, elucida o citado historiador e filósofo britânico:

> **Bajo el cetro de Egberto, la reunion de los reinos de la heptarquia en un solo estado, aunque producto de una conquista tan reciente, parecia vigorosamente cimentada**, con la renuncia de los moradores de las diferentes provincias á todo deseo de rebelarse

62. Nesse período, convém registrar a reintrodução do cristianismo na Bretanha, como se pode extrair do seguinte excerto de Plucknett: "The results of the re-introduction of Christianity were of the highest importance. The existing tribal organisation must have seemed weak and inefficient to the missionaries coming from such well-organised States as existed on the continent, and very soon we see the results of their teaching in the enhanced value placed upon the monarchy, and in the tendency towards larger national units. After long years of warfare the petty tribal units were replaced by a few large kingdoms ruled and administered by kings who watched European methods". (PLUCKNETT, Theodore F. Thomas. **A Concise History of the Common Law**. Indianapolis: Liberty Fund, 2010. p. 59). Para um aprofundamento em relação à conversão ao catolicismo, ver também CHADWICK, Hector Munro. **The Origins of English Nation**. Cambridge: Cambridge University Press, 1907. p. 1 *apud* NECKEL, K. J.; BOY, R. V. A Inglaterra como construção e manutenção historiográfica na História Eclesiástica de Beda e na Crônica Anglo-Saxônica. **Anais do XVII Encontro Estadual de História da ANPUH-SC**, 2018.

> contra aquel conquistador, y á restablecer la independencia de sus primitivos gobiernos. (...) **pero pronto destruyó esta lisonjera esperanza la llegada de los Dinamarqueses, quienes por espacio de muchos siglos tuvieron á los anglo-Sajones en continuas zozobras**, ejercieron contra ellos las mas crueles violencias y acabaron por reducirlos á la mas dura servidumbre.[63] (grifos nossos)

As constantes batalhas com os dinamarqueses quedaram no âmago do *continuum* entre agregação e desagregação do território inglês no curso das décadas vindouras. Seria apenas sob Alfredo, o Grande - neto de Egberto e herdeiro legítimo ao trono - que consolidar-se-ia um ambiente de convivência pacífica entre dinamarqueses e saxões: dotado de enorme argúcia, o monarca inglês, após ter se sagrado vencedor na batalha de Eddington contra os nórdicos, "outorgou-lhes a vida, com um plano de convertê-los, de encarniçados inimigos que eram, em súditos e aliados fiéis"[64].

De sorte que, gozando da relativa paz que habilmente adquirira, o soberano pôde envidar esforços para meter ordem em toda a extensão de seu reino, formando um exército e elaborando um planeamento de administração da justiça:

> **estableció instituciones civiles y militares, introdujo entre sus vassallos el respeto á la justicia** y la aflicion á la industria, y atendió á ponerlos á cubierto de que se repitiesen las calamidades que habian sufrido. (...) **Como la igualdad entre los súbditos es la gran fuente de la concordia, dió las mismas leyes á los Dinamarqueses y á los Ingleses, y los puso enteramente bajo el mismo pie en la administracion de la justicia civil y criminal.**[65] (grifos nossos)

---

63. HUME, David. op. cit., p. 48. Em tradução nossa: "Sob o cetro de Egberto, a reunião dos reinos da heptarquia em um só Estado, apesar de um produto de conquista recente, parecia vigorosamente cimentado, inclusive com a renúncia dos moradores de diferentes províncias a todo o desejo de se rebelar contra aquele conquistador, e a reestabelecer a independência anterior de seus governos. (...) nada obstante, logo essa esperança lisonjeira cessou, com a chegada dos Dinamarqueses, que, pelo espaço de muitos séculos, tiveram os anglo-saxões em constante desassossego, exerceram contra eles a mais cruel das violências e acabaram reduzindo-os à mais severa servidão.

64. Idem, p. 60.

65. Idem, p. 61. Traduzido livremente: "estabeleceu instituições civis e militares, introduziu entre seus vassalos o respeito pela justiça e aflição à indústria, e cuidou de protegê-los das recorrentes calamidades com as quais haviam lidado.(...) Embora por um tempo os Dinamarqueses que habitavam a Estanglia e a Nortúmbria estivessem sob o governo de seus próprios príncipes, todos reconheciam a autoridade de Alfredo e obedeciam-

No tocante à organização judiciária[66], o monarca houve por bem repartir seu território em **condados ou províncias**, por seu turno divididos em **cantões** (ou *hundreds*) e estes, por sua vez, em **dezenas de famílias** (ou *tithings*); cada *tithing* era responsabilizada "pelas ofensas cometidas pelos seus, fazendo com que os membros das comunidades arbitrassem em conjunto as diferenças entre eles e que as comunidades maiores arbitrassem as diferenças entre as menores"[67]. A esse respeito, elucida David Hume que

> [i]ncorporábanse á la par diez amos de casas contiguas, que, bajo el nombre de *tithings*, *decenarios* ó *fribourgs*, es decir, fiadores, **formaban una comunidad y respondian recíprocamente de su conducta**: un hombre llamado *tithingman*, *head-bourg*, ó *borsholder*, es decir, cabeza de una comunidad, los presidia. (...)
>
> Cuando en algun *tithing* ó comunidad se acusaba á alguno de un crimen, se intimaba al cabeza de aquellos decenarios que saliese su fiador, y se si negaba á responder de él y de su justificacion, el acusado era encarcelado hasta que se fallase su causa. Si huia antes ó despues de haber dado fiador, el borsholder y los decenarios estaban sujeitos á un examen, y expuestos á las penas dictadas por la ley. (...) **Por medio de esta institucion de policia, cada cual tenia por su proprio interés, que vigilar atentamente la conducta de sus vecinos** (...).[68] (grifos nossos)

-no. Como a igualdade entre os sujeitos é a grande fonte de concordância, ele deu as mesmas leis aos Dinamarqueses e ingleses, e os pôs inteiramente sob o mesmo pé no tocante a administração da justiça civil e criminal".

66. Relativamente às leis criminais e aos regimes de provas durante o período anglo-saxão, ver: HUME, David. op. cit., p. 156-164

67. LIMONGI, Maria Isabel. O volume I da História da Inglaterra e o debate constitucional inglês: Hume contra a ideia de lei fundamental. **Cadernos de História e Filosofia Alemã**, Vol. 20, Nr. 2, 2015. p. 46.

68. HUME, David. op. cit, p. 67. Tradução livre: "Dez mestres de casas contíguas, que, sob o nome de tithings (dízimos), decenários ou fribourgs, isto é, fiadores, formavam uma comunidade e respondiam ao seu comportamento: um homem chamado homem do dízimo, ou seja, o chefe da comunidade, os presidia. (...) Quando em algum tithing ou comunidade se acusava alguém de um crime, se intimavam aqueles decenários que fossem seus fiadores, e se o acusado se recusasse a responder à eles e dar sua justificativa, era encarcerado até que sua causa fosse decidida. Se ele fugisse antes ou depois de ter dado fiador, o borsholder e os decenários estavam sujeitos à exames, bem como expostos a penas ditadas pela lei. (...) Por meio desse instrumento de polícia, cada um teria o maior interesse de vigiar atentamente a conduta de seus vizinhos".

Dessarte, por intermédio de uma estrutura descentralizada e escalonada de adjudicação de responsabilidade (inclusive penal), o monarca logrou êxito em conter os saqueios mútuos e o regime de violência generalizada, temperando este sistema rígido de vigilância recíproca com a participação efetiva de membros das *tithings* em assembleias populares (alentando, assim, um sentimento de pertença e de justiça social).

No ponto, convém anotar que, a despeito da incerteza que ronda as suas origens, Hume aduz terem sido as periódicas reuniões dos "cantões" o embrião, mesmo, do juízo por jurados: nestes encontros mensais entre dez *tithings* (cem famílias) nas assembleias dos *hundreds* com o intuito de promover o debate das causas locais, eram frequentemente eleitos doze *free-holders* que "prestavam juramento com o *hundreder*, ou seja, o magistrado que presidia aquela divisão, de administrar uma justiça imparcial, e procediam, em seguida, ao exame das causas submetidas à sua jurisdição"[69]. De fato, se há controvérsias quanto ao seu surgimento, parece aí estarem lançadas as sementes do que viria a ser o procedimento do júri.

Demais disso, foi Alfredo o responsável por organizar um "corpo de leis", que "por muito tempo, serviu de base à jurisprudência inglesa, e que usualmente se considera como a fonte do que chamamos *common law* (...)"[70].

Contudo, o período que sucedeu à morte do grande monarca restou marcado por disputas ao trono, pelo retorno das ameaças de rebeliões internas e ataques dos escandinavos, por ajustes de paz descumpridos e por inúmeras traições perfidiosas. A tal conjuntura acresce o fato de que Eduardo, o Confessor, conquanto tenha recobrado o "poder inglês" em 1041, após o óbito de Canuto[71] e de seu filho mais moço, Hardicanuto (irmão, da parte materna, de Eduardo), não conseguira produzir um sucessor legítimo à Coroa; pelo que, na carência de um autêntico herdeiro real, testemunhou-se, nos anos subsequentes à sua morte, um ferino embate pelo trono inglês entre Edgar, Haroldo e Guilherme, duque da Normandia.

---

69. Idem, p. 68.
70. Idem, p. 69.
71. A respeito deste astuto chefe, David Hume assinala que "o povo inglês, privado então de todos os seus temíveis chefes, se subjugaria sem dificuldades sob seu jugo, se a justiça e a igualdade de sua administração o tornassem suportável: dispensou e enviou para a Dinamarca todas as tropas de que se pode desfazer sem inconvenientes (...) reuniu uma assembleia geral de todos os estados do reino, na qual restabeleceu as práticas saxonas; não fez nenhuma diferença entre os Dinamarqueses e os Ingleses para a distribuição da justiça, e pôs seu esforço em executar corretamente as leis, proteger as vidas e propriedades de todos os povos" (Idem, p. 110).

Encabeçando o exército dos normandos, Guilherme, o Conquistador, invadiu a Inglaterra, então sob o reinado de Haroldo, e logrou êxito ao ano de 1066, na famosa batalha de Hastings. Tal sucesso, considerado o marco inicial do feudalismo na Inglaterra, seria capital na história da unificação do território e da estruturação do direito inglês, "porque trouxe para a Inglaterra um poder forte, centralizado, rico de uma experiência administrativa posta à prova no ducado da Normandia"[72]. Define, por isso mesmo, a transição do primeiro para o segundo período do direito inglês.

A propósito da conquista normanda, Thomas Plucknett afirma que

> **The greatest result of the Norman Conquest was the introduction of precise and orderly methods into the government and law of England.** The Norse invaders who had settled in Normandy had made it in a century and a half (911-1066) the best-ruled state in Europe, and the gifts for strong administration and for orderly accounting and finance which had been displayed in the duchy were to have fuller opportunities in the conquered kingdom.[73] (grifo nosso)

Comungando vigor e austeridade, Guilherme da Normandia revelou-se capaz de conter, ainda que pelo uso por vezes imoderado da força, o intranquilo ânimo dos britânicos – a exemplo dos golpes e conjurações fracassadas contra seu trono. Seu reinado pôde gozar, via opressão, de maior unidade do que outros do continente, visto que os nobres normandos "sent[iram] a necessidade de se agrupar à volta do seu soberano, para defender a sua conquista e as suas propriedades"[74].

A fim de consolidar sua autoridade, o soberano encomendou a feitura do *Domesday Book*, espécie de censo demográfico por meio do qual pretendia recolher informações acerca da distribuição de terras do reino há pouco conquistado – de sorte a não permitir nenhum nobre demasiado poderoso –, bem como estruturar a taxação sobre as propriedades e o serviço militar.

---

72. DAVID, René. op. cit, p. 357-8.
73. PLUCKNETT, Theodore F. Thomas. op. cit, p. 62. Tradução livre: "O grande resultado da conquista normanda foi a introdução de métodos precisos e ordenados no governo e na lei da Inglaterra. Os invasores normandos haviam estabelecido na Normandia o mais bem-governado Estado da Europa por um século e meio, e os dons para uma administração forte e para manter finanças equilibradas que haviam sido demonstrados no ducado foram ter melhores oportunidades no reino conquistado".
74. DAVID, René. op. cit, p. 358.

A respeito desse profundo estudo, Plucknett[75] afirma ter a sistematização da situação agrária sido capaz de fazer da Inglaterra o mais perfeitamente organizado sistema feudal da Europa.

No entanto, para além da unidade administrativa e militar, Guilherme I obteve êxito ao consolidar sua autoridade judiciária - fato que estará no centro do processo de elaboração de um direito comum a todo o território inglês, o *common law*.

Inicialmente, mantendo as atribuições das cortes judiciárias saxãs - *County Courts* ou *Hundred Courts* –, o monarca cimentou as bases para que Henrique II lograsse estruturar, tempos depois, os Tribunais Reais de Justiça, jurisdições "excepcionais" cujas competências eram reservadas à apreciação de questões fiscais, criminais e relativas à propriedade e à posse de imóveis (Exchequer, King's Bench e Common Pleas, respectivamente). De forma que o rei normando assentiu com a permanência de costumes locais e práticas jurídicas tradicionais, incorporando-os ao nascente direito comum inglês - enquanto *general immemorial custom of the Realm* –, inexistindo, "no tocante ao direito material, ruptura abrupta"[76] entre passado anglo-saxão e presente feudal.

Paulatinamente, a competência dos Tribunais Reais de Justiça veio a ser dilatada, seja com vistas a confirmar a autoridade real, seja em face dos reiterados apelos dos particulares, que pugnavam por uma melhor administração da justiça. No ponto, elucida René David que

> só os Tribunais Reais possuem meios efetivos para assegurar o comparecimento das testemunhas e para executar as suas decisões. Por outro lado, só o Rei, com a Igreja, pode obrigar os seus súditos a prestar juramento; **os Tribunais Reais puderam, por isso, modernizar o seu processo e submeter o julgamento dos litígios a um júri, enquanto as outras jurisdições estavam condenadas a conservar um sistema arcaico de provas.**[77] (grifo nosso)

Releva, por sinal, efetuar uma brevíssima anotação: o estabelecimento do *jury trial* tem sua gênese oficial no ano de 1166, com a instituição, por Henrique II, do *Assize of Clarendon*, no afamado writ *novel disseisin*. A partir deste marco, foram nomeados 23 cidadãos honestos que, reunidos, teriam por responsabilidade auxiliar os juízes reais itinerantes em investigações cri-

75. PLUCKNETT, Theodore F. Thomas. op. cit, p. 64.
76. PRADO, Geraldo. **Transação Penal**. 1ª ed. Coimbra: Edições Almedina, 2015. p. 146.
77. DAVID, René. op. cit, p. 361.

minais, oferecendo denúncia de suspeitos do cometimento de delitos em suas províncias. Nessa esteira, Plucknett[78] convoca a atenção para o fato de que, no *Assize of Clarendon*, vislumbra-se, pela primeira vez, o "estabelecimento de um sistema de inquérito como parte do mecanismo da justiça criminal, que seria a origem do que conhecemos hoje como *Grand Jury*".

Contudo, será no século XIII – com a edição da Magna Carta, de 1215, e do Statue of Westminster I, de 1275 – que se tornará compulsório o julgamento pelo júri (*trial by jury*), em substituição ao antigo procedimento dos ordálios (*trial by ordeals*). Neste novo procedimento oficial, firmou-se obrigação de se designar um corpo de jurados (*Petit Jury*), composto de doze homens livres e cumpridores da lei, a quem se atribuiu a prerrogativa de emissão de um *veredictum*[79]. De modo que este precedente histórico, juntamente com a formação da estrutura dual do Júri (*Grand Jury* e *Petit Jury*), encontra-se no âmago da estruturação do sistema de justiça criminal inglês, e, mais adiante, a par de suas peculiaridades, do modelo estadunidense.

Realizada esta exígua nota acerca do surgimento do júri, torno a debruçar-me sobre os Tribunais Reais de Justiça. Como dizia, se a competência dos Tribunais de Westminster foi de fato alargada, sua jurisdição permanecerá com caráter excepcional até fins do século XIX. Assim é que, até 1875, a submissão de uma causa à jurisdição real não configurava direito subjetivo dos particulares, mas privilégio de se postular em juízo, decorrente de outorga real – mediante *writs*.

Do quanto foi relatado, possível depreender dois elementos medulares na constituição do sistema da *common law tradition*, a saber: (i) o relevo, e mesmo a primazia, conferido ao rito, cristalizado na fórmula *remedies precede rights*, em detrimento às regras de direito material, e (ii) o enfraquecimento do direito privado em contraste com a robustez do direito público, mesmo porque a concessão do *writ* pela Chancelaria Real atestava o fiel interesse da Coroa na resolução da lide. Neste tocante, René David leciona que:

78. PLUCKNETT, Theodore F. Thomas. op. cit, p. 161.

79. A esse respeito, elucida John Gilissen que "quando no século XIII os ordálios desapareceram progressivamente, o júri devia decidir se o acusado era culpado ou não conforme o que sabiam do caso, sem ouvirem testemunhas ou admitirem outras provas; o júri é que era a prova dizendo a verdade (*vere dictum – veredicto*). (...) Foi somente nos séculos XV-XVI que o *petty jury* mudou de caráter: em vez de ser um júri de prova, torna-se a instituição que deve ouvir as testemunhas (*oral evidence*) e apenas pode julgar sobre o que tiver sido provado". GILISSEN, John. **Introdução histórica ao direito.** Trad. A. M. Hespanha e L. M. Macaísta Malheiros. 2ª edição. Lisboa: Calouste Gulbenkian. p. 210.

> **É necessário que fique clara a importância primordial que as questões de processo tiveram, nestas condições, na Inglaterra.** Enquanto no continente os juristas concentravam a sua atenção principalmente na determinação dos direitos e obrigações de cada um (regra substantiva de direito), os juristas ingleses concentravam a sua atenção nas questões de processo.
>
> *Remedies precede rights*: em primeiro lugar o processo. A *common law*, nas suas origens, foi constituída por um certo número de processos (*forms of action*) no termo dos quais podia ser proferida uma sentença; qual seria, quanto à substância, esta decisão, era algo incerto. **O problema primordial era fazer admitir pelos Tribunais Reais a sua competência e, uma vez admitida, levar até o fim um processo cheio de formalismo.**[80] (grifos nossos)

Com efeito, verifica-se que a formação do direito comum está permeada por regras de direito adjetivo, atinentes, portanto, às formalidades processuais, avultando desde o princípio a figura do julgador e as decisões judiciárias - eis outro caráter distintivo em relação à família romano-germânica, dado que esta se formou a partir dos ingentes esforços dos eruditos para recuperar o direito romano. Para além disso, seria inconcebível, aos olhos de um jurista afiliado à tradição continental, dar-se maior importância ao processo do que à substância, como era praxe nos Tribunais de Westminster.

A corroborar essa dimensão pragmática do *common law*, Losano elucida que "a unidade jurídica, a centralização judiciária e a homogeneidade da classe forense explicam por que o direito romano não foi adotado na Grã-Bretanha"[81]. Deveras, a formação de um corpo homogêneo e consistente de decisões judiciais por parte de Tribunais Reais, dentro de balizas processuais rígidas, possibilitou a criação de um direito comum à Inglaterra, eminentemente jurisprudencial (*case law*) - em muito distinto daquele que se formava na Europa continental, ancorado em postulados do direito romano.

Não sobeja recordar, todavia, que tal processo de unificação jurídica prematura ocorreu paralelamente à implementação de diversos mecanismos de contenção à autoridade da Coroa. No que concerne à delimitação da jurisdição real, merecem destaque a Magna Carta (1215), as Provisões de Oxford (1258) e o Estatuto de Westminster II (1285): a primeira, afora ser marco do constitucionalismo no tocante a liberdades e garantias, impôs

80. DAVID, René. op. cit, p. 363-4.
81. LOSANO, Mario. op. cit, p. 327.

limitações às jurisdições reais frente às senhoriais; as segundas e o terceiro proibiram a criação de novos *writs*, o que daria ensejo a uma momentânea "*esclerose*" da *common law*[82].

É que, se pela atividade judicante das Cortes de Westminster havia sido possível a consolidação de um direito comum, a rigidez demasiada dos *writs* nas jurisdições reais provocou um congelamento do *common law*, que se revelou incapaz de atender aos pujantes apelos por justiça. Nessa senda, leciona o jurista francês que

> [a] competência restrita das jurisdições reais pudera ser tolerável enquanto existiram, ao lado dos tribunais de *common law*, outras jurisdições hábeis em preceituar quando não se encontrava uma solução na *common law*. O declínio e desaparecimento destas jurisdições tornavam necessário que se encontrasse um novo corretivo para as insuficiências da *common law*.[83]

Em similar sentido, Hespanha salienta que

> o direito medieval inglês (common law) – de origem normanda – era, sobretudo, um sistema muito estrito e formalizado de ações (writs). Um queixoso não poderia fazer valer os seus direitos se não encontrasse uma ação na qual pudesse integrar a sua pretensão (ubi remedium ibi jus [só se houver um remédio processual, haverá um direito]).[84]

Urgia, pois, satisfazer as pretensões não acauteladas pelo *common law*, bem como corrigir aquelas demandas solucionadas injustamente. À vista do que, como instância recursal, ganha proeminência o *equity law*, marcando a transição do segundo para o terceiro período do direito inglês.

Referido sistema (*equity*), que viria a rivalizar com o *common law* até a publicação dos *Judicature Acts* (1873-75), assenta suas origens no século XIV com a interposição de recursos ao Rei – representado pelo Chanceler –, quando os particulares entendiam que lhes tocava uma decisão injusta dos Tribunais Reais. Em casos tais, ao monarca, "fonte de toda a justiça e generosidade"[85], caberia proferir a derradeira palavra para a resolução justa do litígio.

---

82. DAVID, René. op. cit, p. 370.
83. Idem.
84. HESPANHA, António Manuel. op. cit, p. 170.
85. DAVID, René. op. cit, p. 371.

Não obstante, de prática excepcional, os apelos por equidade à Chancelaria tornaram-se corriqueiros, mormente por conta da rigidez dos *writs* e dos custos e ineficiência do *common law*. Daí resulta o desenvolvimento desse sistema quase apartado. Sobre as condições de emergência da *equity*, Plucknett aduz:

> **In the fifteenth and early sixteenth centuries we therefore find the development of the rules of equity determined, for the most part, by the procedural or substantive defects of the common law system** – its slowness, its expense, its inefficiency, its technicality, its abuse by the mighty, its antiquated methods of proof (for it refused to allow parties or any interested persons to testify, and stubbornly maintained wager of law), its suspicions of volunteer witnesses, and its inability to compel one party to an action to discover evidence useful to his adversary.[86] (grifo nosso)

O desenvolvimento da *equity* inscreve-se em contexto político de centralização do poder, após a vitória de Henrique Tudor sobre Ricardo III, evento que deu cabo à Guerra das Duas Rosas (1485). Com pretensões absolutistas, os reis das dinastias Tudor e, posteriormente, Stuart valeram-se da *equity* como instrumento político que conferisse substância a tal projeto; afinal, a jurisdição da Chancelaria, com arrimo nos direitos romano e canônico, afinava-se melhor aos interesses centralizadores da Coroa. Ora, "o processo escrito, secreto e inquisitório da Chancelaria parecia aos soberanos, sequiosos de autoridade, preferível aos processos orais e públicos da *common law*"[87].

Acerca desse movimento de centralização política na era Tudor, acurada a observação do historiador inglês Lawrence Stone:

> Para reforçar sua própria autoridade judiciária, a Coroa instituiu uma série de novos tribunais que exerciam poderes judiciários e administrativos sobre determinadas regiões geográficas (Gales, Norte

86. PLUCKNETT, Theodore F. Thomas. op. cit, p. 697. Em livre tradução: "Nos 1500's e início dos 1600's, portanto, vemos o desenvolvimento de regras de equidade, determinado na maior parte pelos defeitos processuais ou substantivos do sistema do common law – sua lentidão, seus elevados custos, sua ineficiência, sua tecnicidade, seu abuso pelos mais poderosos, seus métodos antiquados de prova (recusa de permitir às partes ou interessados que testemunhassem), suas suspeitas sobre as testemunhas voluntárias e sua incapacidade para compelir alguém a exercer ação que desse substrato probatório a seu adversário".

87. DAVID, René. op. cit, p. 372.

> e Oeste), sobre determinadas pessoas (*Wards, Exchequer* [Tutelas, Tesouro]) e para determinadas categorias de delitos (*Star Chamber, Requests, Admiralty* [Câmara Estrelada, Recursos, Almirantado]). **Estes tribunais estavam submetidos a um controle régio maior do que o exercido sobre os tribunais de direito consuetudinário,** utilizavam procedimentos mais rápidos e baratos e dispunham de funcionários mais preocupados com a administração rigorosa da justiça do que com a preservação de arcaísmos legais obsoletos. **Mas os tribunais de direito consuetudinário sobreviveram, e com eles as suas tradições, que iriam desempenhar papel de primeira grandeza nas futuras lutas políticas.**[88] (grifos nossos)

A princípio, tal concentração de poderes contou com o apoio da burguesia ascendente, pois cumpria, a um só tempo, o papel de reestruturação de um País então em frangalhos pelas sucessivas guerras e o de impulsionar os projetos de expansão mercantilista[89]. Contudo, a situação financeira da Coroa, ao tempo do reinado de Jaime I, não mais afigurou-se sustentável: os gastos excessivos com uma nobreza parasitária, os elevados custos para derrotar a Invencível Armada da Espanha e as perseguições religiosas aos protestantes concorreram para agudizar o desgaste entre uma Coroa débil e uma sociedade civil revoltosa.

Em face desta crise econômica e de governabilidade, que atingiu intensamente a legitimidade real, operou-se um movimento em sentido duplo: da parte dos reis Jaime I e Carlos I, ações visando ao reforço do poder absoluto mediante o aumento de impostos, a centralização do controle econômico (por meio da criação de monopólios), a justificação divina do poder e a

88. STONE, Lawrence. **Causas da Revolução Inglesa**: 1529-1642. Bauru: Edusc, 2000. p. 122.

89. A propósito, Christopher Hill salienta que "Na realidade, até cerca de 1590, a monarquia tinha muitos interesses em comum com a burguesia da cidade e do campo – na luta contra Espanha, contra a Igreja Católica internacional, contra as casas nobres rivais que disputavam com a Casa Tudor o controlo supremo e arruinavam o país com as suas guerras privadas. Daí a colaboração no Parlamento entre a monarquia, a pequena nobreza e a burguesia. Porém, havia um ponto para além do qual esse recuo não podia continuar, e por fim a unidade de interesses soçobrou. (...) na última década do século XVI, quando todos os inimigos internos e externos tinham sido esmagados, a burguesia deixou de depender da protecção da monarquia; ao mesmo tempo, a Coroa tornou-se progressivamente consciente do perigo que a crescente riqueza da burguesia significava, batendo-se por consolidar a sua posição antes que fosse demasiado tarde" (HILL, Christopher. **A Revolução Inglesa de 1640**. 2ª ed. Lisboa: Editorial Presença, 1983, p. 54-5 e 58)

ampliação do sistema da *equity*; em direção oposta, a reação do Parlamento e dos tribunais de *Common Law*, que investiam contra o pendor absolutista e resistiam às frequentes intromissões do monarca sobre os seus poderes. Tal tensão entre ruptura e permanência desaguaria, tempos depois, na eclosão da Revolução Inglesa.

Realizada esta ambientação histórica, interessa dissecar o resultado da contenda entre *equity* e *common law*. Como adrede explanado, o jogo de forças entre os dois sistemas adquiriu papel de destaque nos séculos XVI e XVII: é que a afirmação de um desses sistemas importava, em última instância, na prevalência ou decesso do absolutismo real.

No ano de 1616, o rei Jaime I, como era de se esperar, pronunciou-se a favor do *equity*. Não obstante, "a força do Parlamento terminou dobrando os reis e uma solução de compromisso, que prestigiasse o *Common Law*, acabou se impondo"[90]. Elucidativo, a respeito dessa avença tácita, o trecho em que René David destaca que

> ... no que diz respeito à *equity*, estabeleceu-se um entendimento tácito na base do *status quo*. A jurisdição do Chanceler subsistirá, mas já não tentará realizar novas intromissões em detrimento dos tribunais de *common law*; ela preceituará de acordo com os seus precedentes, furtando-se, assim, à acusação de arbitrária que lhe fora dirigida.[91]

Convém atinar, no ponto, para o fato de que a resistência ao *equity* era, alargando-se a escala, resistência às pretensões absolutistas dos Stuart. As fricções entre burguesia e Parlamento, de uma banda, e monarquia e alta nobreza, de outra, dão-nos a medida do estado de coisas conflituoso da Inglaterra, que acabaria por culminar na Revolução Inglesa (1640-1689)[92].

---

90. PRADO, Geraldo. **Transação Penal**. 1ª ed. Coimbra: Edições Almedina, 2015. p. 149.

91. DAVID, René. op. cit, p. 374.

92. Sobre as condições profundamente conflitantes da Inglaterra, explica-nos Plucknett: "A war was the immediate result and then came inevitably the summoning first of the short Parliament (1640), and then of the long Parliament (1640-1660). By this time, Parliament was master of the situation. The Earl of Strafford and Archbishop Laud were attained and put to death. Ship-money was abolished; so also were the Courts of Star Chamber and High Commission, and a statute was passed to prevent a dissolution without Parliament's own consent. The Church and the universities were both attacked, and Charles replied by impeaching before the House of Lords five members of the Commons, a proceeding which the Commons claimed was their sole privilege. The House vigorously defended its members, and when the King in person came to

Destarte, a Guerra Civil Inglesa (1642-1651), que marca o primeiro ciclo da revolução, opõe Parlamento (*round-heads*) e monarquistas (*Cavaleiros*) em uma disputa assaz acirrada pela supremacia política. Sem a pretensão de narrar os conflitos, que exigiriam estudo à parte, quadra sublinhar a importância histórica dessa insurreição civil, que patenteia o desgaste da autoridade de Carlos I. Demais, o período que sucederá a guerra, conhecido como a República de Cromwell, solapará as estruturas feudais ainda vigentes e, a despeito da Restauração subsequente, lançará os germes da Revolução Gloriosa (1688) e do Bill of Rights (1689).

Neste efervescente caldo político são gestadas as bases do contratualismo inglês, quer de Hobbes quer de Locke. Sendo forçosa uma nova legitimação da sociedade política e da natureza do governo, tida em conta a derrocada do poder divino dos reis – em contexto de ruptura com a **estrutura mental teológica** em prol de um pensamento apoiado na razão –, irrompem as distintas teorias do contrato social.

Em Hobbes, o contrato desponta como via de suplantar o estado de natureza, no qual vige o medo e a desconfiança permanentes. Na sua formulação teórica, como visto no subcapítulo anterior, o Estado assomaria como garantidor da paz social, devendo ser robusto o suficiente para conter as "pulsões de guerra" dos homens. A propósito da condição natural da humanidade relativamente à sua felicidade e miséria (título do capítulo XIII do *Leviatã*), Hobbes aduz:

> Desta igualdade quanto à capacidade deriva a igualdade quanto à esperança de atingirmos nossos fins. Portanto se dois homens desejam a mesma coisa, ao mesmo tempo que é impossível ela ser gozada por ambos, eles tornam-se inimigos.
>
> (...) De modo que na natureza do homem encontramos três causas principais de discórdia. Primeiro, a competição; segundo, a desconfiança; e terceiro, a glória.[93]

Profundamente influenciado pela conjuntura atribulada da Inglaterra de seu tempo – vide as tensões entre absolutismo monárquico e Parlamen-

---

order their arrest, the word "privilege" was uttered loud enough for him to hear. From this date (1642) the Civil War became inevitable. All sense of moderation was lost and in 1649 a revolutionary tribunal condemned and executed the King". (PLUCKNETT, Theodore F. Thomas. op. cit, p. 105)

93. HOBBES, Thomas. **Leviatã ou matéria, forma e poder de um Estado eclesiástico e civil.** Trad. João Paulo Monteiro e Maria Beatriz Nizza da Silva. s/d, p. 45-6.

to e tribunais de *Common Law* –, e também conhecedor das perseguições religiosas no contexto da Reforma e da Contrarreforma, Hobbes retratará o caráter belicoso e pouco afável dos homens quando em comunidade pré-política. De sorte que, em busca da paz, o homem se disporá, pelo ato do contrato, a "renunciar a seu direito a todas as coisas, contentando-se, em relação aos outros homens, com a mesma liberdade que aos outros homens permite em relação a si mesmo"[94].

De pouca valia, contudo, seria o firmamento do pacto se não existisse um poder soberano que os obrigassem [aos súditos], mediante o recurso potencial ou efetivo à força, a observá-lo. É a partir de tal premissa que o pensador político inglês afirmará ser

> ... necessária alguma espécie de poder coercitivo, capaz de obrigar igualmente os homens ao cumprimento de seus pactos, mediante o terror de algum castigo que seja superior ao benefício que esperam tirar do rompimento do pacto, e capaz de fortalecer aquela propriedade que os homens adquirem por contrato mútuo, como recompensa do direito universal a que renunciaram. E não pode haver tal poder antes de erigir-se um Estado. [95]

O Estado, assim, consubstanciará o ente político por excelência, em favor do qual os contratantes consentirão em abdicar de suas liberdades absolutas e do estado de igualdade pré-político, conducentes à guerra e destruição recíproca, como forma exclusiva de assegurar uma convivência pacífica. A liberdade absoluta de negociação, que, na constância do estado de natureza, tende a converter-se em litígio e caos generalizado, metamorfoseia-se, na sociedade civil, em ausência de negociação (ante o irrestrito dever de obediência à *vontade do soberano*).

Em John Locke, a seu turno, o fundamento do contrato social assenta em distintas bases. Conquanto sua teoria política não se contraponha à de Hobbes – com efeito, Locke dedica-se a refutar o pensamento de sir Robert Filmer, pelo menos no *Primeiro Tratado sobre o Governo Civil* –, pode se detectar marcantes diferenças se cotejada com os pressupostos teóricos do outro pensador, exprimidas nas perspectivas díspares do estado de natureza e dos modos de superação pelo contrato social.

---

94. Idem, p. 48.
95. Idem, p. 52.

Largando igualmente do **estado de Natureza**, Locke procederá à elaboração de sua teoria política, todavia, concebendo tal estado de liberdade e igualdade de maneira distinta de Hobbes. No *Segundo Tratado sobre o Governo Civil*, o pensador político faz constar que

> (...) **ainda que se tratasse de um "estado de liberdade", este não é um "estado de permissividade"**: o homem desfruta de uma liberdade total de dispor de si mesmo ou de seus bens, mas não de destruir sua própria pessoa, nem qualquer criatura que se encontre sob sua posse, salvo se assim o exigisse um objetivo mais nobre que a sua própria conservação. **O "estado de Natureza" é regido por um direito natural que se impõe a todos, e com respeito à razão, que é este direito, toda a humanidade aprende que, sendo todos iguais e independentes, ninguém deve lesar o outro em sua vida, sua saúde, sua liberdade ou seus bens** (...).[96] (grifos nossos)

Pelo que o estado de natureza, em Locke, não se confunde com o estado de "guerra de todos contra todos", de Hobbes, apresentando contornos menos violentos e mais conformes com a razão humana. Aliás, o trecho a seguir colacionado é ilustrativo quanto a tal distinção:

> **E temos aqui a clara diferença entre o estado de natureza e o estado de guerra**, que, embora alguns homens confundam, são tão distintos um do outro quanto um estado de paz, boa-vontade, assistência mútua e preservação, de um estado de inimizade, maldade, violência e destruição mútua. **Homens vivendo juntos segundo a razão, sem um superior comum na terra com autoridade para julgar entre eles, eis efetivamente o estado de natureza.**[97] (grifos nossos)

Releva notar, entretanto, que o autor não negligencia uma potencialidade de guerra no estado natural. É, pois, a fim de fazer respeitar e proteger os direitos naturais (notadamente o gozo pleno da propriedade), mas confinar as disputas, a vilania e a vingança privada ao estado de natureza, que a fundação do governo civil advém necessária (extraindo daí sua legitimidade). Referida preocupação está bem sintetizada na afirmação de Locke de que

96. LOCKE, John. **Segundo Tratado sobre o Governo Civil.** Editora Vozes. Distribuição pelo Clube do Livro Liberal. p. 36.

97. Idem, p. 40.

"o governo civil é o remédio adequado para as inconveniências do estado de natureza..."[98].

Depreende-se daí que o contratualismo lockeano parte de uma concepção de estado de Natureza como *locus*, "onde a reciprocidade determina todo o poder e toda a competência, ninguém tendo mais que os outros"[99]; será visando a superar as imperfeições do estado natural, contudo, que os homens organizar-se-ão em sociedade política, consentindo em instituir o governo civil, que será tão legítimo quanto for a sua aptidão para se conformar às balizas delimitadas pelo pacto.

Em vista do que, na teoria política de Locke, o *consentimento* do qual decorre o ato do contrato social só faz amplificar, na vigência da sociedade civil, as margens políticas cedidas à negociação (eis que, em última instância, o consentimento da maioria é que validará os atos do governo).

Após este breve panorama dos contratualistas ingleses, e previamente ao exame de seus influxos sobre o ideário norte-americano, convém rememorar as condições socioeconômicas da Inglaterra do século XVII. No que respeita a essa época, para além das contendas religiosas e tensões constantes entre Parlamento e Rei, é dever recordar do massivo êxodo rural, fenômeno resultante das políticas de cercamento (*Enclousure Acts*) e da expansão das manufaturas.

Expulsos do campo, a pretexto do cercamento, os servos ingleses viriam a ser empregados em fábricas manufatureiras ou, mais comumente, comporiam o "excedente" de desempregados. De sorte que este deslocamento implicou um excessivo crescimento das cidades, como também acarretou um pauperismo sem precedentes de parcela significativa da população inglesa.

Portanto, a noção de uma vida melhor "do lado de cá do oceano" transformar-se-ia em um magnético "ímã sobre as massas" de perseguidos políticos e religiosos e miseráveis. Nessa esteira, assevera Karnal:

> A própria Companhia de Londres declarara, em 1624, que seu objetivo era: 'a **remoção da sobrecarga de pessoas necessitadas**, material ou combustível para perigosas insurreições **e assim deixar ficar maior fartura para sustentar os que ficam no país**'. Ao contrário de Portugal, nação de pequena população, a Inglaterra

98. LOCKE, John. op. cit., p. 38.
99. Idem, p. 36.

já vivia problemas com seu crescimento demográfico no momento do início da colonização dos Estados Unidos.[100] (grifos nossos)

Não está nos propósitos do presente trabalho dissecar as nuances da colonização inglesa nos Estados Unidos. Sem embargo disso, faz-se necessário registrar que as adrede mencionadas convulsões internas tiveram por efeito a demora da Coroa inglesa em realizar um projeto colonial - em verdade, ela delegava a exploração das colônias a sociedades comerciais.

Mais relevante às pretensões da obra é compreender os traços de continuidade e ruptura entre direito estadunidense e tradição inglesa (*common law tradition*). Para tanto, valer-me-ei de singela classificação proposta por Ángel Tinoco Pastrana[101], o qual divide a história do direito dos Estados Unidos em duas grandes fases: uma, denominada "pré-revolucionária", medeia o início da colonização e a independência das treze colônias no ano de 1776; a segunda, alcunhada "pós-revolucionária", começa com a independência e perdura até os dias atuais, estando marcada pelo desenvolvimento de um sistema legal autônomo e de suas instituições jurídico-políticas.

A história do direito estadunidense[102] remonta ao início do século XVII (1607), com a fundação da primeira colônia inglesa, Jamestown. Os anos subsequentes seriam marcados pela instituição de outras tantas colônias: em 1620, os *Pilgrim Fathers*, então a bordo do Mayflower, desembarcariam em Plymouth; depois, viriam os colonos que fundariam Massachussets (1630) e Maryland (1632). Até que, em 1732, seria fundada a última das 13 colônias, Geórgia.

À medida que os colonos se instalavam em solo americano, aumentava a necessidade de regulação das relações sociais existentes. Embora, para os ingleses, devesse ser plenamente aplicado o *common law* (*Calvin's Case*), o fato é que, inicialmente, "as regras da *common law* inglesa são muito pouco apropriadas às condições de vida dos colonos"[103].

---

100. KARNAL, Leandro et al. **História dos Estados Unidos**: das origens ao século XXI. São Paulo: Editora Contexto, 2007. p. 45.

101. PASTRANA, Ángel Tinoco. **El sistema judicial penal en el Common Law y el principio de oportunidade.** Tese doutoral apresentada ao departamento de direito penal e processual da Faculdade de Direito da Universidade de Sevilla. p. 77-97.

102. Para um panorama mais completo, sugere-se a leitura de FRIEDMAN, Lawrence M. **Breve História del Derecho Estadounidense.** (versão espanhola). Trad.: Pablo Jiménez Zorrilla. México: Instituto de Investigaciones Jurídicas de la UNAM, 2007. 196p.

103. DAVID, René. op. cit., p. 450.

Assim, o direito estadunidense do século XVII é, fundamentalmente, apoiado na Bíblia e em **códigos "rudimentares"** - a exemplo dos códigos de Massachussets, de 1634, e da Pensilvânia, de 1682 -, e as funções judiciárias são exercidas por juízes leigos e inexperientes[104]. A esse propósito, explicam Taruffo e Hazard:

> *Before 1700, the legal systems of the colonies were relatively primitive, reflecting the condition of early colonial societies, economies, and political structures. Legislation emanated occasionally from governing bodies that resembled town councils more than modern legislatures. The courts and judicial procedure were adaptations of the local tribunals that the settlers had known in English villages. Accordingly, the procedure of the early colonial courts was relatively informal, relying primarily on oral testimony and use of local lay people as arbiters (there were few trained lawyers in the colonies).*[105]

O primeiro quartel do século XVIII assistiria à paulatina implementação de um sistema judiciário hierarquizado - ainda que diferenciado em cada colônia -, organizado em três graus de jurisdição: as *County Courts*, em primeiro grau; as "cortes com jurisdição geral", no segundo, às quais cabia conhecer "das apelações das sentenças do primeiro grau; e no terceiro, umas Cortes superiores com competência limitada ao conhecimento das apelações".[106]

Com efeito, apenas em meados deste século o *common law* galgaria maior prestígio. Em contexto de notório crescimento das colônias e de expansão comercial, o direito americano se aproximará do sistema do *common law*, tido como melhor estruturado para a regulação da vida social. Acresce a isto a introdução da obra do grande jurista inglês William Blackstone aos

104. PASTRANA, Ángel Tinoco. op. cit., p. 79.
105. HAZARD, Geoffrey; TARUFFO, Michele. **American civil procedure**: an introduction. Yale University Press, 1993. p. 1. Traduzido livremente: "Antes de 1700, o sistema legal das colônias era relativamente primitivo, refletindo a condição primitiva das estruturas sociais, econômicas e políticas da sociedade colonial. Legislação emanada ocasionalmente de órgãos governamentais que ressoavam mais aos conselhos citadinos do que às legislaturas modernas. Os tribunais e o processo judicial eram adaptações dos tribunais locais que os colonos conheceram das aldeias britânicas. Por conseguinte, o procedimento das cortes coloniais era relativamente informal, apoiando-se principalmente no testemunho oral e no uso de leigos locais como árbitros (quase não haviam advogados formados nas colônias)".
106. PASTRANA, Ángel Tinoco. op. cit, p. 80.

Estados Unidos, em publicações de 1771-72, evento que teria caráter decisivo para a recepção do *common law*.

Não obstante, referido processo não ocorreu em termos de mera adesão. Os movimentos pela independência política, motivados principalmente por leis fiscais e financeiras que asfixiavam as colônias, engendraram sentimentos odiosos com relação à Inglaterra[107] e acabaram por impulsionar os norte-americanos a buscarem um direito efetivamente nacional.

Tal panorama de animosidade atingiria seu clímax em julho de 1776, quando ratificada a Declaração de Independência de Thomas Jefferson. Nesse ponto, importa salientar os influxos do contratualismo lockeano na modelagem do estatuto político independentista estadunidense; uma leitura atenta da declaração evidencia o legado do ideário iluminista aos *founding fathers*.

No que concerne às influências de Locke, perceptíveis são os traços de continuidade encontrados na carta política americana: a concepção positiva do estado de natureza, a instituição do governo civil como forma de assegurar os direitos naturais, a subordinação da legitimidade do detentor do poder civil ao *consentimento* dos governados. Ademais, seus influxos são encontrados na Constituição de 1787, quando estipula limites estritos aos poderes das autoridades federais em sua relação com Estados e cidadãos – em especial, a proteção dos direitos naturais nas dez primeiras emendas do *Bill of Rights* (1789).

Ao que toca especificamente o objeto da presente tese, a teoria política de Locke produzirá "a ideologia que dará sustentação a padrões de comportamento, em face das funções da lei, que por influência do liberalismo

---

107. Sobre esse panorama de hostilidade, assevera Armindo Mendes que "o espírito independentista começa a afirmar-se com maior pujança nomeadamente quando a Inglaterra lança impostos sobre os colonos para pagar os gastos das guerras europeias. Em 1764, os colonos opõem-se ao Sugar Act, sustentando o jurista SAMUEL ADAMS que não era possível que o Parlamento em Londres lançasse impostos sobre as 13 colônias norte-americanas, que nele não estavam representadas: 'no taxation without representation'. Em 1765 são promulgadas leis odiosas: o Currency Act (introdução do papel moeda), o Billeting Act (lei que obrigava os cidadãos a criar, nas suas localidades, aquartelamentos para os soldados ingleses) e o Stamp Act (imposto de selo). MENDES, Armindo. **O Direito dos Estados Unidos da América e a construção do constitucionalismo norteamericano.** *In*: Ensayos sobre Derecho Comparado y Constitución. Coord. BARNEY, Oscar; LOPES, Teresa da Cunha; PEGORARO, Lucio. Ed. CIJUS/Facultad de Derecho, CAEC "Derecho, Estado y Sociedad Democrática", 2012. p. 239.

econômico e do utilitarismo repercutirão na subjetividade de ingleses e norte-americanos", diz Geraldo Prado[108]. Continua, ainda, o jurista carioca:

> A confiança no caráter tutelar do sistema legal e em suas instituições, na impessoalidade da aplicação do direito e na capacidade de cada indivíduo, parte ativa na manutenção do contrato social, de aferir se seus próprios interesses estarão melhor resguardados pela lei, configurará importante elemento para a adesão, sempre voluntária, ao sistema penal fundado na negociação[109].

Corrobora aquilo que há pouco aduzimos: o *consentimento* enquanto ato fundante do governo civil, pelo pacto, e elemento legitimador do poder político, pela regra da maioria, acaba por produzir um estado de *confiança* no sistema jurídico e permitir que nele (sistema de justiça) se alojem as distintas figuras da negociação – entre as quais, a barganha.

Porém, se se constata uma tendência de aproximação do direito norte-americano com a ideologia iluminista (nomeadamente, de Locke) e com a *Common Law tradition*, verifica-se igualmente um forte movimento de ruptura: ora, a independência havia produzido um cenário de hostilidades entre americanos e ingleses, bem como o republicanismo estadunidense era em muito tributário das elaborações teóricas e das agitações político-institucionais francesas – as que culminariam na Revolução Francesa, em 1789.

Adentrando na fase pós-revolucionária (Pastrana), os Estados Unidos veem-se, dessarte, embebidos em um tórrido caldo de disputas entre partidários do *common law* e defensores da codificação. René David disseca essa contenda, nos seguintes termos:

> **Até meados do século XIX, poder-se-á hesitar sobre o desfecho da luta que vai travar-se na América entre aqueles que preferem a *common law* e os defensores da codificação.** (...) ainda em 1854, o historiador do direito inglês, sir Henry Maine, prevê a adesão dos Estados Unidos ao sistema romano-germânico. Diversos acontecimentos parecem anunciar, ou favorecer, esta conversão; **diversos Estados, no início da independência, proibiram a citação dos acórdãos ingleses proferidos depois de 1776;** numerosos territórios são anexados à União, nos quais é aplicado, pelo menos em teoria, o direito francês ou o direito espanhol e onde não existe

---

108. PRADO, Geraldo. **Transação Penal**. 1ª ed. Coimbra: Edições Almedina, 2015. p. 157.
109. Idem, ibidem.

> nenhuma tradição de *common law*; a América povoou-se de uma multidão de novos imigrantes, vindo de países em que a *common law* é desconhecida ou nos quais, se se pensar nos irlandeses, o que é de origem inglesa é pouco desejado; Pothier e Domat são traduzidos em inglês nos Estados Unidos; **um poderoso movimento, simbolizado em Nova York pelo nome de David Dudley Field, reclama a codificação do direito americano e consegue fazer com que numerosos Estados adotem códigos de processo civil e criminal e de direito penal.**[110] **(grifos nossos)**

Essa ambiguidade, com a convivência durante mais de meio século entre tendências da família romano-germânica de direitos e da *common law tradition*, marcou profundamente a construção de um direito original e, portanto, distinto daquele existente na Inglaterra. Exemplo mais acabado é a Constituição americana: não obstante tenha estatuído a separação de poderes, nos moldes do pensamento de Montesquieu, e efetuado uma repartição de competências administrativas e legislativas entre Estados e União (federalismo clássico), em diversos pontos apontou para a manutenção de institutos do direito inglês, a exemplo do procedimento do júri (*jury trial*) e da estrutura dual *common law-equity*.

Ademais, há de se perceber, com Ángel Tinoco Pastrana, que as reformas estruturais dos séculos XIX e XX – notadamente, o movimento de codificação sob influência do benthamismo – impeliram os direitos americano e inglês a uma remodelagem que atinasse com a realidade de cada Nação. Nos dizeres do autor,

> Os séculos XIX e XX, tanto na Inglaterra como nos Estados Unidos, foram perpassados por uma tendência dirigida a reformar a sociedade através do Direito. Por conseguinte, o *Common Law* que se impôs nos Estados Unidos não era o mesmo da Inglaterra, já que a partir desse sistema clássico se adotou o que era considerado mais adequado para a realidade de cada país.[111]

Todavia, a par das diferenças, imperioso perceber que estes dois modelos jurídicos se mantiveram afiliados ao mesmo macrossistema. Relativamente a isso, Taruffo e Hazard[112], traçando um paralelismo entre direito norte-ame-

110. DAVID, René. op. cit, p. 452-3.

111. PASTRANA, Ángel Tinoco. op. cit, p. 94-5.

112. HAZARD, Geoffrey; TARUFFO, Michele. **American civil procedure**: an introduction. op. cit, p. 5-6. Na literal exposição de Hazard e Taruffo: "The use of the adversary

ricano e inglês, observam que a separação entre *law* e *equity* – e a posterior revogação desta –, a força dos precedentes (*stare decisis*), o papel do júri no que concerne a determinação de questões de fato e o sistema adversarial permanecem caracteres marcantes do direito processual estadunidense.

Os dois últimos – o papel do júri e o sistema adversarial – são do maior relevo ao presente estudo: isto pois a introdução do *jury trial*, enquanto mecanismo que admite participação direta dos cidadãos na administração da justiça penal, e a adoção do *adversarial system* fornecerão as condições para, pouco mais adiante, rebentar o *plea bargaining* nos Estados Unidos.

1.3. A PROPÓSITO DO SURGIMENTO DO *PLEA BARGAINING* NOS ESTADOS UNIDOS DA AMÉRICA

Rematado o giro pela história dos dois grandes sistemas jurídicos, bem como exibidos os traços de continuidade e de ruptura entre direito estadunidense e tradição britânica – é que se aquele permanece inscrito no *common law*, revela, contudo, peculiaridades que o distinguem agudamente do direito inglês –, convém deslocar o azimute a fim de investigar a conjuntura histórica que deu azo à frutificação do *plea bargaining* no âmbito da justiça criminal dos Estados Unidos da América.

No tocante à gênese do referido instituto, de se atentar para o seu caráter controverso: há autores que consideram as *guilty pleas* – confissões de culpa

---

system in jury trials was a relatively late development in England. In the early development of the common law writ system, the parties usually had advocates at the pleading stage of an action. However, the function of the jury originally was that of a collective witness. The jurors were selected from the place where the dispute arose and would have knowledge of the facts, either direct information or that acquired by common account. They drew on their collective knowledge to give a verdict. In such a procedure, there would be little use for advocates to present the evidence. **Over time, however, the jury's function shifted from that of evidencegivers to that of neutral assessors of evidence provided by others**. This transformation appears not to have been complete until the late seventeenth or eighteenth century. Apparently it was in this same period that trial advocates came to be generally employed in jury trials. The inference is that by then a jury was expected to determine the case on the basis of evidence presented to it; that gathering the evidence was not a responsibility of the judges, who were concerned only with pleadings and with the verdict; that parties gathered and presented evidence for themselves, but discovered the usefulness of expert assistance; and that lawyers could provide the necessary expert assistance. The historical evidence of this development, however, is fragmentary. **In any event, the jury system was established at the birth of the United States and the adversary system was established with it**".

– presentes no sistema processual inglês desde os seus primórdios (cito, por todos, William Erickson e Donald Newman); outros tantos apontam para a impossibilidade de estremar o momento de seu surgimento, posicionando a barganha como costume imemorial (Gambini Musso); alguns, ainda, afirmam que o instituto origina-se no século XVIII, como meio de mitigar a severidade das punições do direito inglês.

Não está em questão colocar sob xeque a validade científica destas teses. Todavia, com o intuito de "nivelar o terreno" para a posterior análise, cumpre salientar que, em conformidade com os *law reports* e *legal treatises*, e dentro de uma perspectiva epistemologicamente mais aceite, a presente obra considerará o *plea bargaining* uma evolução moderna, decorrente de fatores típicos das sociedades contemporâneas – sendo efeito, dentre outros, dos fenômenos de burocratização da função judicial e de ultracriminalização de comportamentos sociais.[113]

A esse respeito, Jerold Israel e Wayne LaFave[114] assinalam que a barganha não era conhecida anteriormente ao século XIX; seria apenas no decorrer deste século, especialmente em seu último terço, que assomaria o *plea bar gaining* e, pouco depois, se institucionalizaria como mecanismo inscrito nos quadros do sistema de justiça criminal estadunidense. No mesmo diapasão, John Beattie[115] afirma categoricamente que "não havia *plea bargaining* nos casos penais do século XVIII"; não radica em distinta base a assertiva de Albert Alschuler no sentido de que "o sistema de justiça criminal dos Esta-

113. PASTRANA, Ángel Tinoco. op. cit, p. 235-6. Merece a pena colacionar o trecho em que Pastrana identifica as possíveis razões para o surgimento do plea bargaining também nos ordenamentos da civil law, ipsis litteris: "Estima-se que os fatores considerados na terceira posição como determinantes no surgimento do plea bargaining, em maior ou menor medida, também podem ser vistos atualmente nos ordenamentos do *Civil Law*. Fenômenos tais como a aparição de novas formas de criminalidade e a 'delinquência em massa', junto a problemas que tem a administração de justiça para fazer frente adequadamente aos casos pendentes, entre outros fatores, implicaram na adaptação ao nosso sistema de institutos provenientes do *Common Law*, sobretudo advindos do ordenamento estadunidense" (tradução livre) (p. 236).

114. LA FAVE, Wayne R.; ISRAEL, Jerold H. **Criminal Procedure**, vol. II, p. 556 apud PASTRANA, Ángel Tinoco. Ibidem, p. 237.

115. BEATTIE, John M., **Crime and the courts in England**: 1660-1800, 1986, p. 336 y s. apud LANGBEIN, John H., Sobre el mito de las constituciones escritas: la desaparición del juicio penal por jurados. Trad. Alberto Bovino y Christian Courtis. **Revista "Nueva Doctrina Penal"**. Buenos Aires: Ed. Del Puerto, 1996. p. 46.

dos Unidos sobreviveu sem o *plea bargaining* durante a maior parte de sua existência"[116].

Adotar-se-á, portanto, a tese forte de que o *plea bargaining* não é, como querem alguns, instituto endógeno ao *common law* e ingênito ao sistema de justiça criminal dos Estados Unidos da América. Alinhado à parcela respeitável da doutrina estadunidense, calhará assentir que a barganha "não está, por assim dizer, inscrita no patrimônio genético do processo penal norte-americano", representando mais "um traço fenotípico dele"[117].

Entretanto, como virá a ser examinado adiante, será a partir de semelhante argumental - que alega a indispensabilidade do *plea bargaining* frente à sobrecarga do Judiciário e exalta os benefícios proporcionados às partes envolvidas, acrescido ao repertório de cunho utilitarista - que os defensores de tal instrumento aspirarão a legitimá-lo.

Realizada esta delimitação cronológica acerca da gênese do *plea bargaining*, impende aprofundar o estudo sobre as razões que ensejaram a adoção e o crescimento vertiginoso do uso deste mecanismo no sistema de justiça criminal estadunidense - a ponto de, atualmente, se estimar que os *plea deals* respondam por cerca de 90% dos casos, em nível federal, e por percentuais similares, em nível estadual[118].

Com vistas a cumprir objetivo deste vulto, importará dar ênfase a dois pontos: o primeiro, cumprir a inadiável tarefa de delimitar, em bases mais estreitas, o conceito de *plea bargaining*; e, ato contínuo, decifrar a íntima relação entre a barganha e a recepção do sistema adversarial, bem como as implicações do advento deste modelo para a "crise" do *jury trial*.

No tocante ao primeiro aspecto, seguindo os passos de John Langbein[119], define-se o *plea bargaining* como um procedimento sem julgamento (*non-trial procedure*), no qual o acusado renuncia à sua defesa e ao seu direito constitucional a um julgamento imparcial pelo Júri, admitindo, no mais das vezes, a sua culpabilidade em troca de benesses ofertadas pelo acusador oficial.

---

116. ALSCHULER, Albert. Plea bargaining and its history. **Law and Society Review**, v. 13, 1979. p. 212-213.

117. ALBERGARIA, Pedro Soares de. **Plea bargaining**. Aproximação à justiça negociada nos EUA. Coimbra: Almedina, 2007. p. 27.

118. RAKOFF, Jed S. Why Innocent People Plead Guilty. **The New York Review of Books,** 2014. Sugere-se também o sítio "https://www.guiltypleaproblem.org".

119. LANGBEIN, John. Understanding the Short History of Plea Bargaining (1979). **Faculty Scholarship Series**. 544. p. 261-262.

Ángel Tinoco Pastrana[120] acrescenta o fato de ocorrer a passagem direta da *pretrial* à *post-trial phase*, suprimindo-se, mediante a declaração de culpa (*guilty plea*) ou de não contestação às acusações (*nolo contendere plea*), a etapa de julgamento perante o júri. Caso o acusado opte por se declarar inocente (*not guilty plea*), ao Estado toca a obrigação jurídica de promover uma acusação formal, em um processo no qual todas as garantias processuais deverão ser respeitadas.

Por seu turno, Milton Heumann caracteriza o *plea bargaining* como "o processo através do qual o acusado em um caso criminal abre mão de seu direito constitucional por um julgamento em troca de uma redução na acusação ou na sentença"[121]. A sua vez, Jenia Turner o conceitua como "o procedimento de negociação e composição entre o acusado, de um lado, e a acusação, o juiz, ou ambos, de outro, onde o réu confessa, admite sua culpabilidade, ou contribui com a persecução estatal, em contrapartida recebendo um tratamento mais benéfico"[122].

A partir desse amálgama conceitual, estaremos habilitados a formular uma definição que reúna os distintos elementos característicos do *plea bargaining*: consiste em um procedimento sem julgamento (*nontrial procedure*), em que há, pois, a transição da fase *pretrial* à *post-trial*, qualificado pelo reconhecimento de culpa ou de procedência da acusação, por parte do acusado, em troca de algum benefício processual ou material (geralmente, redução de pena).

A **negociação** entre acusação e acusado, entretanto, não surgirá de chofre; ao contrário, serão certos os motivos que conduzirão à emergência do *plea bargaining*, particularmente na segunda metade do século XIX, a saber: a adesão ao sistema adversarial, com suas intrincadas regras procedimentais,

---

120. PASTRANA, Ángel. op. cit, p. 219-220. Vale colacionar o trecho de Pastrana, livremente traduzido: "Esta instituição implica que uma alta porcentagem dos casos a *trial phase* não tenha lugar, passando-se, dessa maneira, da *pretrial phase* para a *posttrial phase*, ou seja, para a sentença. E isto pela possibilidade que existe de que o sujeito passivo se declare culpado (*guilty plea*), ou de que manifeste sua vontade de não declarar sua culpabilidade ou inocência (*nolo contendere plea*). Assim, em troca da renúncia pela *trial phase*, o *prosecutor* retirará determinadas cargas, mudará as existentes por outras menos gravosas, ou solicitará uma pena menor do que pediria se tivesse lugar a *trial phase*... (p. 219-220).

121. HEUMANN, Milton. **Plea bargaining**: the experiences of prosecutors, judges, and defense attorneys. Chicago: University of Chicago Press, 1981. p. 1 (tradução livre).

122. TURNER, Jenia. **Plea bargaining across borders**. New York: Aspen, 2009. p. 1 (tradução livre).

e as suas consequências – de tal adesão – para o decaimento do tribunal do júri. Em referência a isso, Albert Alschuler assevera:

> *As late as the eighteenth century, ordinary jury trial at common law was a judge-dominated, lawyer-free procedure conducted so rapidly that plea bargaining was unnecessary.* ***Thereafter, the rise of adversary procedure and the law of evidence injected vast complexity into jury trial and made it unworkable as a routine dispositive procedure.*** *A variety of factors, some quite fortuitous, inclined nineteenth-century common law procedure to channel the mounting caseload into nontrial plea bargaining procedure rather than to refine its trial procedure as contemporary Continental legal systems were doing* [123]

Na mesma esteira, John Langbein aduz:

> *When we turn back to the period before the middle of the eighteenth century, we find that common law trial procedure exhibited a degree of efficiency that we now expect only of our nontrial procedure. Jury trial was a summary proceeding.* ***Over the intervening two centuries the rise of the adversary system and the related development of the law of evidence has caused common law jury trial to undergo a profound transformation****, robbing it of the wondrous efficiency that had characterized it for so many centuries.*[124]

123. ALSCHULER, Albert. In: LANGBEIN, John. Understanding the Short History of Plea Bargaining (1979). **Faculty Scholarship Series**. 544. p. 261. Traduzido livremente: "Ainda no século XVIII, o julgamento por júri na common law era um procedimento livre de advogados, dominado por um juiz, conduzido de maneira tão rápida que o plea bargaining era desnecessário. Posteriormente, a ascensão do procedimento adversarial e da law of evidence injetaram uma enorme complexidade no julgamento pelo júri e tornaram-no inviável como um procedimento rotineiro. Uma variedade de fatores, alguns um tanto fortuitos, inclinaram o procedimento dos 1900's do common law a canalizar o montante sempre crescente de processos (caseload) para o procedimento da barganha sem julgamento, ao invés de procurarem refinar o seu procedimento pelo júri como os sistemas legais da Europa continental estavam fazendo".

124. LANGBEIN, John. **Understanding the Short History of Plea Bargaining**, op. cit., p. 262. Tradução livre: "Quando nos voltamos ao período anterior aos meados de 1800, descobrimos que o procedimento de julgamento do common law exibia um grau de eficiência que agora só esperamos do nosso procedimento sem julgamento. O julgamento do júri era um procedimento sumário. Com o passar dos dois séculos seguintes, a ascensão do sistema adversarial e o desenvolvimento da law of evidence fizeram com que o clássico julgamento pelo júri sofresse profundas transformações, roubando-lhe a eficiência maravilhosa que a caracterizara por tantos séculos".

Depreende-se dos excertos acima transcritos que, até o século XVIII, o *jury trial* consistia em procedimento sumário, dotado de extrema agilidade e eficiência; e que, nos séculos vindouros, o advento do modelo adversarial e o aprimoramento da *law of evidence* acabaram por comprometer essas "virtudes primigênias" do juízo por jurados, de sorte a torná-lo mais complexo, demorado e oneroso.

A partir de um estudo dos julgados do *Old Bailey* (Tribunal Central Criminal de Londres), Langbein demonstra que eram processados **doze a vinte casos por dia pelo júri**. Acerca dos motivos para tamanha agilidade, o autor salienta a pouca (ou nenhuma) interveniência dos advogados, a ausência do direito contra a autoincriminação, a precariedade da *law of evidence* (isto é, de normas de controle epistêmico sobre a atividade de prova), o parco desenvolvimento dos *standards* probatórios e a virtual inexistência de recursos (*appeals*) nos julgados criminais. É o que se infere da leitura do seguinte fragmento:

> *El procedimiento no era en absoluto sofisticado. Los abogados intervenían como acusadores o como defensores en pocas ocasiones. Casi no existían reglas sobre la actividad probatoria. El estándar probatorio que exige la convicción "más allá de una duda razonable" aún no había sido formulado con precisión, y tampoco era anunciado regularmente. No se realizaba el procedimiento de selección de jurados (el denominado voir dire) y prácticamente no se ejercía el derecho a recusar con causa a los jurados. Los mismos jurados intervenían en varios juicios en un sola sesión, y muchos de ellos eran personas con experiencia que habían actuado como jurados con anterioridad. Recibían poca ayuda o instrucciones por parte del tribunal, y probablemente no las necesitaban. El acusado se defendía personalmente, habitualmente sin la asistencia de un abogado, y sin que se le permitiera declarar bajo juramento. Prácticamente, la posibilidad de impugnar las decisiones del tribunal ante un tribunal superior no existía.* [125]

---

125. LANGBEIN, John. Sobre el mito de las constituciones escritas: la desaparición del juicio penal por jurados. Trad. Alberto Bovino y Christian Courtis. **Revista "Nueva Doctrina Penal"**. Buenos Aires: Ed. Del Puerto, 1996. p. 47-8. Em tradução livre: "O procedimento não era, em absoluto, sofisticado. Os advogados intervinham como acusadores ou defensores em poucas ocasiões. Quase não existiam regras sobre a atividade probatória. O *standard* probatório que exige a condenação "para além da dúvida razoável" não havia ainda sido formulado com precisão, tampouco era usado regularmente. Não se realizava o procedimento de seleção de jurados (o denominado

A propósito, igualmente, da precariedade do julgamento por jurados anteriormente à implementação do *adversarial system*, Friedman e Percival salientam que "os *trials* duravam pouquíssimo tempo, meia hora no máximo. (...) O queixoso fazia seu relato; às vezes uma ou duas testemunhas apareciam; o réu contava sua versão, com ou sem testemunhas; os advogados falavam (quando muito); o juiz informava o júri". E, após uma expedita reunião e deliberação, os jurados proclamavam o resultado e "a corte passava imediatamente para a apreciação do próximo caso na lista"[126].

Nessa mesma senda, Malcolm Feeley[127] declara que "talvez o mais revelador seja a velocidade na qual os *early trials* eram conduzidos". E o autor prossegue, convocando a atenção para o fato de que os registros de Londres "explicitam que o mesmo juiz e júri ouviam a vários casos diariamente, dificilmente com pausas entre eles. Do mesmo modo, os registros de New Heaven demonstram que o mesmo juiz e júri resolviam inúmeros casos em um ou dois dias...".

Inexistia, pois, na fase prévia à implementação do sistema adversarial, qualquer estímulo ao desenvolvimento do *non-trial plea bargaining procedure*, malgrado fosse possível encontrar, em casos isolados, a presença de *guilty pleas*[128]. Com efeito, não apenas os tribunais de *common law* encorajavam o réu a se submeter ao julgamento pelo júri, como enxergavam com enorme desconfiança a confissão e admissão de culpa[129].

---

voir dire) e praticamente não se exercia o direito de recusa aos jurados. Os mesmos jurados intervinham em diversos julgamentos em uma só sessão, e muitos deles eram pessoas experientes que já haviam atuado como jurados antes. Eles recebiam pouca ajuda ou instrução por parte do tribunal e provavelmente nem necessitavam. O acusado se defendia pessoalmente, habitualmente sem a assistência de um advogado, e sem que lhe fosse permitido testemunhar sob juramento. Na prática, a possibilidade de impugnar as decisões do juízo perante um tribunal superior não existia...".

126. FRIEDMAN, Lawrence M; PERCIVAL, Robert. **The Roots of Justice**: Crime and Punishment in Alameda County, California, 1870-1910 (Studies in Legal History). University of North Carolina Press, 1981. p. 194. (Tradução livre).

127. FEELEY, Malcolm M. **Plea Bargaining and the Structure of the Criminal Process**, 7 Just. Sys. J. 338 (1982). p. 345. (Tradução livre).

128. Uma interessante análise é a realizada por MCCONVILLE, Mike; MIRSKY, Chester. **Jury Trials and Plea Bargaining**: a true history. Oregon: Hart Publishing, 2005, em especial nas páginas 153-172.

129. ALSCHULER, Albert. Plea Bargaining and Its History. **Columbia Law Review**, vol. 79, 1979. p. 11. Vale colacionar o excerto: *"There were several reasons for the reluctance of the courts to receive pleas of guilty during the formative period of the common law and for centuries thereafter. First, these pleas were apparently distrusted. (...). Probably*

Todavia, o modelo dos *early trials*, em razão de sua evidente precariedade, não subsistirá. E, com o aperfeiçoamento das regras processuais, a expansão das garantias processuais penais e a consolidação do sistema adversarial, o "juízo por jurados será redefinido como um juízo por jurados no marco de um procedimento *de partes*"[130]. Pelo que o procedimento sumário – e carente de garantias – dará lugar ao *adversarial system*, modelo responsável por consolidar o protagonismo das partes na produção de provas e na condução do processo.

Não tardará, contudo, para que as agências punitivas identifiquem neste novo *trial* seus supostos défices, quais sejam, a morosidade, a ineficiência e os altos custos, em comparação ao antigo procedimento. Será, mesmo, nesses défices que radicarão os germes do surgimento do *plea bargaining* nos Estados Unidos da América.

Convém atinar, a respeito da justiça criminal nos Estados Unidos, para o fato de que, mesmo em fins do século XIX, as *Courts of Appeals* se inclinavam no sentido de manter o sistema de julgamentos pelo júri, alertando constantemente para os perigos dos acordos penais. Ilustrativa, neste sentido, a observação de Alschuler[131] de que na primeira decisão da *Supreme Court* sobre *guilty plea*, o tribunal superior "se absteve de aceitar de imediato a *plea* do réu, designou-lhe advogado e adiou por vários dias a sessão de julgamento, a fim de que [o réu] pudesse ser inteiramente alertado para os riscos que implicava a sua assunção de culpa".

De forma similar, os antigos tribunais do circuito e as cortes distritais tendiam a favorecer o juízo por jurados, explicitamente desencorajando a adoção de soluções negociais e advertindo o réu para os inconvenientes da negociação penal com o acusador.

Contudo, já na transição para o século XX, aludida resistência viria a ser suplantada e os mecanismos negociais poderiam, enfim, florescer no sistema de justiça criminal estadunidense. A complexidade do modelo adversarial

---

more important than the judicial distrust of guilty pleas was the fact that English felony defendants were not represented by counsel. (...) Still another reason for the courts' discouragement of guilty pleas was that death was the prescribed penalty for every felony".

130. LANGBEIN, John. Sobre el mito de las constituciones escritas: la desaparición del juicio penal por jurados. Trad. Alberto Bovino y Christian Courtis. **Revista "Nueva Doctrina Penal"**. Buenos Aires: Ed. Del Puerto, 1996. p. 48.

131. ALSCHULER, Albert. Plea Bargaining and Its History. **Columbia Law Review**, vol. 79, 1979. p. 10.

e o significativo aumento do trabalho das cortes inferiores, diz Pastrana[132], acarretarão um incremento substancial do uso do *plea bargaining*[133], técnica adequada para "dar vida" ao projeto de justiça rápida [*quick justice*].

Demais disso, consigna Alschuler[134] que a atmosfera corrupta do sistema criminal nos últimos anos do século XIX e alvores do século XX, bem como a escassez de mecanismos de controle – e expedientes de revisão – das decisões judiciárias, afinal concorrerão para a disseminação da negociação penal. Conforme destaca o autor,

> ***In these courts, striking political corruption apparently contributed to a flourishing practice of plea bargaining.*** *Richard Canfield, later an operator of elegant gambling casinos in several cities, testified that as early as 1885 his friend, the Mayor of Providence, Rhode Island, had acted as an intermediary in arranging a plea agreement with the state Attorney General. By 1914, there were accounts of a New York defense attorney whose financial arrangements with a magistrate enabled him to 'stand out on the street in front of the Night Court and dicker away sentences in this form: $300 for ten days, $200 for twenty days, $150 for thirty days'.*[135] (grifo nosso)

132. PASTRANA, Ángel. Ibidem, p. 237-8.

133. Lawrence Friedman, em obra já citada, salienta que no condado de Nova Iorque (Manhattan), em 1900, o número de criminosos sentenciados por meio de declarações de culpabilidade era três vezes maior do que os sentenciados por juízes ou jurados. FRIEDMAN, Lawrence. **Breve Historia del Derecho Estadounidense**. op. cit., p. 94.

134. ALSCHULER, Albert. Plea Bargaining and Its History. **Columbia Law Review**, vol. 79, 1979. p. 24. Tradução livre: "Nesses tribunais, a expressiva corrupção política contribuiu aparentemente para uma próspera prática da barganha. Richard Canfield, mais tarde um gerenciador de elegantes cassinos de jogos em diversas cidades, testemunhou que, já em 1885, seu amigo, o prefeito de Providence, Rhode Island, havia agido como intermediário para arranjar um acordo judicial com o Procurador Geral do Estado. Em 1914, havia relatos de um advogado de defesa de Nova Iorque cujos arranjos financeiros com um magistrado permitiam a ele ficar na rua à frente da cadeia e adulterar sentenças nessa forma: 300 dólares por dez dias, 200 por vinte dias e 150 por trinta dias".

135. Idem. p. 24. Tradução livre: "Nesses tribunais, a expressiva corrupção política contribuiu aparentemente para uma próspera prática da barganha. Richard Canfield, mais tarde um gerenciador de elegantes cassinos de jogos em diversas cidades testemunhou que já em 1885 seu amigo, o prefeito de Providence, Rhode Island, havia agido como intermediário para arranjar um acordo judicial com o Procurador Geral do Estado. Em 1914, havia relatos de um advogado de defesa de Nova Iorque cujos arranjos financeiros com um magistrado permitiram a ele ficar na rua à frente da cadeia e

Outrossim, o primeiro quartel do século XIX testemunharia a remodelagem da atuação do *public prosecutor*. Relativamente a isso, estou convicto de que não há como se compreender a guinada contemporânea na direção da barganha sem a análise desta importante personagem, radicada que está ela no centro deste processo de transfiguração da justiça penal; passemos, portanto, à sua investigação.

Em primeiro lugar, mister assinalar que a figura do acusador público é, em larga escala, uma "invenção estadunidense", ao menos nos lindes do *common law*, porquanto desconhecida a instituição do Ministério Público na tradição inglesa – na qual ainda predominava a persecução privada, pelo próprio ofendido ou por um representante por ele escolhido, ainda que em muitos casos a ação penal seja proposta **em nome da Coroa**[136].

Afora isso, convém salientar que o movimento de democratização pós-independência resultou na adoção, na vigência do mandato presidencial de Andrew Jackson, na década de 1820, de eleições para a escolha dos acusadores públicos, em substituição ao antigo método de indicação. A instituição de um escrutínio popular tendente a eleger os promotores públicos auxilia a entender o sentimento de integração e confiança que nutrem os cidadãos norte-americanos com relação ao sistema de justiça.

Neste pórtico, Kant de Lima[137] assevera que o caráter "popular" e "democrático" da lei, bem assim os mecanismos de participação cidadã na administração da justiça – a exemplo do julgamento por jurados e das eleições para diversos cargos públicos – contribuíram para forjar um **sistema de crenças** de cariz positivo que grande parcela da população dos Estados Unidos tem acerca do funcionamento de seu sistema legal e de suas instituições jurídicas.

Com a incorporação da persecução penal ao Poder Executivo e o advento das eleições ao cargo de *prosecutor*[138], o acusador público, então, deixou de

---

adulterar sentenças nessa forma: 300 dólares por dez dias, 200 por vinte dias e 150 por trinta dias".

136. Destaca-se, a esse respeito, a obra de WORRALL, John L.; NUGENT-BORAKOVE, M. (Editors). **The changing role of the American prosecutor**. Albany: State University of New York Press, 2008. 275p.

137. LIMA, Roberto Kant de. Polícia, Justiça e Sociedade no Brasil: uma abordagem comparativa dos modelos de administração de conflitos no espaço público. In: **Revista de Sociologia e Política**, nº 13, 1999. p. 23-24; 33.

138. WORRALL, John L.; NUGENT-BORAKOVE, M. (Editors). **The changing role of the American prosecutor**. Albany: State University of New York Press, 2008. p. 8.

ser um ator de menor relevo na estrutura da corte[139] para se tornar verdadeiro protagonista. Na esteira de Worrall e Nugent-Borakove, releva notar que

> ***By the early 1900s the prosecutor became perhaps the most powerful figure with respect to criminal law.*** *While perhaps not as visible as the police, the prosecutor was regarded as having significant, if not total, power over the ultimate enforcement of the law (...)*
>
> ***Courts even began to recognize the surge in prosecutorial power.*** *The Ilinois Court of Appeal reached this conclusion: The prosecutor '... is charged by law with large discretion in prosecuting offenders against the law. He may commence public prosecution in his capacity by information and he may discontinue them when, in his judgement the ends of justice are satisfied' (People v. Walsh, St. Louis and Pacific Railway, 1883, p. 263). (...) The court in Wilson v. County of Marshall (1930) said, for instance, that the prosecutor has 'absolute control of the criminal prosecution'*[140] (grifos nossos)

À vista disso, nota-se que a conjunção entre ampliação dos poderes discricionários dos promotores (em obediência ao princípio da oportunidade) e avolumamento da criminalidade – em especial a organizada, no marco da "lei seca" –, acrescida à complexidade do procedimento do tribunal do júri, pavimentaram o terreno para a proliferação dos mecanismos negociados.

Os primeiros anos do século XX assistirão, pois, à expansão lépida do *plea bargaining*. Relativamente a tal período, diversas pesquisas realizadas na década de 1920, no âmbito da justiça criminal de Estados e cidades norte-americanos, são reveladoras de uma "dependência considerável ao

---

139. JACOBY, J. (1980). **The American prosecutor**: A search for identity. Lexington, MA: Lexington Books. p. 23 *apud* WORRALL, John L.; NUGENT-BORAKOVE, M. (Editors). **The changing role of the American prosecutor**. Albany: State University of New York Press, 2008. p. 8.

140. Idem, p. 8-9. Traduzido livremente: "No início dos 1900's, o promotor tornou-se talvez a figura mais poderosa no direito criminal. Embora provavelmente não tão visível quanto a polícia, os promotores eram considerados como tendo significativo, se não total, poder sobre a execução da lei. (...) Os tribunais inclusive começaram a reconhecer o aumento do poder dos promotores. A Corte de Apelação de Illinois chegou à seguinte conclusão: Ao promotor 'é concedido grande discrição para processar os infratores da lei. Ele pode iniciar um processo público em sua capacidade por informações e pode interrompê-los quando, ao seu julgamento, os fins da justiça foram satisfeitos" (People v. Walsh, St. Louis e Pacific Railway, 1883, p. 263). (...) O tribunal em Wilson v. Condado de Marshall (1930) disse, por exemplo, que o promotor tem "controle absoluto da acusação criminal".

modelo de assunção de culpa: em Chicago, 85% de todas as condenações criminais eram resolvidas por *guilty plea*; em Detroit, 78%; em Denver, 76%; em Minneapolis, 90%; em Los Angeles, 81%; em Pittsburgh, 74%; e em St. Louis, 84%"[141].

Deveras, o *plea bargaining* consubstanciava saída desejável para os operadores da justiça criminal, ávidos por soluções rápidas e eficientes que permitissem incrementar seus robustos índices de condenações. No ponto, cabe recordar que os *public prosecutors* eram, à época, agentes públicos eleitos, e, com o intuito de fortalecer a "propaganda eleitoral", imperioso alcançar altas taxas de condenação, reveladoras de um mais eficaz combate à criminalidade[142].

Nesse ponto, Raymond Moley[143] enuncia as vantagens da obtenção de acordos penais para os promotores, entre as quais salienta: a desnecessidade de participar de um julgamento oneroso e demorado, a mitigação dos riscos de perder o caso em tribunal e de ver uma apelação sendo interposta às cortes superiores, dentre outras.

Ademais, recorda McConville que, para além de preocupações por altas taxas de condenação, é apropriado se ter em mente que o desenvolvimento do *plea bargaining* ocorreu paralelamente à consolidação do positivismo criminológico[144]. Forçoso registrar, no respeitante a isto, que as noções científicas do positivismo, em especial a categoria "periculosidade", se amoldaram ao projeto de justificação "da dominação burguesa, que estava sendo fortemente

---

141. Idem, p. 26.

142. A propósito do uso eleitoral das condenações obtidas com a barganha, Moley explica que "What is much more important to the prosecutor is the fact that in such records as most prosecutors make of the work which they have performed, a plea of guilty of any sort is counted as a conviction, and when he goes before the voters for re-election he can talk in large terms about securing convictions when, in reality, these 'convictions' include all sorts of compromises". MOLEY, Raymond. The Vanishing Jury, **Southern California Law Review**, 2, (1928). p. 103 *apud* MCCONVILLE, Mike; MIRSKY, Chester. **Jury Trials and Plea Bargaining**: a true history. Oregon: Hart Publishing, 2005. p. 310. Em tradução livre: "O que é muito mais importante para o promotor é o fato de que nos registros feitos por ele sobre sua performance, qualquer plea of guilty conta como condenação, e quando ele vai a público para sustentar sua campanha de reeleição pode falar em largos termos sobre a obtenção de condenações, quando, em realidade, estas condenações incluem todos os tipos de convicções".

143. Idem, p. 310.

144. MCCONVILLE, Mike; MIRSKY, Chester. Ibidem, p. 324-5.

contestada na virada do século"[145]. Assim é que, já nos anos iniciais do século XX, a barganha comprovará ser ferramenta adequada ao programa de controle social e de "gestão dos indesejáveis" (nomeadamente os negros e latinos), posto que autorizará uma maior repressão à delinquência - confirmada pelo crescimento exponencial nos índices de uso do *plea bargaining*.

Tidas em linha de conta as condições que possibilitaram o surgimento e a disseminação da barganha na primeira metade do século XX, quadra grifar também o impulso oferecido pela *crime wave*, nos Estados Unidos da América de anos 1960 e 1970, para o seu adensamento[146]: a explosão demográfica pós-segunda guerra - fenômeno cognominado "baby boom" - com o consectário aumento da população jovem, as agitações políticas na luta por direitos civis, os protestos anti-Guerra do Vietnã e a popularização do uso das drogas ilícitas (classificadas, por Reagan, como o inimigo número um do Estado) concorreram para um aumento insólito nas estatísticas de casos criminais destas duas décadas.

Nesse cenário, observa Alschuler[147] que tanto a American Bar Association (A.B.A) quanto a President's Comission on Law Enforcement and Administration of Justice se manifestariam favoravelmente à adoção do *plea bargaining*, ressaltando que, se devidamente administrado, poderia vir a ser prática valiosa ao adequado funcionamento da justiça criminal estadunidense, inchada que se encontrava, então, pela "onda de crimes".

Não obstante, a Suprema Corte dos Estados Unidos permaneceu reticente em relação ao *plea bargaining*, evitando, num primeiro momento, declarar

---

145. NEDER, Gizlene. Cultura, Poder e Violência. **Revista Latinoamericana de Psicopatologia Fundamental**, v.12, 2009. p. 21. Diz a autora: "A emergência da criminologia, no quadro específico das formações sociais europeias, decorreu da necessidade de legitimação da dominação burguesa, que estava sendo fortemente contestada na virada do século. A apropriação do determinismo lombrosiano foi (e tem sido, ainda) hegemônica no campo jurídico brasileiro (especialmente para a justiça criminal) e introduziu aspectos aparentemente "científicos" (porque secularizados), a postura muito antiga apropriada da cultura religiosa pessimista, porque ancorada na ideia de predestinação (ao mal)".

146. Em estudo sobre o caso *Bordenkircher v Hayes*, William J. Stuntz observa que, após três décadas (1930, 40 e 50) de redução nos *crime* rates, os anos 1960 e 70 assistiram a um incremento nos números de crimes cometidos sem precedentes. STUNTZ, William J. **Bordenkircher v. Hayes**: The Rise of Plea Bargaining and the Decline of the Rule of Law (November 2005). Harvard Public Law Working Paper No. 120, p. 13.

147. ALSCHULER, Albert. Plea Bargaining and Its History. **Columbia Law Review**, vol. 79, 1979. p. 35.

a sua constitucionalidade: ora se mantinha inerte, ora exibia desconfiança quanto a sua aplicação.

Acresce a tal resistência o fato de que a década de 1960 contemplou aquilo que estudiosos de gabarito denominariam "revolução do devido processo legal" (*"due process revolution"*), com os ingentes trabalhos da comunidade científica e dos atores processuais no sentido de ampliar as garantias do acusado contra os possíveis abusos perpetrados por órgãos oficiais de repressão – em especial a polícia. Particularmente, convém sublinhar as inúmeras decisões paradigmáticas da Suprema Corte na vigência do período da *Warren Court* – entre as quais, cito *Miranda v. Arizona, Brady v. Maryland, Escobedo v Illinois.*

A despeito, contudo, da propensão da Suprema Corte em direção contrária à barganha, aludido movimento de constitucionalização do processo penal estadunidense, paradoxalmente, terminou por aumentar as pressões para a legitimação deste mecanismo. No que diz respeito a isso, o citado jurista americano assinala:

> ***The 'due process revolution' also led directly to more intense plea negotiation.*** *In the words of an Oakland public defender, 'rights are tools to work with,' and rather than insist on a hearing on a motion to suppress illegally obtained evidence, a defense attorney was likely to use a claim of illegality to exact prosecutorial concessions in plea bargaining. A New York defense attorney explained, 'As the defendant gains more rights, his bargaining position grows stronger. That is a simple matter of economics,' and an Assistant Attorney General in Massachusetts observed, 'If guilty pleas are cheaper today, it is simply because Supreme Court decisions have given defense attorneys an excellent shot at beating us'.*
>
> *(...)* ***As Oaks and Lehman observed, procedural reforms did not benefit defendants primarily through increased judicial control of the criminal process. Rather, these reforms became levers in the bargaining process and had their principal impact in reducing the punishment that guilty-plea defendants received.***[148] (grifos nossos)

---

148. ALSCHULER, Albert. op. cit, p. 38-40. Tradução livre: "A revolução do 'due process' (devido processo) também implicou diretamente um maior apelo às negociações penais. Nas palavras de um defensor público de Oakland, 'os direitos são ferramentas para se trabalhar', e em vez de insistir em uma moção para suprimir as provas obtidas ilegalmente, um advogado de defesa sustentaria a ilegalidade para obter uma concessão de algum benefício em face do promotor. Um advogado de Nova Iorque explicou:

Ou seja, desde uma perspectiva pragmática do processo criminal, o reconhecimento de mais direitos aos jurisdicionados calhou por aumentar o seu poder de barganha, permitindo que ele negociasse, em melhores bases, um acordo com o acusador oficial.

Diante desta conjuntura, a Suprema Corte, na década de 1970, inevitavelmente teria de ceder às pressões multifárias a fito de reconhecer a constitucionalidade do *plea bargaining*, realçando as vantagens econômicas desse mecanismo a uma escorreita administração da justiça - ao menos relativamente ao custo-benefício - e, inclusive, acentuando a indispensabilidade da ferramenta para o descongestionamento das saturadas cortes judiciais.

Nessa senda, Tinoco Pastrana e Alschuler, entre outros, destacam que a *Supreme Court* se dobrou aos protestos por mais celeridade na administração da justiça, proferindo uma miríade de decisões a pretexto de corroborar a barganha como mecanismo inscrito nos moldes do sistema criminal norte-americano. Cito, por serem paradigmáticos, os casos *Brady v. United States* [1970][149] e *Santobello v. New York* [1971][150]: no primeiro, a Corte afirmou que a *guilty plea* favorece a acusação e defesa, pela redução de despesas, e que os *plea deals* são um componente essencial da justiça criminal; no segundo, declarou ser a barganha instrumento altamente desejável e necessária ao processo.

Por seu turno, no caso *Bordenkircher v. Hayes*, a Suprema Corte chancelou um *plea deal* obtido por meio de coerção do *prosecutor*, sob o argumento de que é intrínseco ao mecanismo o uso de intimidação como forma de persuadir o acusado a renunciar ao seu direito ao julgamento pelo júri

---

'Com o aumento de direitos do réu, o seu poder de barganha aumentou. Isso é uma simples questão de matemática', e um promotor geral assistente em Massachusetts observou que 'se os guilty pleas são mais baratos hoje, é simplesmente porque as decisões da Suprema Corte deram aos advogados de defesa uma excelente chance de ganhar de nós'. (...) Como Oaks e Lehman já observaram, as reformas processuais não beneficiaram os acusados por meio de um incremento do controle judicial dos procedimentos criminais. Em vez disso, essas reformas possibilitaram alavancar a sua posição no processo de barganha e tiveram seu maior impacto na redução da punição que os acusados recebiam anteriormente".

149. OYEZ. "*Brady v. United States*". 1970. Disponível em https://www.oyez.org/cases/1969/270.

150. OYEZ. "*Santobello v. New York*". 1971. Disponível em https://www.oyez.org/cases/1971/70-98.

(*trial*). Aliás, o magistrado Stewart reconheceu expressamente que as ameaças de punições mais graves têm um efeito desencorajante sobre o acusado[151].

Resultado desse processo de adesão paulatina ao *plea bargaining* é que, hodiernamente,

> o tribunal do júri continua a ocupar o seu lugar central tanto no direito formal quanto na mitologia jurídica. A Constituição não mudou, os tribunais fingem aplicar o direito do acusado e a televisão transmite um fluxo continuo de dramas nos quais em uma sala de tribunal se debate para que o veredito do júri conduza inexoravelmente à revelação do verdadeiro culpado. Em realidade, o julgamento pelo tribunal do júri tem, em grande medida, desaparecido nos Estados Unidos. O sistema de justiça criminal julga praticamente todos os processos que tratam de crimes graves através do *plea bargaining*. Dependendo da jurisdição, 99% das condenações por crimes graves são mediante *plea*. Este procedimento sem julgamento se tornou o dispositivo processual ordinário do direito norte-americano.[152]

O julgamento por jurados, destarte, foi relegado a segundo plano, pouco a pouco convertendo-se, de procedimento padrão, em alternativa subsidiária e inconveniente de resolução de conflitos, se confrontado com o "procedimento sem julgamento".

Não obstante os anunciados movimentos de resistência à adoção do *plea bargaining*, é curial perceber que a trajetória histórica que une o direito norte-americano ao *common law* e à tradição lockeana do contrato social foram determinantes para modelar um sistema de crenças que contemplasse representações, em geral, benéficas dos cidadãos estadunidenses com relação ao funcionamento de seu sistema de justiça, confiando a ele a salvaguarda de sua liberdade e de seus interesses.

Nessa esteira, a conformação dos mecanismos de barganha com a constituição americana, atestada por decisões reiteradas da Suprema Corte no sentido de validar as práticas negociais, cristalizou, no ideário popular,

---

151. Importantes estudos foram feitos sobre esse caso, denunciando os abusos do modelo da barganha. Veja-se: STUNTZ, William J. **Bordenkircher v. Hayes**: The Rise of Plea Bargaining and the Decline of the Rule of Law (November 2005). Harvard Public Law Working Paper No. 120.; e também: ROSS, Stephen F. **Bordenkircher v. Hayes**: Ignoring Prosecutorial Abuses in Plea Bargaining, 66 Calif. L. Rev. 875 (1978).

152. LANGBEIN, John. Tortura e Plea Bargaining. In: GLOECKNER, Ricardo (Org.). **Sistemas Processuais Penais.** 1ª ed. Florianópolis: Empório do Direito, 2017. p. 138.

uma percepção positiva do *plea bargaining*. Convalidados pelo tribunal máximo do País, os acordos penais foram internalizados pelos norte-americanos como um conjunto de mecanismos mais eficientes para a proteção dos seus direitos acautelados pelo pacto social. É nesse sentido a advertência de Geraldo Prado:

> Ideologicamente, a sensação de ampla proteção pelo direito (contra o governo) e a postura de acomodação da Corte Suprema dos Estados Unidos da América em face do *plea bargaining*, cuja constitucionalidade terminou sendo reconhecida, ao abrigo de manifestações de clara conveniência de política criminal, transmitiram a idéia de compatibilidade entre a negociação penal e os comandos da centenária constituição americana.[153]

Portanto, esquadrinhadas as condições de fundo para a aparição do *plea bargaining* nos Estados Unidos da América, o próximo passo a ser dado será explanar o movimento operado nas últimas décadas de transplantação da justiça penal negociada para ambiências não filiadas à *Common Law tradition* – voltando especial atenção, nessa caminhada, para os seus impactos no processo penal latino-americano.

Da transação penal à colaboração premiada, passando pelo recente "pacote anticrime", releva atinar para a tendência global de circulação de modelos jurídicos, com a importação de categorias forâneas, que vem dando sustentação a um largo projeto de supressão de garantias processuais (quando não, do próprio processo) em favor de um modelo de adjudicação de responsabilidade que seja capaz de corresponder às altas expectativas depositadas pelos atores sociais na justiça penal. Uma administração da justiça, mormente se tida em conta a lógica neoliberal à qual estamos inexoravelmente jungidos, que seja, afinal, compatível com a "nova razão do mundo".

1.4. ACERCA DO NEOLIBERALISMO, DA GLOBALIZAÇÃO DO DIREITO E DOS TRANSPLANTES JURÍDICOS: O PARADOXO DA EFICIÊNCIA DA BARGANHA PROCESSUAL PENAL

Efetuada a análise a propósito das condições para a frutificação do *plea bargaining* no bojo da cultura jurídica dos Estados Unidos da América, assumindo paulatinamente foros de **solução jurídica eficiente**, revela-se imperativo perscrutar os motivos que propiciaram o instrumento da bar-

153. PRADO, Geraldo. **Transação Penal**. 1ª ed. Coimbra: Edições Almedina, 2015. p. 187.

ganha, nos moldes como engendrado pela experiência estadunidense, a se popularizar mundo afora e a se instalar a fórceps em sistemas de justiça criminal dos mais diversos países do globo.

Neste tocante, o desafio que ora se impõe é demonstrar como a exportação de um instituto típico do sistema estadunidense de administração da justiça criminal para ambiências não antes submetidas a este "prestigioso modelo" coaduna-se, à perfeição, com os ditames da *nova* razão neoliberal e com uma globalização – inclusive jurídica – de tipo excludente (Dussel[154]), capaz de derrubar barreiras entre países (ao menos no que toca à circulação de capitais, dado que o repúdio ao fluxo de pessoas na direção periferia-centro se patenteia em discursos de cunho xenofóbico, infelizmente tão em voga), atuando, entretanto, tal esboroamento de fronteiras para reforçar a hegemonia do mercado, **descentralizado, desterritorializado** e **independente**[155].

Atendo-se aos limites de sua proposta, e, pois, sem qualquer pretensão de exaurir objeto reconhecidamente multímodo, a presente obra invocará alguns conceitos-chave elaborados por pesquisadores de distintas áreas do saber, tudo com o propósito de desvelar os entroncamentos entre neoliberalismo econômico, globalização jurídica e o fenômeno dos transplantes legais (com destaque para o *plea bargaining*). Com efeito, a hipótese central da tese é que os recentes movimentos de circulação de modelos e categorias jurídicas, com a consectária remodelagem de sistemas de justiça criminal ao redor do mundo, são decorrentes, em larga medida, do novo paradigma globalizante – paradigma que, se é de fato global, o é de forma **unipolar**[156].

Deveras, se o processo de globalização – e a consequente "compressão do espaço/tempo" – teve implicações sensíveis na reconfiguração da noção tradicional de soberania do Estado, na medida em que o mercado logrou eliminar as fronteiras para a circulação de capitais (e, em certa e menor di-

154. DUSSEL, Enrique. **Ética da libertação na idade da globalização e da exclusão**. Trad. Ephraim Ferreira Alves, Jaime A. Classen, Lúcia M. E. Orth. 4ª ed. Petrópolis: Editora Vozes, 2012. 672 p.

155. Michael Hardt e Antonio Negri descrevem uma transformação na clássica noção de soberania, em que a nova forma de soberania é por eles denominada "Império". Em suas palavras, "Empire establishes no territorial center of power and does not rely on fixed boundaries or barriers. It is a decentered and deterritorializing apparatus of rule that progressively incorporates the entire global realm within its open, expanding frontiers". (HARDT, Michael; NEGRI, Antonio. **Empire**. Harvard University Press, 2001, p. xii).

156. NUNES, A. J. A. Neoliberalismo e direitos humanos. **Revista da Faculdade de Direito, Universidade de São Paulo**, v. 98, 1 jan. 2003. p. 452-453.

mensão, para o fluxo de pessoas e ideias), é de resto impreterível constatar que os Estados Unidos da América acabaram por se sobressair como os protagonistas no jogo de forças mundial[157].

Nessa senda, convém identificar que o declínio da soberania dos Estados-nações não equivaleu ao definhamento do conceito de soberania, dotado que ainda é de elevado potencial epistêmico e político em tempos modernos. A bem da verdade, na esteira de Hardt e Negri, as transmutações da contemporaneidade induziram, de certo modo, a **soberania** a exibir ou a ativar novas modalidades - as quais os citados autores inscreverão no campo conceitual do "Império" -, que prescindem da existência de governos robustos e que, paralelamente, se capacitam a dar vazão ao projeto neoliberal de erigir o mercado ao posto de entidade global por excelência. Destarte, os autores convocam a atenção para o aparecimento de estruturas de poder mais flexíveis, descentralizadas e sem território fixo, que flutuam, junto ao capital, pelas porosas fronteiras do novo sistema-mundo[158].

De forma a complementar o diagnóstico dos filósofos, assevera Geraldo Prado que:

> a hegemonia do mercado, com a redução das barreiras formais aos fluxos de capital entre os países, configurou o processo de desregulamentação e deformalização das relações econômicas e jurídicas, dando o primeiro passo em direção ao Estado Mínimo. O pragmatismo deste mercado e a eficiência da gestão privada eram advogados como as soluções ideais para a administração dos serviços públicos de todas as áreas, com a consequente redução do déficit fiscal. **A funcionalidade empresarial passou a ser defendida como o critério de reordenação da esfera do direito, ainda ao nível constitucional.**[159] (grifo nosso)

Contudo, antes de ingressar no exame da "reordenação da esfera do direito", em especial no que concerne à disseminação da justiça penal negociada, reputa-se imprescindível dissecar as condições a partir das quais o mercado pôde se afirmar como o novo gestor político do mundo - em substituição

157. Salienta Eric Hobsbawm que "a situação atual do mundo não tem precedentes. Os grandes impérios globais que conhecemos, como o espanhol, nos séculos, XVI e XVII, e principalmente o britânico, nos séculos XIX e XX, têm pouca similaridade com o que vemos hoje no império americano". HOBSBAWM, Eric. **Globalização, democracia e terrorismo**. Trad. José Viegas. São Paulo: Cia das Letras, 2007. p. 152.
158. HARDT, M.; NEGRI, A. op. cit., p. 11-12.
159. PRADO, Geraldo. **Transação Penal**. 1ª ed. Coimbra: Edições Almedina, 2015. p. 33.

às potências imperialistas –, bem como esmiuçar o fundamento ideológico que serviu de arrimo a essa "grande virada", qual seja, o neoliberalismo.

Imperioso, portanto, submeter à análise o contexto de ascensão do neoliberalismo como a razão do capitalismo contemporâneo. A propósito desta escalada, Pierre Dardot e Christian Laval, em pesquisa de fôlego sobre a (re) fundação intelectual do neoliberalismo, sublinham o papel que as tensões da segunda metade do século XIX, numa conjuntura em que o liberalismo clássico expunha "linhas de fratura que irão se aprofundando até a Primeira Guerra Mundial e o entreguerras"[160], findaram por desempenhar para a aparição desta nova doutrina econômica.

A crise de "governamentalidade liberal" (Foucault[161]) se intensificou durante as décadas que medeiam os anos 1870 a 1930, externada quer pela insurgência do proletariado urbano quer pelo relacionamento belicoso entre os Estados Nacionais em contexto de corrida imperialista - os mecanismos de proteção alfandegária, a pujança dos nacionalismos, as barreiras ao livre-câmbio entram igualmente nessa equação, que terá por resultado a Primeira Grande Guerra.

Com razão, Dardot e Laval atentam para o fato de que

> [m]uito antes da Grande Depressão dos anos 1930, a doutrina do livre mercado não conseguia incorporar os novos dados do capitalismo tal como este se desenvolvera...
>
> Os capitalismos norte-americano e alemão, as duas potências emergentes da segunda metade do século XIX, demonstravam que o modelo atomístico de agentes econômicos independentes, isolados, guiados pela preocupação com seus próprios interesses,

160. DARDOT, Pierre; LAVAL, Christian. **A nova razão do mundo**: ensaio sobre a sociedade neoliberal. Trad. Mariana Echalar. 1ª ed. São Paulo: Boitempo, 2016. p. 189.

161. A categoria da "governamentalidade" é medular ao pensamento político de Michel Foucault, sendo definido pelo autor como o "conjunto constituído pelas instituições, os procedimentos, análises e reflexões, os cálculos e as táticas que permitem exercer essa forma bem específica, embora muito complexa, de poder que tem por alvo principal a população, por principal forma de saber a economia política e por instrumento técnico essencial os dispositivos de segurança. Em segundo lugar, por "governamentalidade" entendo a tendência, a linha de força que, em todo o Ocidente, não parou de conduzir, e desde há muito, para a preeminência desse tipo de poder que podemos chamar de "governo' sobre todos os outros - soberania, disciplina..." (FOUCAULT, Michel. **Segurança, território e população**. Tradução: Eduardo Brandão. São Paulo: Martins Fontes, 2008, p. 143-144).

> é claro, e cujas decisões eram coordenadas pelo mercado concorrencial quase não correspondia mais às estruturas e às práticas do sistema industrial e financeiro realmente existente.[162]

E, sobre as tendências do capitalismo na virada para o século XX, advertem os autores que "o surgimento dos grandes grupos cartelizados marginalizava o capitalismo de pequenas unidades (...) e os acordos e as práticas dominadoras e manipuladoras dos oligopólios e dos monopólios sobre os preços destruíam as representações de uma concorrência leal...". Em última instância, de conformidade com o pensamento dos ilustres filósofos, "a 'mão visível' dos empresários, dos financistas e dos políticos ligados a eles enfraqueceu formidavelmente a crença na 'mão invisível' do mercado".[163]

No ponto, convém trazer à baila a contextura, em dimensão internacional, de turbulências políticas, de adensamento dos projetos coloniais em solo africano e asiático por parte das potências imperialistas, dos protecionismos de parte a parte, da acirrada disputa por mercados tendencialmente mais escassos, de corrida armamentista, que calharia por desbotar a pintura matizada da *Belle Époque*. Por seu turno, em âmbito interno, a progressiva "concentração e centralização de capitais industrial, comercial e financeiro, a proliferação de cartéis e monopólios, e a separação entre propriedade jurídica e controlo económico"[164], para além da elaboração de projetos e de ações efetivas pelo operariado urbano relativamente à **questão social**, permitiriam entrever a "mão visível" dos oligarcas - que, à laia de um titereiro, manuseavam o Estado-marionete.

Num aspecto e noutro, e sem descuidar dos plúrimos intrincamentos entre os dois planos (interno e internacional), é dever perceber que a crise da governamentalidade *à la laissez-faire* acarretará, mesmo, uma reconfiguração na tradicional parelha Estado-sociedade civil. A noção manchesteriana de "Estado vigia noturno" - ao qual competia, quase exclusivamente, a defesa da ordem e a proteção de bens e pessoas - em contraste com uma sociedade civil "livre" passou a ter pouca valia, e a complexificação da economia capitalista a exigir do Estado intervenção ativa em domínios nos quais não lhe era dado comparecer.

A desconfiança nos dogmas liberais, já patente no derradeiro quartel do século XIX, dará lugar a uma certeza após o *crack* da bolsa de Nova Iorque

---

162. DARDOT, Pierre; LAVAL, Christian, op. cit., p. 39.
163. Idem, p. 40.
164. SANTOS, Boaventura de Sousa. op. cit., p.146-7.

(1929): a de que devinha necessária uma revisão profunda das suas teorias clássicas e do modo de governo liberal. Nessa senda, emergirão "duas vias"[165], cada qual à sua forma intentando refundar as bases do liberalismo clássico a fito de fazer frente ao inimigo comum – o totalitarismo; em um primeiro momento, a via do "novo liberalismo" (ou keynesianismo) e, posteriormente, a do neoliberalismo.

A escola do "novo liberalismo", cujo maior expoente foi John Maynard Keynes, propôs uma readaptação profunda no que toca a atuação do Estado, salientando que esta deveria ir além das rígidas balizas do *laissez-faire* e no sentido de uma atuação positiva, instituindo agendas que colocassem em questão "a confiança que se depositou até então nos mecanismos autorreguladores do mercado e a fé na justiça dos contratos entre indivíduos supostos iguais"[166].

Inspirado pela teoria econômica de Keynes, o *New Deal* de Franklin Delano Roosevelt possibilitará aos Estados Unidos da América contornarem uma aguda crise da década de 1930, por meio de uma política econômica marcada pela forte intervenção estatal. Conforme leciona Avelãs Nunes, a respeito da percepção keynesiana quanto à imprescindibilidade do Estado como ator econômico de primeira monta:

> Defendendo que a compreensão das economias capitalistas não se confina ao estudo do 'comportamento racional' de um imaginário *homo oeconomicus*, antes exige a análise das instituições sociais e políticas, enquanto expressão das forças económicas em presença, **Keynes sublinhou a importância do Estado e a necessidade do alargamento das suas funções para salvar da 'completa destruição as instituições económicas actuais'**.[167] (grifo nosso)

Por seu turno, o neoliberalismo[168] assenta em distintas formulações de base. A despeito de ter sua gênese à conta da vigência de totalitarismos – enquanto movimento de resistência a eles – e da tentativa de refundação

---

165. DARDOT, Pierre; LAVAL, Christian, op. cit., p. 68.

166. Idem, p. 69.

167. NUNES, A. J. A. Neoliberalismo e direitos humanos. **Revista da Faculdade de Direito**, Universidade de São Paulo, v. 98, 1 jan. 2003. p. 425.

168. Conforme lição de Dardot e Laval, à qual se adere, "o neoliberalismo não é apenas uma ideologia, um tipo de política econômica. É um sistema normativo que ampliou sua influência ao mundo inteiro, estendendo a lógica do capital a todas as relações sociais e a todas as esferas da vida". DARDOT, Pierre; LAVAL, Christian. op. cit, p. 7.

intelectual de um liberalismo que então agonizava, essa via é composta por autores mais aferrados aos clássicos dogmas, que se recusam, assim, a admitir a regulação estatal como saída adequada para a sua [do liberalismo] entropia.

Os registros historiográficos dão conta de que a teoria econômica a que referimos - isto é, o neoliberalismo - origina-se a partir do Colóquio Walter Lippman, do ano de 1938, evento no qual se reuniram os maiores intelectuais do pensamento liberal sob o pretexto do lançamento da tradução francesa do livro "*Uma investigação sobre os princípios da Grande Sociedade*", de autoria do pensador que deu nome ao colóquio. A partir deste produtivo encontro, a doutrina econômica pôde amadurecer a pouco e pouco, até entrar em sua fase adulta com a publicação de *O caminho da servidão*, de Friedrich Hayek, forma acabada da "reação teórica e política veemente contra o Estado intervencionista e de bem-estar"[169].

O lançamento da obra (1944) abrirá caminho, de fato, para o desenvolvimento teórico-político de uma doutrina propriamente neoliberal, que conjugará a "fobia do Estado" com o reconhecimento da necessidade de sua atuação, conquanto "mínima" - mínima no campo econômico, máxima na esfera penal. Demais, a fundação da *Sociedade de Mont Pèlerin* (1947), "espécie de franco-maçonaria neoliberal"[170] que, periodicamente, coligia seus maiores autores - entre os quais, Popper, Friedman, Lippman, von Mises, Hayek -, servirá de mola propulsora à difusão de uma teoria uniforme mundo afora.

Na proposta destes teóricos (ainda que com visíveis diferenças entre si), a interferência do Estado seria legítima enquanto intervenção *essencialmente jurídica*, a fim de permitir um desenvolvimento autônomo do mercado concorrencial; em última instância, e paradoxalmente, a atuação do Estado deveria se dar tão só para assegurar a sua não intervenção em um mercado regido pela concorrência leal. O declínio do liberalismo clássico, aos olhos dos neoliberais, não procedia de fatores endógenos, mas dimanava, isto sim, da excessiva ingerência estatal sobre o mercado, ante a sua insistência em conceder privilégios e proteções aos interesses particulares.

A **mínima regulação**, exigida pelos liberais para corrigir as distorções do mercado, aparece, no pensamento neoliberal, de forma *alucinada*, como a causa principal de seu colapso: aquilo que pôs o capitalismo a salvo passou a ser encarado como o seu "carrasco". Daí entender-se o porquê de, na con-

---

169. ANDERSON, Perry. Balanço do neoliberalismo. In: SADER, Emir & GENTILI, Pablo (orgs.) **Pós-neoliberalismo**: as políticas sociais e o Estado democrático. Rio de Janeiro: Paz e Terra, 1995, p. 9.

170. Idem, ibidem.

sideração de seus teóricos, a salvação econômica pressupor, em boa dose, "um retorno ao capitalismo não contaminado"[171].

Todavia, o ideário neoliberal, por maior força que angariasse no campo doutrinário, tardaria a encontrar conjuntura política propícia à sua implementação. Ocorre que as décadas de 1940-1960 testemunhariam à disseminação e ao auge do Estado-Providência (em sua versão europeia tanto quanto na variante estadunidense); tão somente na década de 1970, com a crise do modelo econômico pós-guerra e a criação das **agências de Bretton Woods** (Banco Mundial e FMI) que despontaria, enfim, o cenário ideal à concretização de uma nova agenda. Nos dizeres de Anderson:

> **A chegada da grande crise do modelo econômico do pós-guerra, em 1973, quando todo o mundo capitalista avançado caiu numa longa e profunda recessão, combinando, pela primeira vez, baixas taxas de crescimento com altas taxas de inflação, mudou tudo. A partir daí as ideias neoliberais passaram a ganhar terreno.**
>
> (...) Na Inglaterra, foi eleito o governo Thatcher, o primeiro regime de um país de capitalismo avançado publicamente empenhado em pôr em prática o programa neoliberal. Um ano depois, em 1980, Reagan chegou à presidência dos Estados Unidos. Em 1982, Kohl derrotou o regime social liberal de Helmut Schmidt, na Alemanha. Em 1983, a Dinamarca, Estado modelo do bem-estar escandinavo, caiu sob o controle de uma coalizão clara de direita, o governo de Schluter. Em seguida, quase todos os países do norte da Europa ocidental, com exceção da Suécia e da Áustria, também viraram à direita.[172] (grifo nosso)

Instaladas, então, condições ótimas a uma guinada à direita. Com a decadência do modelo keynesiano, os teóricos neoliberais puderam, mais do que nunca, denunciar as vicissitudes do mercado regulado e impor programas de desregulação econômica (espontaneísmo de mercado), de privatização do setor público (não importando se superavitário) e de cortes abruptos em políticas de bem-estar.

Não obstante, para além de uma agenda de desmantelamento do Estado-Providência – e proposital definhamento de medidas assistenciais e

---

171. KLEIN, Naomi. **A doutrina do choque**: a ascensão do capitalismo de desastre. Trad. Vania Cury. Rio de Janeiro: Nova Fronteira, 2008. p. 69-70.

172. ANDERSON, Perry. op. cit. p. 10-11.

redistributivas do bem-estar social –, e da "privataria" das empresas e serviços públicos, a **governamentalidade neoliberal** contemplava a "subordinação a certo tipo de racionalidade política e social articulada à globalização e à financeirização do capitalismo"[173].

Como sucedâneo ao Estado Social, a nova racionalidade político-econômica demandará o aparecimento de um Estado Corporativo, no qual "o setor empresarial invad[a] a esfera pública usurpando funções típicas, a fim de elevar seus lucros e fazer com que o aparato estatal se torne subalterno ao mercado"[174].

Destarte, o reengajamento político do Estado, distante de uma retomada do *laissez-faire*, só projetava a sua imprescindibilidade: se há, é fato, uma redução no protagonismo do Estado (e na operativadade da categoria "soberania", como visto alhures), este ainda permanece como importante ator, desde fora, para preservar a eficiência da ordem do mercado. A respeito da reestruturação do Estado, Pierre Dardot e Christian Laval fazem importante alerta:

> O Estado foi reestruturado de duas maneiras que tendemos a confundir: de fora, com privatizações maciças de empresas públicas que põem fim ao 'Estado produtor', mas também de dentro, com a instauração de um Estado avaliador e regulador que mobiliza novos instrumentos de poder e, com eles, estrutura novas relações entre governo e sujeitos sociais.[175]

Pelo que, a se tratar da reconfiguração do modo de governo efetuada pelo neoliberalismo, é particularmente relevante – mesmo, decisiva – a introdução da ferramenta analítica do *dispositivo*, que nos permitirá compreender a dinâmica dos novos instrumentos de poder e a "função estratégica dominante" (Foucault) subjacente à racionalidade neoliberal.

No ponto, a invocação do conceito *foucaultiano* facilitará sobremodo o desvelamento das interações multifárias entre saber e poder. O autor francês definirá um dispositivo como "um conjunto decididamente heterogêneo que engloba discursos, instituições, organizações arquitetônicas, decisões regulamentares, leis, medidas administrativas, enunciados científicos,

173. DARDOT, Pierre; LAVAL, Christian. op. cit. p. 190.

174. MARCELLINO JR., J. C. **O direito de acesso à justiça e a análise econômica da litigância**: a maximização do acesso na busca pela efetividade. Tese de Doutorado em Direito – Universidade Federal de Santa Catarina. Florianópolis, 2014. p. 28.

175. DARDOT, Pierre; LAVAL, Christian. Op. cit., p. 273.

proposições filosóficas, morais, filantrópicas"[176], assinalando, com efeito, que "o dispositivo é a rede que se pode estabelecer entre esses elementos". Ampliando a já abrangente classe, Agamben[177] o descreverá como "qualquer coisa que tenha de algum modo a capacidade de capturar, orientar, determinar, interceptar, modelar, controlar e assegurar os gestos, as condutas, as opiniões e os discursos dos seres viventes".

No que pertine ao neoliberalismo, o filósofo italiano explicará não ser "errado definir a fase extrema do desenvolvimento capitalista que estamos vivendo como uma gigantesca acumulação e proliferação dos dispositivos"[178]. Ainda segundo o autor, há-de perceber que

> ...em uma sociedade disciplinar, os dispositivos visam através de uma série de práticas e de discursos, de saberes e de exercícios à criação de corpos dóceis, mas livres, que assumem a sua identidade e a sua "liberdade" enquanto sujeitos no processo mesmo do seu assujeitamento. Isto é, o dispositivo é, antes de tudo, uma máquina que produz subjetivações, e somente enquanto tal é também uma máquina de governo.[179]

Assim, para mais da "governança" de Estado[180], a ferramenta analítica do dispositivo autorizará a captura das repercussões do neoliberalismo em plano íntimo, na modelação das subjetividades. É com isto em mente que Dardot e Laval poderão sustentar que a "governamentalidade empresarial" prolonga-se, também, para a esfera do indivíduo-empresa, sendo, nesse passo, a empresa "promovida a modelo de subjetivação: cada indivíduo é uma empresa que deve se gerir e um capital que deve se fazer frutificar"[181].

---

176. FOUCAULT, Michel. Sobre a história da sexualidade. In: **Microfísica do poder**. Rio de Janeiro: Graal, 2000. p. 244-5.

177. AGAMBEN, Giorgio. **O que é o contemporâneo? e outros ensaios**. Trad. Vinícius Nicastro Honesko. Chapecó: Argos, 2009. p. 40.

178. Idem, p. 42.

179. Idem, p. 46.

180. Dardot e Laval aludem ao emprego do termo "governança" tornado "palavra-chave da nova norma neoliberal, em escala mundial". Na autorizada opinião dos autores, "[E]ssa categoria política de 'governança', ou, mais exatamente, de 'boa governança', tem um papel central na difusão da norma da concorrência generalizada. A 'boa governança' é a que respeita as condições de gestão sob os préstimos do ajuste estrutural e, acima de tudo, a abertura aos fluxos comerciais e financeiros, de modo que se vincula intimamente a uma política de integração ao mercado mundial". DARDOT, Pierre; LAVAL, Christian. op. cit., p. 275-6.

181. Idem, p. 378.

De sorte que o **dispositivo neoliberal** engloba não somente as tradicionais instituições disciplinares (justiça, escola, prisão, hospital) nem apenas a relação vertical entre governo e cidadãos, mas reconfigura a relação que o sujeito tem consigo mesmo. Não só o mercado global e os Estados-nações estão subordinados, no novo paradigma, à concorrência; o próprio sujeito também deve atuar como uma empresa em competição, se expondo integralmente aos riscos e às expectativas de seu empreendimento.

A propósito, convém registrar a observação precisa de Rafael Valim, que vem a confirmar aquilo a que temos sondado (isto é, o encadeamento das variáveis em jogo), quando o referido autor assinala que

> este quadro está inserido no que podemos chamar de *racionalidade neoliberal*, que alguns querem apresentar como uma consequência inelutável da globalização, mas que, em rigor, valendo-nos da terminologia foucaultiana, traduz um *dispositivo* de natureza estratégica que propugna uma sociedade individualista, altamente competitiva, cujas pulsões são falsamente satisfeitas através do consumo e cujos juízos são construídos em um ambiente marcado pela espetacularização.[182]

Em consequência do que, a falar da *razão neoliberal*, verifica-se o sentido estratégico da concorrência interindividual no sentido de promover uma desmobilização generalizada, mitigando os riscos de insurgência contra o modelo vigente. De fato, nesse jogo competitivo, "a polarização entre os que desistem e os que são bem-sucedidos mina a solidariedade e a cidadania"[183].

O neoliberalismo encontrou as condições ideais para sua consolidação enquanto modelo hegemônico inscrito no processo de globalização e de consectária diminuição de barreiras à circulação de capitais. Não teria, contudo, triunfado como "nova razão do mundo" não fosse a divulgação, "pelo poderoso arsenal dos aparelhos produtores e difusores da ideologia dominante"[184], de um discurso homogêneo, que apregoasse a submissão de todos os âmbitos da vida à lógica concorrencial.

Neste pórtico, releva notar que a globalização de tipo neoliberal carrega consigo, antes de mais nada, um projeto político de redefinição dos pressu-

---

182. VALIM, Rafael. **Estado de exceção**: a forma jurídica do neoliberalismo. São Paulo: Editora Contracorrente, 2017. p. 32.
183. DARDOT, Pierre; LAVAL, Christian. op. cit., p. 9.
184. NUNES, A. J. A. **A inevitabilidade da globalização é um mito; a tese de que não há alternativa é um embuste**. Resistência, 2018, online.

postos e das tecnologias de governo (para retomar Foucault, a configuração de um novo dispositivo), de modo a ativar suas modalidades segundo a lógica da concorrência generalizada. A governança do **neo-Estado** está intimamente ligada à sua capacidade de respeitar e fazer respeitar as regras concorrenciais ditadas pelo mercado global[185]; o sucesso do neo-sujeito, por sua vez, depende exclusivamente de sua habilidade para fazer escolhas certeiras, que aumentem a eficiência e produtividade de seu empreendimento pessoal.

Consumada a apuração sobre a ideologia neoliberal e sua aderência ao paradigma globalizante, convém recuperar o que assinalamos páginas atrás: o fato de que o projeto político neoliberal, para se consolidar em definitivo, vindicava uma profunda **reordenação do Direito**, de modo que os instrumentos jurídicos pudessem legitimar as técnicas de controle subjacentes ao mercado e melhor assegurar o imperativo da eficiência[186]. Trata-se, em última instância, da subjugação do jurídico ao econômico, vassalagem que implica uma estranha - porém imprescindível - conformação das normas de direito com a lógica do custo-benefício.

A nível constitucional, por exemplo, a elaboração da **teoria da reser va do possível** e a cristalização do princípio da eficiência administrativa (acrescido pela Emenda Constitucional nº 19/98 ao *caput* do artigo 37 da Constituição da República) são demonstrativos da subordinação das ações e práticas da administração pública brasileira aos preceitos econômicos da ordem neoliberal; a nível legal, o Programa Nacional de Desestatização, implementado no País durante a década de 1990 e ainda vigente, é a nós exemplar. A ação eficiente, nota-se, passou a determinar o funcionamento dos órgãos da administração pública, sendo, agora, a efetividade da prestação dos serviços públicos aferida não mais pela adequação aos fins propostos,

185. "Se a ação pública deve ser uma 'política de concorrência', o Estado deve ser um ator concorrendo com outros atores, em particular no plano mundial. Trata-se de executar simultaneamente duas operações que aparecem como homogêneas em virtude da unicidade das categorias em jogo: de um lado, construir mercados que sejam o mais concorrenciais possível no âmbito mercantil; de outro, fazer a lógica da concorrência intervir no próprio âmbito da ação pública". DARDOT, Pierre; LAVAL, Christian. op. cit. p. 303.

186. Marcellino Jr. assinala, com razão, que "a ação eficiente [do Estado] se tornou uma categoria central para o pensamento capitalista-neoliberal". MARCELLINO JR., J. C. **O direito de acesso à justiça e a análise econômica da litigância**: a maximização do acesso na busca pela efetividade. Tese de Doutorado em Direito - Universidade Federal de Santa Catarina. Florianópolis, 2014. p. 21.

mas pela "produtividade numérica e estatística que se poderia verificar, voltada, é claro, para otimização de gastos"[187].

Nessa esteira, o direito veio a ser "transformado em instrumento econômico diante da mundialização do neoliberalismo (...), não sem ranhuras democráticas"[188]. De todo o oposto, os rasgos na democraticidade, advindos desta transformação, aparentam ser indeléveis.

A fito de oferecer sustentação ao citado projeto de transfiguração do direito em mero instrumental econômico, impende salientar a vertiginosa escalada da *Law and Economics*[189], corrente teórica gestada, não por acaso, no bojo da Universidade de Chicago - seguramente um dos maiores centros do pensamento econômico neoliberal. É, pois, em um ambiente de massiva interação entre doutrina neoliberal e ciência jurídica que ganhará corpo a tese de Richard Posner de **análise econômica do direito**; o dito autor visará a "fundamenta[r] o Direito em conformidade com critérios econômicos de valoração, tal como, e principalmente, a eficiência"[190], dentro de um éthos de maximização da riqueza.

Sua originalidade, contudo, é ter alçado "a eficiência a parâmetro constitutivo do próprio conceito de justiça. (...); justo será aquilo que for eficiente para o mercado, independentemente de diretrizes constitucionais valorativas válidas"[191]. Demais, o autor sustenta que o processo seja norteado pelo princípio do *economic due process*, o que, inegavelmente, "redimensiona o papel da função processual, passando a ser vista como instrumental procedimental pautado pela lógica custo-benefício, independentemente de garantias processuais constitucionais"[192].

Persistindo na análise da **reordenação do Direito**, mas cambiando ligeiramente o foco para a prevalência do direito americano enquanto modelo

187. MARCELLINO JR., J. C. **O direito de acesso à justiça e a análise econômica da litigância**: a maximização do acesso na busca pela efetividade. Tese de Doutorado em Direito - Universidade Federal de Santa Catarina. Florianópolis, 2014. p. 58.

188. ROSA, Alexandre Morais da; LINHARES, José Manuel Aroso. **Diálogos com a law & economics**. Rio de Janeiro: Lumen Juris, 2009. p. 55.

189. Trata-se, na lição de Garapon e Papadopoulos, de "corrente doutrinária multidisciplinar que tenta apreender as instituições jurídicas com a ajuda da análise econômica". In: GARAPON, Antonie; Papadopoulos, Ioannis. **Julgar nos Estados Unidos e na França**: cultura jurídica francesa e *common law* em uma perspectiva comparada. Rio de Janeiro: Lumen Juris, 2008. p. 57.

190. MARCELLINO JR., J. C. op. cit. p. 87-88.

191. Idem, p. 122.

192. Idem, p. 87.

de referência[193], é curial aos interesses desta obra atentar para o fenômeno do *American exceptionalism*.

A tese do **excepcionalismo americano** realça o caráter distinto e superior do sistema jurídico estadunidense em comparação com os demais, o que leva Michele Taruffo a afirmar que "[u]m discurso deste gênero mereceria ser desenvolvido criticamente também em conexão com o crescente fenômeno da globalização do direito, também processual"[194]. E segue o processualista italiano, numa articulação discursiva que permite identificar as sobreposições entre direito, globalização de tipo neoliberal e transplantes legais (temática que estimulou a escrita do presente capítulo):

> Por exemplo, **podemos perguntar – como muitos começam a fazer – se globalização significa americanização – do direito** assim como de outros fenômenos, da economia à cultura – e, portanto, se o *American exceptionalism* (não no sentido descritivo, mas no sentido valorativo da expressão), não seja na realidade um *slogan* utilizado para dissimular o frequente espírito imperialista com o qual os americanos observam a si mesmos em conexão com o resto do mundo. **Sinais claros nesta direção são – se é verdade, como parece comprovado – que os Estados Unidos subordinam**

---

193. Acerca da circulação intensa do modelo estadunidense, Elisabetta Grande assinala que "Em um artigo publicado no American Journal of Comparative Law há alguns anos, Wiegand chega mesmo a comparar a atual "era americana" à difusão do Corpus Juris na Europa no período do ius commune. As analogias entre as duas circulações passariam, essencialmente, por fatores de duas ordens, em ambos os casos em apreço. O primeiro fator constituir-se-ia por uma língua compreendida universalmente, capaz de veicular ciência e cultura. Outrora o latim, hoje o inglês permitiria a comunicação global necessária para uma rápida e profunda difusão do modelo. A presença de prestigiosas universidades onde estudantes e pesquisadores estrangeiros aprendem o método e as soluções praticáveis, a serem utilizadas em via direta ou subsidiária no sistema de origem, representaria o segundo fator de difusão do modelo nos dois casos. Se efetivamente no período do ius commune europeu os jovens estudantes atravessavam os Alpes com vistas a freqüentar as universidades italianas ou francesas, cientes da notável contrapartida – em termos econômicos e de influência – que tal investimento comportaria; igualmente motivados parecem na contemporaneidade os jovens europeus que, cada vez em maior número, atravessam o oceano Atlântico para poder receber formação jurídica em universidades americanas. Em ambos os casos a ampla recepção do modelo apreendido constituiria o resultado último, em nível de sistema, de tais freqüentes e difundidos períodos de estudo". In: GRANDE, Elisabetta. **Imitação e direito**: hipóteses sobre a circulação de modelos. Trad. Luis Fernando Sgarbossa. Porto Alegre: S. A. Fabris, 2009.

194. TARUFFO, Michele. op. cit., p. 668.

> **a concessão de financiamentos do Fundo Monetário Internacional e do Banco Mundial aos Países em via de desenvolvimento à condição de que estes adotem modelos processuais (em particular para o processo penal) derivados diretamente do modelo americano**[195] (grifos nossos)

No âmbito penal e processual penal, as repercussões do eficientismo de mercado e da **superioridade jurídica norte-americana** serão decisivas para a propagação mundo afora do modelo americano da barganha. É que, desde uma episteme eficientista (produção e reprodução do conhecimento norteada pela ação eficiente[196]), a justiça penal negociada passa a ser tida por mais adequada às demandas da racionalidade neoliberal, em comparação com as burocratizadas instâncias da justiça criminal. O pensamento economicista invade, vigorosamente, o processo.

Convém perceber que, dentro deste paradigma, "o empreendimento neoliberal precisa de um poder punitivo onipresente e capilarizado, para o controle penal dos contingentes humanos que ele mesmo massivamente marginaliza"[197]. Deveras, a contraface neoliberal de um Estado economicamente enxuto e socialmente débil é, precisamente, a sua feição penal máxima.

O alargamento do direito penal, com a criação de tipos penais – principalmente crimes de perigo – no marco da *Lei e Ordem* e políticas de *tolerância zero*, alimenta a expansão do uso de mecanismos negociais; no sentido inverso, a propagação da barganha legitima a dilatação do direito penal. Ou, para falar com Lucian Dervan[198], a "barganha e a expansão do direito penal se perpetuam reciprocamente: a barganha põe a salvo a expansão do direito penal e a expansão do direito penal cria incentivos para tornar a barganha tão persuasiva".

Cônscios, assim, das ressonâncias em esfera penal e processual do "lema da eficiência" e da supremacia jurídica estadunidense, não surpreenderá o

---

195. Idem, p. 668-9.

196. COUTINHO, Jacinto Nelson de Miranda. **Observações sobre os sistemas processuais penais**: escritos do Prof. Jacinto Nelson de Miranda Coutinho. Vol. 1. Curitiba: Observatório da Mentalidade Inquisitória, 2018. p. 213; p. 306.

197. BATISTA, Nilo. Mídia e sistema penal no capitalismo tardio. **Discursos sediciosos**: crime, direito e sociedade, Rio de Janeiro, ano 7, n. 12, p. 271 – 289, 2° semestre de 2002. p. 271.

198. DERVAN, Lucian. Overcriminalization 2.0: the symbiotic relationship between plea bargaining and overcriminalization. **Journal of Law, Economics and Policy**, Vol. 7, No. 4, 2011. p. 645.

fato de que a justiça criminal dos Estados Unidos (eficiente, por excelência) desponte como o modelo a ser replicado em todos os pontos do globo. É o que se depreende da análise de Jacinto Coutinho:

> Com a *globalização* e o *neoliberalismo* como sua *epistemologia* (eis a tentativa de *pensamento único*) e *ideologia* (o mercado, como difundido, é a *ordem natural espontânea* por definição e, em torno dele gravitam os desejos, as vontades e os sonhos), dentre outras coisas, restou evidente o domínio mundial dos norte-americanos.[199]

Nesse mesmo diapasão, Geraldo Prado acresce:

> **A globalização irá afetar os sistemas penais e, pela experiência observada nos últimos anos, os está afetando através da adoção de um modelo hegemônico,** percebido como eficiente e eficaz em seu lugar de nascimento. A justiça penal negociada, a transação penal, converte-se em instrumento ideal da solução das causas penais. **A experiência norte-americana pôde ser exportada, vislumbrando-se como mais um dos 'formidáveis avanços' da mencionada sociedade, uma vez que viabilizou a administração da justiça criminal**, evitando, quer seu bloqueio por excesso de demanda, quer sua paralisação pela formalidade de ritos peculiares ao consagrado devido processo legal.[200] (grifos nossos)

A exportação copiosa do modelo americano, tão distinto e superior, revela a aporia a que conduz o discurso do *American exceptionalism*: se a americanização de todos os ordenamentos jurídicos ocorresse, atestando o sucesso do projeto imperialista estadunidense, tornar-se-ia nítido o próprio desaparecimento do **excepcionalismo americano**, "não sendo evidentemente excepcional, nem no sentido de 'diferente', nem no sentido de 'melhor', aquilo que vale para todos e para qualquer um. Daí que, parece óbvio, quanto mais cada um se considere excepcional, tanto menos deveria se considerar exportável...".[201]

---

199. COUTINHO, J. N. de M.; LOPES JR., Aury; ROSA, Alexandre Morais da. **Delação Premiada no Limite**: a controvertida justiça negocial made in Brazil. 1ª Ed. Florianópolis: EMais Editora, 2018. p. 14.

200. PRADO, Geraldo. **Transação Penal**. 1ª ed. Coimbra: Edições Almedina, 2015. p. 190-191.

201. TARUFFO, Michele. op. cit., p. 669.

Que a força retórica, contudo, prescinda da coerência do discurso, já o temos em conta desde a crítica platônica aos sofistas - sendo o paradoxo do excepcionalismo apenas mais uma de suas manifestações.

Avancemos na análise. No que concerne à exportação do *plea bargaining*, não há como deixar de referir a Máximo Langer[202], cujo artigo "Dos transplantes jurídicos às traduções jurídicas: a globalização do plea bargaining e a tese da americanização do processo penal" traz à baila o debate a propósito da circulação da barganha e de sua adoção mundo afora.

Não obstante as possíveis críticas às suas formulações teóricas[203], o autor argentino tem enorme mérito ao descrever o fenômeno da "tradução jurídica" a partir de uma perspectiva do ordenamento jurídico "receptor", e não do "traduzido". Dessarte, por meio da metáfora da tradução, sua empresa analítica tornará viável a "captura [d]as transformações que a prática ou ideia jurídicas podem sofrer em suas trocas com o sistema jurídico alvo depois de sua tradução inicial"[204].

Com assento na ideia de tradução, Langer investirá contra a tese forte de *americanização*, sem negar, contudo, a influência que teve o sistema norte-americano sobre as recentes reformas jurídicas - em direito material tanto quanto em matéria processual - nos mais diversos recantos do globo. Nesse sentido, aduz o jurista:

> Com relação tanto ao modelo de disputa quanto ao modelo coordenado, **as reformas recentes nas jurisdições *civil law* parecem confirmar a tese fraca da americanização do processo penal. Entretanto, elas não confirmam necessariamente a tese forte da americanização**, que defende que as práticas jurídicas e culturas das jurisdições influenciadas eventualmente se assemelharão ou imitarão seus homólogos estadunidenses.[205]

Oportuno notar que, se, é inegável, a prática jurídica estadunidense do *plea bargaining* se disseminou com energia, fê-lo de maneira peculiar

---

202. LANGER, Máximo. Dos transplantes jurídicos às traduções jurídicas: a globalização do plea bargaining e a tese da americanização do processo penal. Trad. Ricardo Jacobsen Gloeckner e Frederico C. M. Faria. **DELICTAE**, p. 19-115, Vol. 2, nº 3, jul.-dez. 2017.

203. A ver no capítulo seguinte, a dicotomia acusatório-inquisitivo será trabalhada a partir de bases bem distintas as de Máximo Langer, ainda que haja convergências significativas nos resultados dele e nos meus.

204. LANGER, Maximo. op. cit., p. 71.

205. LANGER, Maximo. op. cit., p. 63.

quando em interação com cada órgão receptor. A partir da escorreita análise da implantação das modalidades inscritas na plataforma da **negocialidade** em Itália, Alemanha, França e Argentina, Langer identifica os pontos de toque, mas cuida, precipuamente, de assinalar as discrepâncias entre as modelagens do instituto em cada uma das referidas jurisdições, considerando a sua necessária colmatação a realidades jurídico-políticas díspares. É o que se infere do seguinte excerto:

> **Os *plea bargains* alemão, francês, italiano e argentino se diferenciam substancialmente entre si devido às decisões dos reformadores jurídicos em cada um destes países, às diferentes formas nas quais a prática foi introduzida e à resistência que foi gerada.** Dadas as diferenças entre estes *plea bargains*, a adoção de algumas formas de *plea bargaining* nestas jurisdições pode produzir diferentes transformações ou efeitos em cada uma dessas jurisdições. Portanto, a potencial influência do *plea bargaining* estadunidense sobre as jurisdições *civil law* pode não significar que os sistemas *civil law* se assemelharão gradativamente ao sistema jurídico estadunidense, mas ao invés, que eles podem começar a se diferenciar entre si em aspectos nos quais, até recentemente, eles eram relativamente homogêneos. **Em outras palavras, o efeito paradoxal da influência estadunidense nos processos penais de tradição *civil law* pode não significar americanização, mas antes fragmentação e divergências entre sistemas *civil law*.**[206] (grifos nossos)

Em virtude do que, no percurso do "sistema fonte" ao "sistema alvo", é mister divisar as sucessivas filtragens – epistêmicas, políticas, normativas, culturais – pelas quais passará o instituto traduzido, de sorte a provocar distintos efeitos sobre cada "alvo".

A aturada pesquisa do multicitado jurista argentino nos permite enxergar os sistemas processuais penais como um destes filtros à circulação de ideias jurídicas: concebendo os sistemas adversarial e inquisitorial como "dois diversos sistemas de produção de significado" ("duas culturas processuais – duas concepções diferentes de como casos penais deveriam ser julgados e processados")[207], o autor examinará a transferência de categorias de um para outro como, essencialmente, um problema de tradução.

206. Idem, p. 25.

207. LANGER, Maximo. op. cit. p. 27; idem, p. 114.

Em sua locução, a categoria traduzida passará neste iter, inexoravelmente, por ao menos duas "instâncias de controle": as "decisões dos reformadores (tradutores)" e as "diferenças estruturais entre os sistemas jurídicos original e receptor (linguagens)"[208].

Com efeito, a circulação de determinada categoria jurídica de um sistema para um outro não importa, necessariamente, a aproximação do "alvo" com relação à "fonte". Pelo contrário, numerosos são os casos em que práticas jurídicas identificadas com o modelo inquisitivo permearam a funcionalidade de sistemas processuais fundamentalmente acusatórios (a título de exemplo, tome-se o modelo do *equity* no *common law*, visto no 1.2.); a recíproca é igualmente verdadeira, isto é, abundam os exemplos de práticas inscritas no patrimônio genético acusatório que contaminaram os sistemas classicamente inquisitórios (a exemplo do tribunal do júri e do próprio *plea bargaining* em países do *civil law*). Em nenhum dos dois casos, porém, passou a viger uma identidade absoluta entre os processos penais da fonte e do receptor.

Portanto, malgrado se discorde do sentido atribuído por Langer às categorias acusatório e inquisitivo (ver item 2.3.), há-de se assentir que o fenômeno da tradução processada entre distintas culturas processuais, nos moldes como descrito pelo autor, frustra as expectativas ingênuas de ser "o *plea bargaining* como um cavalo de Troia que pode potencialmente trazer, escondido dentro de si, a lógica do sistema adversarial para o inquisitorial"[209].

Na realidade, e não apenas na experiência brasileira, o instituto importado tem produzido um acirramento do *desempenho inquisitório* do poder punitivo, ao invés de conformar o processo penal receptor ao sistema acusatório. No ponto, faço a ressalva de que este tema, pedra angular da corrente tese, será esquadrinhado no capítulo seguinte, quando tratados, com maior minúcia, os mecanismos negociados em face dos sistemas processuais penais.

Ao exame que ora se propõe, convém repisar a hegemonia[210], particularmente jurídica, dos Estados Unidos da América desde meados do século

208. Idem, p. 114.

209. Idem, p. 77.

210. Eric Hobsbawm leciona acerca da hegemonia americana a partir da metade do século XX que ela "não se deveu às bombas, e sim à sua enorme riqueza e ao papel crucial que sua gigantesca economia desempenhou no mundo, especialmente nas décadas posteriores a 1945. Além disso, do ponto de vista político, ela se deveu a um consenso geral dos países ricos do Norte no sentido de que suas sociedades eram preferíveis às dos regimes comunistas. E onde esse consenso não existia, como na América Latina,

XX; e avistar que reside aí o enlace de neoliberalismo, globalização do direito e exportação do modelo americano da barganha. Conforme frisa Langer, "depois da Segunda Guerra Mundial, e particularmente após a Guerra Fria, o sistema jurídico americano tornou-se o mais influente do mundo"[211], ao que completa Ugo Mattei[212], no sentido de que "os anos noventa foram a década na qual o poder (e, consequentemente, o direito) dos Estados Unidos passou de liderança a hegemonia".

Em prol de tal hegemonia atuaram a já citada escola da *Law and Economics* (Richard Posner), entusiasta maior do projeto globalizante do neoliberalismo, e a doutrina do *American excepcionalism*. A concepção do direito a partir de "lentes da economia" coadunava-se com as pretensões do capitalismo tardio – determinadas [as pretensões] pelos Estados Unidos –, e abria terreno para a introdução de mecanismos mais eficientes à administração da justiça em outras jurisdições.

No âmbito do sistema de justiça criminal, a supremacia norte-americana, como visto, teve no *plea bargaining*, prática judicial há tempos cimentada na administração de justiça do país e declarada constitucional pela Suprema Corte nos anos setenta, possivelmente, a sua forma mais sofisticada.

Os anos oitenta e noventa contemplarão o ciclo de reformas no processo penal de países da Europa continental e da América Latina. Os mo-

---

resultou de uma aliança com as elites governantes e os exércitos locais, que temiam a revolução social. Do ponto de vista cultural, ela teve por base a atração exercida pela afluente sociedade de consumo, vivenciada e propagada pelos Estados Unidos, que foram seus pioneiros, e pelas conquistas mundiais de Hollywood. Do ponto de vista ideológico, o país sem dúvida se beneficiou da reputação de defensor exemplar da 'liberdade' contra a 'tirania', exceto nas regiões em que sua aliança com os inimigos da liberdade era demasiado óbvia". HOBSBAWM, Eric. op. cit., p. 50.

211. E prossegue o autor argentino: "Essa influência americana sobre os sistemas jurídicos de outras nações vai desde a forma de abordagem do direito pela teoria legal (por exemplo, pragmatismo legal, direito e economia, o discurso dos direitos, etc.) até influências em áreas específicas (direito constitucional, direito tributário, direito dos valores mobiliários, direito empresarial, direito de patentes, arbitragem comercial internacional, etc.); educação legal e da estruturação da profissão de advogado (grandes escritórios de advocacia e valorização de profissão jurídica privada) até a reforma do judiciário; das doutrinas ou ferramentas jurídicas específicas (regras de exclusão constitucionais, a doutrina da malícia expressa na liberdade de expressão e da imprensa, ações de classe, etc.) aos arranjos institucionais como a separação dos poderes e a revisão das decisões judiciais". LANGER, Maximo. op. cit., p. 21-22.

212. MATTEI, Ugo. A Theory of Imperial Law: A Study on U.S. Hegemony and the Latin Resistance, **Indiana Journal of Global Legal Studies**: Vol. 10: Iss. 1, Article 14. p. 384-395.

vimentos por democratização e os processos de transição política - e suas consequências sobre o redesenho de políticas criminais - provocarão uma "modernização" dos vergastados códigos criminais, ainda imersos no modelo inquisitivo-autoritário[213].

Nesse cenário, os mecanismos negociais granjearão fama como soluções ideais para superar os processos penais de tipo inquisitivo, então vigentes nos continentes americano e europeu. *Absprache*, na Alemanha; *pattegiamento*, na Itália; *conformidad*, na Espanha; *composition*, na França; *procedimiento abreviado*, na Argentina; *consenso*, em Portugal, são alguns dos nomes que o *plea bargaining* recebeu quando da sua importação por estes países. No Brasil, o consenso já está previsto na Carta Política (art. 98, I, CRFB/88), sob a alcunha *transação penal*, mas encontra-se também sob a forma de delação premiada, em diplomas legais publicados no curso da década de noventa.

Contudo, contrariamente ao discurso de democratização do processo penal (e a acolhida do sistema acusatório), o que se observou com a adoção da barganha foi o total abandono de quaisquer pretensões democráticas, em nome do objetivo mor de eficiência da sanção penal. Relativamente ao caráter pernicioso dessa retórica, precisa a lição de Gabriel Anitua acerca das "reformas democratizantes" nos processos penais europeus e latino-americanos:

> Como ilustrado, **as primeiras premissas de tais reformas apareceram vinculadas aos processos de 'transição' ou de 'democratização'**, que logicamente deveriam ter uma consequência político-criminal e sobre os direitos humanos. No âmbito processual, assim como a política criminal autoritária se identifica com o modelo inquisitivo, a mencionada política criminal democrática pretendia tender ao acusatório.
>
> No entanto, em pouco tempo desse novo direcionamento político-criminal, uma nova premissa se converteria na bandeira das reformas já iniciadas. **O novo *leit motiv* seria o da 'eficácia' das funções penais. Isto afetaria toda a política criminal, que abandonaria as pretensões democráticas, e se manifestaria principalmente nas políticas policiais e em aquelas agora chamadas de 'segurança pública'**.[214] (grifos nossos)

---

213. ANITUA, Gabriel Ignacio. A importação de mecanismos consensuais do processo estadunidense nas reformas processuais latino-americanas. In: GLOECKNER, Ricardo Jacobsen (org.). **Sistemas Processuais Penais.** Florianópolis: Empório do Direito, 2017. pp. 357.

214. Idem, ibidem.

A eficiência passa a ditar as regras do processo: mais condenações em menos tempo, "simplificação" dos ritos e contenção de despesas com as burocráticas instâncias judiciais são alguns dos motes da nova gestão punitiva, que não se avexa de sacrificar direitos fundamentais e garantias processuais para a consecução de tais fins. O processo em si reduz-se, conforme explana Gloeckner[215], a **mero operador** do sistema criminal, já que "as propostas alternativas partem do pressuposto de que o processo penal engessa o sistema de justiça criminal e, portanto, deve ser otimizado, a fim de que possa oferecer respostas mais 'duras e céleres'".

Descortinados, pois, os motivos pelos quais o *plea bargaining* possui função de primeira ordem para a concretização do projeto de processo penal "*sob o signo da celeridade*"[216], haja vista que a barganha autoriza transformar direitos em mero instrumental à disposição das partes. Todavia, um processo que se pretenda democrático "é incompatível com anseios de 'celeridade' no sentido de *se condenar mais rápido* ou *se 'acalmar* a sociedade', exatamente porque seu escopo é garantir que só se puna por meio de um *processo legal devido, com a observação do contraditório e dos direitos da defesa*"[217].

De sorte que, trilhando a vereda aberta por John Langbein, caberá questionar: será que os direitos, inclusive aqueles constitucionalmente assegurados, podem ser vendidos no *mercado persa* como uma outra qualquer mercadoria?[218]. Ou, o que é pior: e se a alienação do direito for compulsória, diante da ausência de voluntariedade e da manifesta disparidade entre as forças em jogo?[219] Não seria o caso de pensar a **metáfora do cavalo de Troia**

---

215. GLOECKNER, Ricardo. Metástases do sistema inquisitório. In: GLOECKNER, Ricardo (org.). **Sistemas processuais penais.** 1ª ed. Florianópolis: Tirant Lo Blanch, 2018. p. 13.

216. MARTINS, Rui Cunha. **O ponto cego do direito**: the brazilian lessons. 3ª ed. São Paulo: Atlas, 2013. p. 32; p. 45-47.

217. COUTINHO, Jacinto Nelson de Miranda. **Observações sobre os sistemas processuais penais**: escritos do prof. Jacinto Nelson de Miranda Coutinho. Vol. 1. Curitiba: Observatório da Mentalidade Inquisitória, 2018.p. 268.

218. LANGBEIN, John. Sobre el mito de las constituciones escritas: la desaparición del juicio penal por jurados. Trad. Alberto Bovino e Christian Courtis. **Revista Nueva Doctrina Penal**, Ed. Del Puerto, Buenos Aires, t. 1996/A, p. 51.

219. Respeitáveis doutrinadores apontam para as condições amplamente desiguais nas quais a negociação é realizada, criticando a fundamentação teórica da barganha em premissas quais liberdade e voluntariedade. Nesse sentido, Teresa Armenta Deu salienta o desequilíbrio entre as partes "ya que en tanto una se mueve libremente en los margenes del arbitrio legal y con la capacidad para generar asentimiento que deriva de su status, para el imputado el objeto de la negociación es su propia libertad, to que

às avessas, isto é, de enxergar uma carapaça acusatória e democrática que oculta, em seu interior, um dispositivo de *saturação inquisitiva*?

São perguntas por responder no próximo capítulo. Por ora, faço uma advertência, dotada de indesmentível feição política: resistir às imposições do mercado, e, portanto, recusar este projeto de direito, aparenta ser, na atual conjuntura, tarefa de maior relevo para aqueles que ainda nutrem esperança no alcance de um processo penal efetivamente democrático. Afinal, e já antecipando a minha compreensão, há de ter em conta que um processo penal que se queira democrático está longe de ser um balcão de negócios.

Portanto, remando contra esta tendência punitiva, creio, mesmo, que a saída seja revigorar o processo, e não tentar contorná-lo com o uso das "soluções de consenso". À vista disso, a **processualidade** irromperia como operador fundamental de mudança, meio possível de rasgar o estado atual de coisas; pois, se assim posto o problema por inspiração em Rui Cunha Martins, não há melhor forma de encerrar o capítulo senão com a percuciente análise do professor da Universidade de Coimbra:

> (...) em sociedades em que esse existente e essa hegemonia se expressam como amálgama de pulsões mediaticamente estimuladas e capazes de sacrificar princípios basilares e garantias básicas de toda a ordem, uma das quais a própria processualidade jurídico-formal, **há boas razões para aceitar que nada há de mais disruptivo e de mais cortante com este *estado-da-situação* do que a instauração de um mecanismo que, enquanto idealmente concebido como o contrário de tudo isso, se impõe de forma marcante pelo simples fato de assegurar algo tão importante e tão desusado como um ponto a partir do qual se processa o *diferir dos diferentes*.**
>
> (...) **O processo existe para garantir descoincidências**: para garantir algo tão fundamental quanto a não coincidência entre

---

convierte el pretendido consenso en un compromiso al que la parte mas debil debera adherirse, a la vez que pone seriamente en entredicho la libre voluntad de aquel que consensua y del procedimiento a traves del cual se llega al acuerdo, generalmente carente de regulación y garantias suficientes". (ARMENTA DEU, T. Pena y proceso: fines comunes e fines específicos. In: SILVA-SANCHEZ, J.M (ed.). **Politica criminal y nuevo Derecho Penal**. Libro homenaje a Claus Roxin, Barcelona: J.M Bosch, 1997. p. 228). Luigi Ferrajoli, por sua vez, alerta para o fato de que "a negociação entre acusação e defesa é exatamente o oposto do contraditório, que é próprio do método acusatório (...). E nenhum contraditório existe entre as partes que realizam o acordo entre si em condições de disparidade" (FERRAJOLI, Luigi. **Direito e Razão**: teoria do garantismo penal. São Paulo: Ed. Revista dos Tribunais, 2002. p. 600).

maquinaria processual de convicções e maquinaria processual das expectativas. O processo existe para que *prova* e *evidência* não coincidam.[220] (grifos nossos)

220. MARTINS, Rui Cunha. **A hora dos cadáveres adiados**: corrupção, expectativa e processo penal. São Paulo: Atlas, 2013. p. 99.

Capítulo 2

O "DIFERIR DOS DIFERENTES": AMBIGUIDADES DO PROCESSO DE CIRCULAÇÃO DE MODELOS EM PERSPECTIVA SISTÊMICA – O "RENDIMENTO INQUISITÓRIO" DOS MECANISMOS NEGOCIADOS

2.1. UMA INVESTIGAÇÃO PRELIMINAR DOS SISTEMAS PROCESSUAIS PENAIS: A PARELHA INQUISITÓRIO-ACUSATÓRIO E A FALÁCIA DO "SISTEMA MISTO"

O problema suscitado pela circulação de modelos entre duas distintas culturas jurídicas, nomeadamente da estadunidense para a brasileira, reclama, a meu sentir, uma criteriosa análise do transplante da barganha em conexão com os sistemas processuais penais. A fito de satisfazer tal intento, assume caráter indeclinável a tarefa de dissecar a parelha inquisitório-acusatório, nesse passo, exibindo a falácia do sistema misto e procedendo-se à revista das propriedades mais elementares de cada sistema.

Antes de iniciar o exame, contudo, quadra elucidar, à guisa de advertência metodológica, que a abordagem ao tema dos sistemas processuais penais será realizada a partir de uma plêiade de interrogações, as quais atuarão como espécie de roteiro/norte à presente investigação.

Anuncio, pois, os quesitos aos quais diligenciarei por responder ao longo desse capítulo: afinal, em que consiste um sistema? Quais os préstimos um tratamento analítico desse jaez pode oferecer ao estudo do processo penal? É lícito entrever, na abordagem sistêmica do processo, um alto **potencial epistêmico**, isto é, que permita, para além de uma caricatura em tipos ideais, também a detecção de seus meandros e a percepção de suas zonas cinzentas? Defronte ao fenômeno da tradução de mecanismos entre sistemas jurídicos díspares, tal aproximação teórica logrará frutos? Em caso afirmativo, de que modo as soluções negociadas, inscritas, sabe-se, no **patrimônio genético** estadunidense (classificado como adversarial), podem causar metástases nas práticas punitivas inquisitivas, especialmente em países – como o Brasil – com nítida tradição autoritária, acarretando danos substanciais às garantias do acusado e um revés à própria concepção de processo penal num estado de direito?

Convém salientar, por oportuno, que a presente subsecção não tem a pretensão de exaurir a complexa temática dos sistemas processuais penais; corresponde, isto sim, apenas a uma exposição dos seus caracteres fundamentais, a fim de que, doravante, seja possível exibir a contribuição de tal abordagem sistêmica, enquanto "grade analítica" (Foucault), à discussão em torno da expansão dos espaços de *consenso* na justiça criminal.

Comecemos com o primeiro dentre os questionamentos acima enunciados, a saber: no que consiste a abordagem sistêmica? Para responder a tal questão, merece a pena recordar que, em momento anterior desta obra (tópico 1.1), já se referiu à influência da revolução científica de séculos XVI e XVII em contexto de ruptura com o paradigma então dominante (o da teologia escolástica) e de emergência de um paradigma assente na razão laica, promotor, na esfera do direito, das condições para o florescimento da escola jusracionalista e, mais adiante, das teorias do contrato social.

Acerca desta importante virada epistemológica[1], Badaró elucida que "a razão moderna, superando a concepção medieval, em que a verdade deveria ser encontrada na divindade, passa a compreender o mundo como um mecanismo em que tudo tem seu lugar e pode ser compreendido e explicado a partir das leis da física e da matemática".[2]

Em campo científico, a partir desta ruptura paradigmática, entabular-se-ia uma contenda entre duas prestigiadas correntes teóricas que concebiam, cada qual de modo particular, a (re)produção do conhecimento: o empiris-

---

1. Clarissa Neves e Fabricio Neves explicam mais a fundo: "Em resumo, o que se configurou aqui foi uma visão de mundo que se sustentava em premissas tais como a ordem das coisas, a legislação universal, a matemática, a sistematização do real, o absoluto, a máquina. Esta compreensão do universo vai exercer influência em outros campos do saber, devido, em parte, às conquistas da revolução científica que se finalizavam no século XVII com a mecânica newtoniana e suas leis do movimento. As próprias ciências humanas se tornariam tributárias de tais empreendimentos, que reconfiguraram a visão de mundo de uma época. Por exemplo, Thomas Hobbes (1588-1679) estendeu o princípio geométrico cartesiano e newtoniano às ciências morais, isto é, às humanidades". NEVES, Clarissa E.; NEVES, Fabrício M. O que há de complexo no mundo complexo? Niklas Luhmann e a Teoria dos Sistemas Sociais. **Sociologias**, ano 8, nº 15, Porto Alegre, Jan./Jun. 2006. p. 184-185.
2. BADARÓ, Gustavo. Editorial dossiê "Prova penal: fundamentos epistemológicos e jurídicos". **Revista Brasileira de Direito Processual Penal**, Porto Alegre, vol. 4, n. 1, jan.-abr. 2018, p. 50.

mo e o racionalismo. Não obstante a querela entre tais vertentes filosóficas, é mister reconhecer a existência de um «modelo global de racionalidade científica», a propósito do qual nos leciona Bachelard:

> No fim do século passado [refere-se ao século XIX] acreditava-se ainda no carácter empiricamente unificado do nosso conhecimento do real. **Era mesmo uma conclusão na qual as filosofias mais hostis se reconciliavam.** Com efeito, a unidade da experiência aparece sob um duplo ponto de vista: **para os empiristas, a experiência é uniforme na sua essência porque tudo vem da sensação; para os idealistas, a experiência é uniforme porque é impermeável à razão.** Tanto na adoção como na recusa, o ser empírico forma um bloco absoluto.[3] (grifos nossos)

Em apertada súmula, releva considerar que tal modelo clássico de racionalidade científica propenderá à inspeção minuciosa dos componentes em si, estimados atomisticamente; pelo que o **método analítico** terá por premissa a ideia de que uma compreensão sobre todo assenta no conhecimento dos atributos das partes. E, com o domínio das propriedades das partes, tornar-se-á possível a elaboração de

> (...) um conhecimento causal que aspira à formulação de leis, à luz de regularidades observadas, com vista a prever o comportamento futuro dos fenômenos. A descoberta das leis da natureza assenta, por um lado, e como já se referiu, no isolamento das condições iniciais relevantes (por exemplo, no caso da queda dos corpos, a posição inicial e a velocidade do corpo em queda) e, por outro lado, no pressuposto de que o resultado se produzirá independentemente do lugar e do tempo em que se realizarem as condições iniciais.[4]

Contudo, "o paradigma da ordem, da simetria, da regularidade, da adequação do intelecto às coisas, entra em crise"[5], colapso este que advém da própria repleção do paradigma, na medida em que "o aprofundamento do conhecimento permitiu ver a fragilidade dos pilares em que se funda"[6].

---

3. BACHELARD, Gaston. **A Epistemologia**. 2ª ed. Coleção O saber da Filosofia – Vol. 1. São Paulo: Edições 70, 2006. p. 15.
4. SANTOS, Boaventura de Sousa. op. cit, p. 62-64.
5. NEVES, Clarissa E.; NEVES, Fabrício M. O que há de complexo no mundo complexo? Niklas Luhmann e a Teoria dos Sistemas Sociais. **Sociologias**, ano 8, nº 15, Porto Alegre, Jan./Jun. 2006. p. 185.
6. SANTOS, Boaventura de Sousa. op. cit., p. 68.

Em relação às adversidades enfrentadas pelo modelo científico então vigente, notadamente no que toca a derrocada das pretensões da ciência de formulação de leis universais e imutáveis, o professor paulista oferece-nos uma preciosa síntese:

> **A possibilidade de se atingir as verdades absolutas e imutáveis já havia sido contestada.** Na dinâmica clássica e na física quântica, 'as leis fundamentais exprimem agora possibilidades e não mais certezas. Temos não só leis, mas também eventos que não são dedutíveis das leis, mas atualizam as suas possibilidades'. A mecânica quântica, como a teoria dualística ondulatória-corpuscular da luz, sepultou a objetividade. Também podem ser citados o princípio da indeterminação, formulado por Heisenberg e, no âmbito matemático, a prova de Gödel. Por fim, a própria noção de espaço e tempo são postas em xeque, diante da teoria da relatividade de Einstein.[7] (grifo nosso)

O físico alemão Werner Heisenberg, criador da mecânica quântica e, pois, símbolo do corte epistemológico com a mecânica clássica, ressalta o desprestígio da crença na objetividade científica. Em *Física e Filosofia*, o autor enuncia:

> A mecânica de Newton, assim como todas as outras partes da física clássica, construídas segundo o modelo daquela mecânica, tiveram como ponto de partida a hipótese de que se pode descrever o mundo sem fazer qualquer menção a Deus ou a nós mesmos. Essa possibilidade logo pareceu ser uma condição necessária para a ciência natural em geral.
>
> **Todavia, a situação modificou-se com a edificação da teoria quântica (...) A ciência natural não se restringe simplesmente a descrever e explicar a Natureza; ela resulta da interação entre nós mesmos e a Natureza, e propicia uma descrição que é revelada pelo nosso método de questionar.** Essa foi uma possibilidade que não poderia ter ocorrido a Descartes mas que torna impossível uma separação bem nítida entre o mundo e o "Eu".[8] (grifo nosso)

---

7. BADARÓ, Gustavo. Editorial dossiê "Prova penal: fundamentos epistemológicos e jurídicos". **Revista Brasileira de Direito Processual Penal**, Porto Alegre, vol. 4, n. 1, jan.-abr. 2018, p. 51.
8. HEISENBERG, Werner. **Física e filosofia**. 4ª ed. Trad. Jorge Leal Ferreira. Brasília: Editora Universidade de Brasília, 1999. p. 115.

Inscrito, também, em contexto de fissura, o químico russo Ilya Prigogine, autor da **teoria das estruturas dissipativas**, proporá uma abordagem científica que não prescinda de conceitos como imprevisibilidade, incerteza e probabilidade, em substituição à suposta certeza oferecida pelas leis naturais. Em *As leis do caos*, o laureado nobel em química assevera:

> Na perspectiva clássica, uma lei da natureza estava associada a uma descrição *determinista* e *reversível* no tempo, em que o futuro e o passado desempenhavam o mesmo papel. **A introdução do caos obriga-nos a generalizar a noção de lei da natureza e nela introduzir os conceitos de probabilidade e de irreversibilidade. Trata-se, nesse caso, de uma mudança radical, pois, se quisermos mesmo seguir essa abordagem, o caos nos obriga a reconsiderar nossa descrição fundamental da natureza.**[9] (grifo nosso)

Em virtude do que assistirá maior razão a Santos[10] quando sublinha, na esteira de Piaget, a prosperidade recobrada pela epistemologia em momentos de crise. Deveras, em ocasiões de *transição paradigmática* – nas quais, diria Gramsci, o velho agoniza e o novo tarda a nascer – é comum o reaparecimento de preocupações do tipo: é nos dado, afinal, conhecer a realidade? E, se sim, quais os métodos adequados com vistas a apreendê-la, e como aferir a validade do conhecimento resultante?

A noção de **unidade da experiência**, aliada às pretensões de objetividade científica, permitiu à ciência moderna preencher tais lacunas, amainar inquietações várias desta natureza. Entretanto, o progresso científico, em sua própria moção, fez cair do pedestal a estátua: ora, como proceder diante da constatação, da ciência mesma, que ela está privada de certezas? O que fazer quando seus métodos já assentes e suas premissas fundantes são postos em xeque?

A saída, em cenário de manifesta **recessão epistemológica** – relutância quanto aos métodos científicos, incertezas no que toca as suas leis naturais – passa exatamente por aceitar o *caos* inerente ao mundo complexo e substituir o enfoque (não seria este o efeito desejado pela abordagem paraláctica, de um possível "deslocamento da vista"?). Assim, como sói ocorrer em processos de transição entre paradigmas em crise e novos padrões culturais, operou-se, também neste caso, uma "reconstrução da área de estudos a

9. PRIGOGINE, Ilya. **As leis do caos**. Trad. Roberto Leal Ferreira. São Paulo: Editora UNESP, 2002. p. 11.

10. SANTOS, Boaventura de Sousa. op. cit., p. 55.

partir de novos princípios, reconstrução que altera algumas das generalizações teóricas mais elementares do paradigma, bem como muitos de seus métodos e aplicações"[11].

A propósito dessa reconstrução, será o olhar aguçado de Santos[12] que nos dará a perceber "na biologia, onde as interações entre fenômenos e formas de auto-organização em totalidades não-mecânicas são mais visíveis", o campo científico pioneiro no qual a ideia de leis naturais seria "parcial e sucessivamente substituída pelas noções de sistema, de estrutura, de modelo e, por último, pela noção de processo".

De fato, a abordagem dos sistemas reaparecerá na biologia, e, por força da pesquisa de Ludwig von Bertalanffy, ensejará uma mudança da perspectiva mecanicista clássica para uma concepção "organísmica" (interação dinâmica das partes). Em *Teoria geral dos sistemas*, o biólogo austríaco convoca a atenção para o fato de que

> [o] objetivo da física clássica era resolver finalmente os fenômenos naturais em um jogo de unidades elementares governadas pelas leis 'cegas' da natureza. Isto foi expresso no ideal do espírito laplaciano que, partindo da posição e do momento das partículas, pode predizer o estado do universo em qualquer ponto do tempo. (...) **Em contraste com essa concepção mecanicista, no entanto, apareceram em vários ramos da física moderna problemas de totalidade, interação dinâmica e organização.** Na relação de Heisenberg e na física quântica tornou-se impossível resolver os fenômenos em acontecimentos locais. Aparecem problemas de ordem e organização, quer se trate da estrutura dos átomos quer da arquitetura das proteínas ou de fenômenos de interação em termodinâmica.[13] (grifo nosso)

Em consequência de tais embaraços epistêmicos, von Bertalanffy[14] formulará a denúncia das "limitações dos procedimentos analíticos na ciência". A ciência moderna supunha ser válido decompor o objeto examinado em partes e, quando lhe aprouvesse, reconstituí-lo pelo simples reagrupamento

---

11. KUHN, Thomas. **A estrutura das revoluções científicas**. 5ª ed. São Paulo: Ed. Perspectiva, 1970. p. 116.
12. SANTOS, Boaventura de Sousa. op. cit., p. 57.
13. BERTALLANFY, Ludwig von. **Teoria geral dos sistemas**. Trad. de Francisco M. Guimarães. 3ª ed. Petrópolis: Ed. Vozes, 1977. p. 52-53.
14. Idem, p. 37-38.

das parcelas. Segundo o autor, todavia, a aplicação dos procedimentos analíticos demandaria a obediência a duas condições: uma, que "as interações entre as 'partes' ou não existam ou sejam suficientemente fracas para poderem ser desprezadas nas finalidades de certo tipo de pesquisa"; a outra, que "as relações que descrevem o comportamento das partes sejam lineares, pois só então é dada a condição de aditividade, isto é, uma equação que descreve o comportamento do todo é da mesma forma que as equações que descrevem o comportamento das partes".

As duas premissas, ou seja, a **ausência ou atonia de interações** e a **linearidade do comportamento relacional**, padecem de um expressivo esbatimento diante das descobertas da *nova ciência* nos estertores do século XIX. Com vistas a lidar com a complexidade do mundo e suplantar a crise científica, promoveu-se, gradativamente, o referido "deslocamento da vista": vai-se do atômico para o sistêmico, do ínfimo isolado para o inter-relacional, do estático para o dinâmico, da ordem para a complexidade.

Convém frisar que na atual dogmática do processo penal, contudo, ainda impera a noção do processo enquanto **laboratório**, lógica sobre a qual Salo de Carvalho salienta amoldar-se ao método cartesiano, "no sentido de pensar a possibilidade de, a partir da fragmentação e do estudo microscópico do caso penal, recriar o fato passado não mais passível de experimentação e alcançar verdades"[15].

Aqui, enfim, está radicado o ponto que suscitou a longa digressão: o conceito de *sistema*. Sem embargo de tal noção não configurar, propriamente, uma novidade, tido em conta o seu uso corrente desde a Grécia Antiga[16], a abordagem sistêmica foi alçada, já na modernidade, a patamar de *método*, conjunto de procedimentos organizados racionalmente. No que respeita à concepção moderna de sistema, impõe-se a faina de "dar um passo atrás" e

15. CARVALHO, Salo de. **Antimanual de criminologia**. Rio de Janeiro: Lumen Juris, 2008. p. 74.

16. Marcie de Poli chama atenção para o fato de que "os gregos, embora conhecessem a palavra sistema, não pensavam a partir dela, pois pensavam as coisas (os objetos) de maneira unitária, ou seja, estudavam e pensavam os elementos a partir da unidade, isolando-os. Para eles, o sujeito era capaz de dizer a verdade da coisa, de chegar à essência do objeto (filosofia do ser). Kant, partindo do pensamento científico desenvolvido por Wolff, foi quem pela primeira vez concebeu a possibilidade de construir um saber de forma sistemática, isto é, um saber que dissesse respeito ao conjunto (ao todo), ligando os elementos a partir de uma ideia única (princípio unificador)". POLI, Camilin Marcie de. **Sistemas processuais penais**. 1ª ed. Florianópolis: Empório do Direito, 2016. p. 39.

arrancar da clássica definição de Immanuel Kant, em cuja Arquitetônica[17] conceituará o sistema como "a unidade de diversos conhecimentos dentro de uma ideia"[18]. Nos termos do filósofo,

> [s]ob a direção da razão, nossos conhecimentos em geral não poderiam formar uma rapsódia, mas devem formar um sistema em que somente tais conhecimentos podem apoiar e favorecer as finalidades essenciais da razão. Ora, entendo por sistema a unidade de diversos conhecimentos dentro de uma ideia. **Essa ideia é o conceito racional da forma de um todo, na medida em que no conceito são determinados a priori não apenas o escopo de uma multiplicidade, mas também as posições que as partes ocupam relativamente umas às outras.**[19] (grifo nosso)

A originalidade de Kant, na esteira de Marcie de Poli[20], reside em ter sido o autor "quem pela primeira vez concebeu a possibilidade de construir um saber de forma sistemática, isto é, um saber que dissesse respeito ao conjunto (ao todo), ligando os elementos a partir de uma ideia única (princípio unificador)". Persistindo com a autora, certo que, em Kant, "o sistema deve ser unificado e identificado a partir de uma ideia fundante", que "diz com um significante primeiro (S1), que é aquele que dá a largada na cadeia de significantes, e é ressignificado pelo escopo do sistema".

Assim vista a sua arquitetônica, adequado dizer que o pensamento kantiano articula uma síntese crítica entre o empirismo ("é cognoscível aquilo que possa ser experimentado") e o idealismo ("o conhecimento procede de operações mentais metódicas"), superando ambos pelo conhecimento crítico. Este viria a ser alcançado pela conjunção das experiências sensíveis com conceitos prévios, combinação a qual o autor designará de juízos sintéticos *a priori*. Com efeito, os conceitos apriorísticos servirão de núcleo/princípio

---

17. Kant leciona que "Por arquitetônica entendo a arte dos sistemas. Como a unidade sistemática é o que converte o conhecimento vulgar em ciência, isto é, transforma um simples agregado desses conhecimentos em sistema, a arquitetônica é, pois, a doutrina do que há de científico no nosso conhecimento em geral e pertence, assim, necessariamente, à metodologia". KANT, Immanuel. **Crítica da Razão Pura**. Trad. Manuela Pinto dos Santos e Alexandre Fradique Morujão. 5ª ed. Lisboa: Fundação Calouste Gulbenkian, 2001. p. 669.
18. Idem, p. 669.
19. Idem, p. 669.
20. POLI, Camilin Marcie de. Sistemas processuais penais. 1ª ed. Florianópolis: Empório do Direito, 2016. p. 39-43.

para a organização arquitetônica do conhecimento, de sorte que este possa constituir um todo ordenado, e não uma "rapsódia"; vindo, posteriormente, tal juízo sintético, a ser ressignificado pelos desígnios do sistema.

Porém, não poderia prever o filósofo alemão os efeitos da citada avalanche científica na transição entre os séculos XIX e XX, responsável pela referida crise epistemológica (junto a uma epistemologia da crise, visto que o cenário de instabilidade científica também é produtor de conhecimento). Em face de tais transformações no paradigma da ciência, será essencial que a discussão acerca dos sistemas arranque de Kant, malgrado seja necessário reconhecer o dever de adaptá-lo. Isto pois, "à simplicidade processual sistêmica, contrapõe-se a complexidade do mundo, o que faz com que o sistema tenha que conviver constantemente com ruídos caóticos (...) Este convívio exige processos como descarte, ignorância, indiferença ou aproveitamento"[21].

De modo que a retomada da abordagem sistêmica seja processada, fundamentalmente, por intermédio de uma filtragem. Neste tocante, releva notar que a abordagem sistêmica – tendo por marco os estudos biológicos de Bertalanffy – se submeterá a um duplo filtro: o primeiro, ao acrescentar-lhe noções como dinâmica, entropia, caos, permutabilidade, complexidade[22], que só fez enriquecer o conceito kantiano de sistema (*unidade de conhecimentos dentro de uma ideia*). O segundo, ao permitir entrever o caráter relacional das propriedades constituintes do sistema, tornou viável examinar as suas interações recíprocas em simultâneo à sua conformação ao todo.

Como corolário do primeiro filtro, advém que a renovação da abordagem dos sistemas em distintas áreas do conhecimento humano, no curso do século XX, conferiu uma competente ferramenta analítica ao processo penal

21. NEVES, Clarissa E.; NEVES, Fabrício M. O que há de complexo no mundo complexo? Niklas Luhmann e a Teoria dos Sistemas Sociais. **Sociologias**, ano 8, nº 15, Porto Alegre, Jan./Jun. 2006. p. 187.

22. Descrevendo algumas "*virtudes sistêmicas*", Edgar Morin salienta tal abordagem "a) haber puesto en el centro de la teoría, con la noción de sistema, no una unidad elemental discreta, sino una unidad compleja, un 'todo' que no se reduce a la 'suma' de sus partes constitutivas; b) haber concebido la noción de sistema, no como una noción 'real', ni como uma noción puramente formal, sino como una noción ambigua o fantasma; c) situarse en un nivel transdisciplinario que permite concebir, al mismo tiempo, tanto la unidad como la diferenciación de las ciencias, no solamente según la naturaleza material de su objeto, sino también según los tipos y las complejidades de los fenómenos de asociación/organización. En este último sentido, el campo de la Teoría de Sistemas es, no solamente más amplio que el de la Cibernética, sino de una amplitud que se extiende a todo lo cognoscible". MORIN, Edgar. **Introduccion al pensamiento complejo**. 2013.

(apta a jogar luz sobre regiões obscuras do saber penal), eis que possibilitou à ciência superar uma noção estanque da parelha acusatório-inquisitivo. Propiciou, por isso mesmo, uma apreensão da riqueza das categorias acusatório e inquisitivo a partir da sua natureza dinâmica e complexa. A esse respeito, Gloeckner alude ao **caráter contrafático** dos sistemas processuais quando averiguados a partir de uma dimensão estática:

> O enfrentamento da temática dos sistemas não procurará esmiuçar e traçar recortes analíticos que versem diretamente sobre as características geralmente creditáveis a ambos os sistemas. Investigar alguns temas sem, no entanto, promover tipos ideais será a atividade realizada, colacionando temas convergentes, sem uma preocupação extremamente rigorosa e separatista dos temas. **Esta preocupação excessiva com o rigor da montagem dos sistemas tem redundado em sistemas contrafáticos, erigidos sob uma pretensa unidade científica e que, no entanto, pouco ou nada contribuem para o desenvolvimento do processo penal contemporâneo, a não ser a mitificação do racionalismo academicista.** Investigar estaticamente fenômenos absolutamente mutáveis, apesar da falsa segurança que promete, não tem o condão de trazer novos aportes para a teoria dos sistemas processuais e, por conclusão, na sua modelagem da forma processual[23].

Pelo que, discrepando das teses que anunciam a morte do debate em torno dos sistemas processuais penais, ou que advogam estarem inutilizadas as categorias acusatório e inquisitório, estou convicto da atualidade vivaz desta renovada problemática, consubstanciando um tema do maior relevo aos estudos sobre a administração da justiça penal, mormente se contrastado com o fato de que "grande parte dos livros disponíveis no Brasil apenas flanqueie o tema, concluindo que a diferenciação entre os dois modelos se resume à garantia da separação entre as funções de acusar e julgar".[24]

Concluída a análise, relativamente a uma teoria geral dos sistemas, por assim dizer, avancemos ao exame do segundo quesito, ou seja, da serventia de um tratamento analítico deste jaez ao estudo do processo penal. As indagações que convêm decifrar podem ser elaboradas nos seguintes termos:

---

23. GLOECKNER, Ricardo. **Uma nova teoria das nulidades**: processo penal e instrumentalidade constitucional. Tese de doutorado apresentada no âmbito da Universidade Federal do Paraná – UFPR. Curitiba, 2010. p. 128.

24. GLOECKNER, Ricardo (org.). **Sistemas processuais penais**. 1ª ed. Florianópolis: Empório do Direito, 2017. p. 7.

como a discussão dos sistemas é pertinente à matéria do processo penal? E, de que maneira realizar o salto da filosofia da ciência para o processo?

Neste pórtico, será Jacinto Coutinho quem nos oferecerá a chave explicativa: reabilitando o conceito kantiano, o processualista penal definirá o *sistema processual* como "um conjunto de temas jurídicos que, colocados em relação por um princípio unificador, formam um todo orgânico que se destina a um fim"[25]. Quanto à influência kantiana, esta é admitida pelo autor, ao sublinhar ter sido Kant "que[m] concebeu, na sua Arquitetônica da Razão Pura (na sua obra Crítica da Razão Pura), a *possibilidade de se encontrar a verdade em estruturas complexas* e assim o fez imaginando a possibilidade de se conhecer os *conjuntos*"[26].

E, se é fato que o processo – também o penal – é "um dispositivo articulador de elementos de vária ordem (...) cujas modalidades de interação têm tanto de regular quanto de imprevisível", nada mais razoável do que a comparência de uma **vontade de sistema**, por ser este instrumento habilitado a "impor uma estrutura dotada de sentido à dispersão constitutiva dos elementos processuais". Em outras palavras, a escolha de um mecanismo tal qual o *sistema* viabiliza o projeto de ordenar a complexidade penal e de estabilizar as expectativas processuais. Por meio da "eleição de determinado elemento (funcional, doutrinário ou outro) para princípio regente do todo processual" devém exequível a tarefa de "redistribuição de lugares e desempenhos no quadro do dispositivo"[27]; ou, mais ainda, permite se cristalizar uma estrutura processual, tornando, ao menos em plano doutrinário, mais regulares e previsíveis as interações entre os "elementos de vária ordem".

Dessarte, o princípio eleito, enquanto "ideia única" (Kant), terá o condão de reunir em seu entorno uma miríade de elementos – normativos, políticos, epistemológicos, culturais –arranjando-os no painel do dispositivo processual.

Este conjunto, é bom de se ver, não será forjado aleatoriamente; do contrário, ele somente logrará a permanência na condição de *sistema* – o todo orgânico a que referimos – com a sua checagem *a posteriori*, através da ressignificação que a finalidade promoverá sobre o princípio unificador (*declarado*, inicialmente, como "ato de fé"). À vista disso que Coutinho[28] definirá o princípio unificador como o "*motivo conceitual sobre o(s) qual(is)*

25. COUTINHO, Jacinto Nelson de Miranda. op. cit., p. 36.
26. Idem, p. 121.
27. MARTINS, Rui Cunha. **O ponto cego do direito**: the brazilian lessons. op. cit., p. 65.
28. COUTINHO, Jacinto Nelson de Miranda. op. cit., p. 121; p. 262; p. 310-312.

funda-se a teoria geral do processo penal", consignando, nesse sentido, que "dizer *motivo conceitual*, aqui, é dizer *mito*", isto é, "*a palavra (verdade) que é dita, para dar sentido, no lugar daquilo que, em sendo, não pode ser dito*".

Assim, o princípio reitor - configurando o significante-um na cadeia de sentido - carece de ser verificado posteriormente, a fito de que seja atestada a harmonia entre os elementos do sistema com as finalidades às quais se visava com a sua instalação. E, (i) se é certo que o fim do processo (não só no sentido de sua extinção, mas principalmente no de escopo) é o acertamento do caso penal por meio da decisão judicial; e (ii) se é igualmente verdade que, para a adequada tomada de decisão do órgão prolator, se faz necessário o conhecimento sobre os fatos (reconstituição histórica); e (iii) se, por último, a reconstrução dos fatos, exatamente por estes pertencerem ao passado, jamais poderá aspirar à *Verdade* - pois sobram apenas "rastros de passeidade"[29] e, assim, o conhecimento nunca será um acesso ao *Todo* -, competirá à prova penal, ou melhor, ao encarregado pela sua gestão, a ressignificação do princípio unificador.

Eis a razão pela qual o ilustre processualista penal[30] distinguirá na *gestão da prova* o critério identificativo do núcleo reitor dos sistemas processuais; sendo a prova, como dito, o meio pelo qual o conhecimento pode ingressar legitimamente no processo, a escolha de um responsável para a sua gestão

---

29. Propondo uma epistemologia da passeidade, Salah Khaled Jr. destaca a impossibilidade ontológica de reavivar, no presente, um evento pertencente a um "tempo escoado" (ou de fazer o juiz entrar numa máquina do tempo que o teletransporte ao evento histórico), sendo através do "rastro" - aquilo que já foi, mas ainda é - que poder-se-á (re)produzir uma verdade Analógica. De acordo com Khaled Jr, "se, de um lado, o passado não pode ser um *Mesmo*, de outro lado também não pode ser um *Outro*, pura e simplesmente, caso esteja preservado na forma de rastros. Somente considerá-lo em função da distância acaba produzindo uma ontologia negadora do passado, na medida em que, mesmo tendo sido, ele persiste na forma de rastros e, portanto, de certa forma, ainda é. O conhecimento que se sustenta em provas não é, certamente, em absoluto, um *Outro* completo em relação ao tempo que escoou, desprovido de qualquer relação significativa com o que ocorreu no passado. Que isso fique claro: o conhecimento sobre o passado não pode ter o estatuto de uma verdade correspondente (no sentido de o *Mesmo*), mas ele também não é completamente um *Outro* em relação ao passado (o que implicaria falsidade pela diferença absoluta e reduziria o processo e sua dimensão de saber a pó, uma vez que ele não guardaria relação alguma com a verdade, o que certamente o afastaria por completo do ideal de justiça e o reduziria a mero jogo argumentativo marcado pelo decisionismo)". KHALED JR., Salah. **A busca da verdade no processo penal**: para além da ambição inquisitorial. 2ª ed. Belo Horizonte: Letramento, Casa do Direito, 2016. p. 318-319.
30. COUTINHO, Jacinto Nelson de Miranda. op. cit., p. 121; p. 262; p. 310-312.

impactará, de maneira decisiva, na extensão e na qualidade do conhecimento produzido e, por consequência, terá efeito mediato em sede de *decisão penal*.

Caso outorgada ao magistrado a função de gestão da prova (isto é, primazia do julgador na busca pelo conhecimento dos fatos), pôr-se-á diante de *princípio inquisitivo*, e, assim, do *sistema inquisitório*; por sua vez, caso as partes sejam incumbidas do papel de aportar as provas ao processo penal, achar-se-á diante do *princípio dispositivo*, assim, do *sistema acusatório*. Vige aquilo que, em lógica apofântica, se convencionou chamar **lei do terceiro excluído**: ou a gestão caberá às partes ou não caberá, sendo impossível, desta disjunção exclusiva, se extrair uma terceira alternativa válida.

Com efeito, desde aí se pode constatar a **falácia do sistema misto** enquanto um suposto terceiro sistema – ideia que habita o imaginário dos incautos e daqueles que, embora sabidos, costumam ter pouco "afeto" à democracia –, em face da absoluta contradição subjacente à noção de um princípio que seja, simultaneamente, uma coisa e a outra: cogitar da existência de um sistema misto pressuporia a validade epistemológica de um tal princípio misto (resultante da adição do inquisitivo ao dispositivo), o que conduziria, inexoravelmente, a uma aporia. É que, se por sistema entendemos um todo ordenado a partir de uma ideia regente, configuraria um absurdo, do ponto de vista lógico, uma proposição que coadunasse duas ideias que se negam reciprocamente: ou "a função de fazer aportar as provas ao processo"[31] é do juiz-inquisidor ou o é das partes adversárias.

A despeito desta impossibilidade lógica, o engenho napoleônico, no *Code Napoleón* de 1808, de conjugar os dois sistemas processuais ainda dá frutos e o mito do *sistema misto* – verdadeiro "monstro de duas cabeças"[32] – permanece agenciando o senso comum teórico. Em suma, o projeto de Napoleão consistiu na mescla de uma fase inquisitória de investigação preliminar, na qual o magistrado, com o auxílio da Polícia, sairia em busca da prova/Verdade; e uma fase acusatória de julgamento, propriamente o processo penal.

No entanto, a fase acusatória, como de se esperar, seria tão contaminada pela primeira que pouco importaria a "separação (inicial) das funções de acusar e julgar"[33], a publicidade, o (falso) contraditório, a imparcialidade

31. Idem, p. 123.

32. LOPES JR., Aury. Sistemas processuais penais: ainda precisamos falar a respeito? In: GLOECKNER, Ricardo (org.) **Sistemas processuais penais**. 1ª ed. Florianópolis: Empório do Direito, 2017. p. 42.

33. Idem, p. 41. E segue o autor: "É necessário que se mantenha a separação para que a estrutura não se rompa e, portanto, é decorrência lógica e inafastável, que a iniciativa

(ainda mais ilusória), porquanto a decisão estaria tomada pelo juiz-inquisidor já bem antes da audiência de julgamento, dos debates orais e das provas produzidas em contraditório judicial.

Por isso é que há de reafirmar a existência só, e somente só, de dois sistemas processuais - inquisitório e acusatório -, informados por dois princípios - inquisitivo e dispositivo; em consequência do que falar *sistema misto* é sempre dizer ou *sistema inquisitório* ou *acusatório*, não obstante seja possível a convivência, em seu interior, de elementos desarmônicos entre si (institutos próprios do inquisitório que compareçam em sistemas acusatórios, e vice-versa).

Sem prejuízo ao enfoque privilegiado até o momento, reputo indispensável situar o posto de observação em área de zaragata. Isso porque, "em sede penal, o próprio recorte sistêmico assumido pelo dispositivo processual não pode limitar-se a ancorar a sua legitimidade no princípio ordenador escolhido, vendo-se obrigado a articular o modelo eleito com critérios de legitimação exteriores a si"[34]. E, mais ainda, convém assinalar que aquela "apetência ordenadora" inerente a qualquer sistema deve jogar com "a dinâmica intrínseca à própria convivência de elementos díspares e potencialmente móveis num mesmo espaço configuracional"[35].

No ponto, terá grande valia o chamamento da noção de *rizoma*, de Deleuze e Guattari[36]. Não enquanto fim, até porque ao rizoma nunca é dado ser fim, tampouco como princípio, pois pouco lhe importa o princípio, reputado "lugar impossível", e, sim, na condição de *meio* - ou melhor, enquanto linhas incessantemente produtoras de enunciados (de ditos e não ditos) e de luzes (e sombras). Linhas que "não delimitam ou envolvem sistemas homogêneos por sua própria conta, como o objeto, o sujeito, a linguagem, etc., mas seguem direções, traçam processos que estão sempre em desequilíbrio, e que ora se aproximam ora se afastam uma das outras"[37].

---

probatória esteja (sempre) nas mãos das partes. Somente isso permite a imparcialidade do juiz".

34. MARTINS, Rui Cunha. **O ponto cego do direito**: the brazilian lessons. op. cit., p. 66.
35. Idem, p. 69.
36. DELEUZE, Gilles; GUATTARI, Félix. **Mil platôs**: capitalismo e esquizofrenia 2. Vol. 1. Trad. Ana Lúcia de Oliveira, Aurélio Guerra Neto e Celia Pinto Costa. São Paulo: Editora 34, 2011. p. 17-49.
37. DELEUZE, Gilles. ¿Que és un dispositivo? In: **Michel Foucault, filósofo**. Barcelona: Gedisa, 1990. Tradução de Wanderson Flor do Nascimento. p. 155.

Nesta senda, a gramática deleuziana conceberá o *rizoma* de maneira mais radical – um radical, diga-se, que prescinda do conceito da raiz arbórea – do que a própria botânica, local onde se originou o étimo. É que, "diferentemente das árvores ou de suas raízes, o rizoma conecta um ponto qualquer com outro ponto qualquer e cada um de seus traços não remete necessariamente a traços de mesma natureza; ele põe em jogo regimes de signos muito diferentes", sendo constituído – o rizoma – não "de unidades, mas de dimensões, ou antes de direções movediças. Ele não tem começo nem fim, mas sempre um meio pelo qual ele cresce e transborda"[38].

É a ousada hipótese da presente tese: o processo, antes de vir a ser sistema, é *rizoma*. Ao contemplar elementos de variadas espécies em interações dotadas de alto **teor contingencial**, o processo acaba por sujeitar-se a "um sem-número de cruzamentos inesperados, tão depressa vertidos em oportunidade de incorporação quanto em hipótese de diferimento", representando, desta sorte, "uma dinâmica que antecede a introdução de uma qualquer direcionalidade e que não carece dela para se mover, como se, nele [no processo], o seu movimento seja já o seu sentido"[39].

Chegado a este sítio, releva inquirir: há, e, em caso de resposta afirmativa, em que níveis o há, **permanências rizomáticas** em ambiente sistêmico, ou por outra, o que de rizoma perdura no sistema? E mais: a **vontade de sistema**, em função de seu mero caráter ordenador, é capaz de blindá-lo contra os componentes de natureza e de configurações genéticas distintas da sua? Trata se, é bem de ver, de um resgate daquela preocupação externada no início do capítulo, anunciada sob a forma do terceiro dentre os quesitos: *É lícito entrever, na abordagem sistêmica do processo, um alto potencial epistêmico, isto é, que permita, para além de uma caricatura em tipos ideais, também a detecção de seus meandros e a percepção de suas zonas cinzentas*?

Nesse pórtico, impõe-se aquiescer com a tese de Rui Cunha Martins, para quem "a via da sistemicidade não anula por completo o substrato rizomático que persiste"[40]. E o autor declara isto consciente de pôr-se diante, ao menos em aparência, de um paradoxo, de uma negação em seus termos: isto pois a se cogitar de rizoma, vale repisar, de "um sistema a-centrado não hierárquico e não significante, sem General, sem memória organizadora ou autômato central, unicamente definido por uma circulação de estados"[41],

38. DELEUZE, Gilles; GUATTARI, Félix. op. cit., p. 43.
39. MARTINS, Rui Cunha. op. cit., p. 65-66.
40. Idem, p. 68.
41. DELEUZE, Gilles; GUATTARI, Félix. op. cit., p. 43.

não se pode querer conjurar um sistema centrado, visto que, adscrito na moldura rígida delineada pela sistematicidade, inverossímil será conceber a persistência daquele "horizonte de espontaneidade" tão característico às interações de cunho rizomático.

O *processo-feito-sistema*, no impulso mesmo de sua metamorfose, declina. Recolhe-se. Converte-se em estrutura. E é plenamente credível - até desejável - que isto assim transcorra: cumprindo função de redução de complexidade (Luhmann), os sistemas sociais vêm a operar estremando possibilidades - retendo algumas, descartando outras tantas -, tudo com vistas a tornar a **complexidade do mundo** mais palatável, digestível a uma inteligência humana limitada[42].

Na sua marcha de *devir-sistema*, o processo fatalmente se limita, porquanto é intrínseco à lógica do sistema funcionar a partir de "um princípio norteador e de uma estrutura de referencialidades congregadora do diverso e orientada para um objetivo"[43]. É bom recordar: a declaração de um princípio ideal, enquanto critério de referência, autoriza não só a congregação dos elementos pertinentes ao todo, como propicia a sua arrumação no painel configuracional do dispositivo processual (ou, nos termos de Kant, permite definir "as posições que as partes ocupam relativamente umas às outras").

Em virtude do que, ao encarnar forma de sistema, o processo confina-se; e, nesse ato de demarcação, suspendem-se "muros" entre o sistema processual ora constituído e o seu entorno (*ambiente*). O desenrolar, pois, da interrogação acima elaborada, qual seja, das permanências rizomáticas em ambiente sistêmico, passará inextricavelmente por aferir a *porosidade*, a *espessura* e a *disponibilidade* desses muros destinados a separar o "de dentro"

42. A complexidade do mundo, em Luhmann, é entendida como "a totalidade dos possíveis acontecimentos e das circunstâncias: algo é complexo, quando, no mínimo, envolve mais de uma circunstância. Com o crescimento do número de possibilidades, cresce igualmente o número de relações entre os elementos, logo, cresce a complexidade. (...) Essa complexidade extrema do mundo, nesta forma, não é compreensível pela consciência humana. A capacidade humana não dá conta de apreensão da complexidade, considerando todos os possíveis acontecimentos e todas as circunstâncias no mundo. Ela é, constantemente, exigida demais. Assim, entre a extrema complexidade do mundo e a consciência humana existe uma lacuna. E é neste ponto que os sistemas sociais assumem a sua função. Eles assumem a tarefa de redução de complexidade. Sistemas sociais, para Luhmann (1990), intervêm entre a extrema complexidade do mundo e a limitada capacidade do homem em trabalhar a complexidade". NEVES, Clarissa; NEVES, Fabricio. O que há de complexo no mundo complexo? Niklas Luhmann e a Teoria dos Sistemas Sociais. Op. cit., p. 191.

43. MARTINS, Rui Cunha. op. cit., p. 68.

do "de fora". Cuida-se, trocando em miúdos, de mensurar o grau de transponibilidade e de comunicabilidade entre os sistemas em jogo, ou, ainda, de sua eventual intransponibilidade ou incomunicabilidade relativamente aos elementos que lhe são estranhos.

Neste passo, relevará notar que "aquilo que transpõe", sempre cruza algo. Resta, assim, a pergunta: exatamente o quê "aquilo que transpõe" vem a extrapassar? Anoto minha suspeita: o *muro-erguido-que-se-fez-fronteira*. Contrariamente, porém, ao que se poderia pensar em uma primeira mirada, os *limites* entre o interno e o externo sempre serão inconstantes e, caso não justificados, potencialmente arbitrários. Afinal, quem disse que as fronteiras não são linhas móbeis, quem sustentou ser o muro barreira insuperável, intransitável? De fato, "em sede de teoria do limite, a instalação de um problema sobre a fronteira não garante a estabilidade dessa mesma fronteira; na verdade, é ela mesma (...) que é refeita por ocasião de cada 'passagem' ou de cada 'fechamento'"[44].

Estou convicto, então, de que é, mesmo, referida impossibilidade de serem as linhas fixas, ou seja, de serem os muros impenetráveis, o motivo pelo qual o **substrato rizomático** vige e sempre vigerá em *locus* sistêmico, ainda que na condição de eterna contingência.

Destarte, calhará perceber a descoincidência entre as linhas que cingem um dispositivo processual e as fronteiras presumivelmente inflexíveis e imutáveis, pois naquelas há "todo um jogo de proximidades e de sobreposições que redesenha os referidos contornos e que, nesse movimento, permite a 'passagem' e a 'incorporação' de componentes provenientes de outras configurações"[45]. Jogo este que envolve relações de força, e, por conseguinte, a ativação de modalidades de aliciamento, artifícios de agenciamento, ruídos na interação; a propósito do que pontifica o douto professor português:

> (...) [O reportório cultural, assim,] é jogo, e, assim sendo, ele configura um verdadeiro *dispositivo*, maneira de dizer que se refletem nele as categorias da ativação, da selecção, da sobreposição, do deslocamento, e, inevitavelmente, da fulguração – precisamente a que pode surgir por ocasião dos encontros inesperados entre os componentes do reportório, do deslocamento dos materiais para fora dos seus locais naturais, do consequente surgimento de vizinhanças inesperadas, do tipo de combinatória produzida por

44. Idem, p. 115.
45. Idem, p. 67.

> cada conjuntura histórica concreta, ou da complexidade decorrente da recepção de matéria 'contaminada', quer dizer, proveniente de outros reportórios.[46]

Daí se entender a razão pela qual, em região demarcatória, dizer *limite* é, sempre, evocar **conflito**: não só entre *aquilo que deseja circular* e o que se faz barreira ao seu trânsito; nem apenas entre *um aquilo que visa a transitar* e, simultaneamente, *um outro aquilo que também o deseja*; mas, sobretudo, entre *aquele (o autor da fronteira) que quer mover aquilo e não isto* e *aquele que pretende que ambos transitem*, ou *que nenhum o faça*, ou *que só isto cruze e não aquilo.*

Realizadas estas *delimitações* – embora nem elas ponham-se a salvo das contingências – e trazido à ribalta o valor de uma dita abordagem sistêmica ao processo penal, o assunto que ora convém escrutar é o seguinte: quais as maneiras de capturar, dos sistemas processuais penais inquisitório e acusatório, o seu desempenho político e de preservar sua riqueza epistemológica, sem cair, contudo, na armadilha de um regime de mera oposição – em termos antitéticos, à feição dos tipos-ideais – entre os seus caracteres constitutivos?

Com o intuito de responder a esta questão, mister anunciar as premissas da tese, a saber: (i) os sistemas processuais penais congregam elementos díspares em suas intimidades estruturais; (ii) tais "elementos de vária ordem" estão em conexão multifária, tecendo uma rede de materiais do sistema; (iii) essa urdidura intrassistêmica (quer no sistema inquisitório quer no acusatório) é quebrantável, e os seus componentes não são estanques – reside aí a dinâmica imanente aos sistemas; (iv) os sistemas processuais penais se organizam a partir de um referente, um **autômato central**, que é a ideia fundante ou o conceito apriorístico (Kant); (v) é, pois, o núcleo fundante/princípio reitor o critério de referência para a identificação do sistema, isto é, por meio dele se desvenda qual o sistema em questão, se o inquisitório ou o acusatório – sendo impossível, por isso mesmo, cogitar de um tal sistema misto, porquanto inviável a reunião de ideias mutuamente excludentes; (vi) não obstante, os elementos ditos acessórios, organizados em torno do núcleo, são móbeis e permutáveis e, portanto, é possível se detectar elementos do modelo inquisitório em ambiências acusatórias, tal e qual elementos característicos do sistema acusatório em regimes inquisitórios; e, por ulterior, (vii) o próprio núcleo fundacional também sofre influência das conexões interprocessuais (circulações de institutos entre os sistemas acusatório e in-

---

46. Idem, p. 117-9.

quisitório) e da contínua interferência de elementos extraprocessuais (entre outros, daqueles desinentes do sistema econômico, comunicacional, político) – é isto o que fica da lição de Guattari e Deleuze no que toca ao *rizoma*, que desafia permanentemente a noção de centro reitor e, ainda assim, por paradoxal que aparente, é obrigado a conviver com ela.

Um alerta a fito de que a pergunta pouco atrás enunciada, qual seja, como preservar a riqueza analítica das categorias acusatório e inquisitório, seja devidamente redarguida: julgo essencial reconhecer a polissemia do vocábulo *sistema*. Consoante adrede explanado, o uso do termo remonta a tempos longínquos e comporta, a depender do contexto em que empregado, múltiplas significações; na corrente obra, contudo, já se adentrou no seu campo semântico e, nele, se demarcou o sentido assumido pelo étimo *sistema*: este consubstancia um conjunto de elementos agrupados em torno de um núcleo, e que se destina a uma finalidade específica.

Rememorado aquilo que se compreende por *sistema*, convém efetuar um segundo alerta: ora, não é porque um sistema define-se pelo conteúdo de seu princípio reitor, eis que este é seu elemento de articulação, que ambos os termos – *sistema* e *princípio* – sejam equivalentes, ou, pior ainda, sinônimos. No que concerne a tal confusão, Geraldo Prado acautela:

> É certo, conforme ao nosso juízo, que, se pretendemos a definição de um sistema acusatório como categoria jurídica composta por normas e princípios, **não há como, pura e simplesmente, justapô-lo com exclusividade a um preciso princípio acusatório, pois a identidade entre um e outro resultaria, por exigência logica, na exclusão de uma das duas categorias**, pela impossibilidade de um princípio ser, ao mesmo tempo, um conjunto de princípios e normas do qual ele faça parte, numa relação de continente a conteúdo.
>
> Fica mais clara a incompatibilidade da justaposição, quando, pela simples resenha classificatória, notamos a significativa disparidade de elementos invocados como da própria essência de uma das categorias, no caso, do sistema.[47] (grifo nosso)

Uma terceira advertência: é curial admitir a incongruência do **sistema misto** enquanto terceiro sistema, um ilógico amálgama de inquisitivo e acusatório. Neste ponto, quadra assinalar que, se é fato que todos os sistemas processuais são mistos – pois incorreto, a nosso ver, sair em defesa de um

47. PRADO, Geraldo. **Sistema Acusatório**: a conformidade constitucional das leis processuais penais. 3ª ed. Rio de Janeiro: Editora Lumen Juris, 2005. p. 172.

purismo sistêmico, caro aos tipos-ideais –, igualmente o é a impropriedade da categoria jurídica denominada sistema misto, resultado duma milagrosa síntese dos opostos. Com vistas a afastar qualquer arrepsia, impende reiterar que somente existem dois sistemas, o acusatório e o inquisitório, pois há apenas dois princípios, o acusatório (ou dispositivo) e o inquisitivo. A esse respeito, é valiosa a lição de Jacinto Coutinho:

> Salvo os menos avisados, todos sustentam que não temos, hoje, *sistemas puros*, na forma clássica como foram estruturados. Se assim o é, vigora sempre *sistemas mistos*, dos quais, não poucas vezes, tem-se uma visão equivocada (ou deturpada), justo porque, na sua *inteireza*, acaba recepcionado como um *terceiro sistema*, o que não é verdadeiro. **O dito *sistema misto, reformado ou napoleônico* é a conjugação dos outros dois, mas não tem um princípio unificador próprio, sendo certo que ou é *essencialmente inquisitório* (como o nosso), com algo (características secundárias) proveniente do sistema acusatório, ou é *essencialmente acusatório*, com alguns elementos característicos (novamente secundários) recolhidos do sistema inquisitório.**[48] (grifo nosso)

Destarte, a integralidade dos sistemas processuais contemporâneos é de natureza mista, haja vista ser insustentável a noção de sistemas *puros*, conforme historicamente idealizados. Todavia, como assentado na premissa (vi), a disposição dos elementos acessórios em torno do princípio reitor é que confere este caráter misto aos sistemas processuais, tornando possível a detecção de elementos provenientes do modelo inquisitório em *locus* acusatório, tal como caracteres do sistema acusatório em regimes inquisitórios; a feição mista, portanto, não dimana da congregação de ideias mutuamente excludentes ou da "*simples somatória dos elementos dos dois sistemas puros*"[49].

Como último alerta, mas não de somenos importância ao adequado tratamento da matéria relativa aos sistemas processuais penais: tarefa necessária inscrevê-lo - o sistema processual - em um quadro de maior abrangência, fitando-o, a partir de tal inscrição, como um subsistema. Nessa esteira, merece a pena destacar a acurada observação de Geraldo Prado:

> Na verdade, **o sistema processual está contido no sistema judiciário, por sua vez espécie do sistema constitucional, derivado do**

48. COUTINHO, Jacinto Nelson de Miranda. op. cit., p. 36-37.
49. Idem, p. 120.

> **sistema político, implementando-se deste modo um complexo de relações sistêmicas que metaforicamente pode ser desenhado como de círculos concêntricos**, em que aquele de maior diâmetro envolve o menor, assim sucessivamente, contaminando-o e dirigindo-o com os princípios adotados na Lei Maior.[50] (grifo nosso)

E, se é verdade que o "processo [devido e legal] é microcosmo do Estado de direito"[51], inegociável que ele se organize de conformidade com os ditames democrático-constitucionais. Assim sendo, divisar o sistema processual em relação de circularidade pressupõe, justamente, notar a sua inscrição em *círculos de maior diâmetro*; e, além do mais, uma tal relação supõe **coerência sistêmica** dos círculos menores para com os maiores – por isso, é inconciliável o cariz inquisitório do sistema processual penal brasileiro, ainda vigente, com a eleição acusatória constante da Constituição Federal de 1988. À guisa de atingir tal coerência, é, pois, imperativo que o subsistema processual penal esteja concatenado com a escolha política do constituinte.

À vista disso, assevera Rui Cunha Martins:

> Interessa-me, no imediato, recuperar aquela que designei por **primeira acepção de 'o processo é o microcosmo do Estado de direito'**, ou seja, a ideia de que, ao menos em ambiência *democrático-constitucional*, o processo – seja o caso do processo penal – deve ter correspondência com o que o Estado de direito é. Como se traduz no concreto essa ideia? **Basicamente, em termos de circularidade sistêmica: estando o sistema processual inserido no sistema judiciário e este no sistema constitucional, o primeiro expressa, desejavelmente, os princípios adotados neste último.** Este entendimento sistêmico da realidade processual pressupõe, por conseguinte, um elemento ou princípio unificador, que sirva de conector, filtro e limite àquela circularidade.[52] (grifos nossos)

---

50. PRADO, Geraldo. **Sistema Acusatório**: a conformidade constitucional das leis processuais penais. 3ª ed. Rio de Janeiro: Editora Lumen Juris, 2005. p. 101. E mais adiante, PRADO: "O sistema constitucional, por isso, averbe-se, subordina pela via das normas constitucionais uma estrutura processual específica, cuja natureza, inequivocamente, pode – se acentuar, é a de sistema ou subsistema, como conjunto harmônico de normas e princípios constitucionais aplicáveis ao processo, e também de princípio, voltada tal estrutura para a concretização da persecução penal conforme os valores indiscutíveis dos direitos fundamentais" (p. 108-109).
51. MARTINS, Rui Cunha. **A hora dos cadáveres adiados**: corrupção, expectativa e processo penal. op. cit, p. 2.
52. Idem, p. 3.

Entretanto, apenas o fato de emoldurar o sistema processual penal num sistema democrático-constitucional não é suficiente para assegurar a pretendida correspondência, se o ato não vier acompanhado por uma constante vigília sobre as práticas punitivas[53]. Nesse toar, meritória a anotação de Ricardo Gloeckner no sentido de que a mera "opção pela democracia como um natural contrafator às práticas autoritárias se constitui como um operador insuficiente ou epistemologicamente incapaz de estabelecer limites às denominadas práticas autoritárias"[54].

De posse destas informações, enunciadas a título de advertência, convirá persistir na linha de inquérito: como enfrentar o intrincado tema dos sistemas processuais penais, apreendendo o desempenho político e a riqueza epistemológica do binômio inquisitivo-acusatório, sem cair nos ardis retóricos, ocultadores, no mais das vezes, de práticas punitivas autoritárias sob vestes democráticas? Ou, ainda, de que forma promover o necessário **câmbio ao sistema acusatório** (eleito constitucionalmente) e, enfim, deixar para trás igualmente a "*mentalidade inquisitória*"? Reside aqui o busílis da questão, diria Jacinto Coutinho.

Com a finalidade de realizar tal despistagem, será de grande serventia evocar a segunda interpretação de "*o processo é o microcosmo do Estado de direito*", qual seja, a de que "o que acontece com o Estado de direito afeta sem remissão o processo; afeta então, por inerência, o grau e o modo daquela correspondência", ou "o que quer que suceda ao nível dos instrumentos manejados pelo Estado de Direito afeta por definição [...] o sistema processual"[55].

Com efeito, se é de rigor afirmar que o processo, na condição de **microcosmo**, deve obediência aos preceitos do Estado de direito no qual se inscreve (a primeira acepção), também é aconselhável não olvidar que o dispositivo Estado de direito "está sujeito a contaminações e a derivas de toda ordem", estando, pois, "suscetível de apresentar contradições internas,

53. Atento a inexorável coordenação entre direito, democracia e processo, Geraldo Prado observa que "igualmente as demandas inerentes ao sistema penal, derivado do sistema jurídico, acabam por sofrer influência ou pressão dos grupos sociais, por meio dos mecanismos de operação do sistema político, pressões cujo resultado pode ser socialmente diferenciado consoante o paradigma político-jurídico adotado, refletindo diretamente sobre as aspirações de democratização do processo enquanto instrumento. Em regime autoritário nem todas as demandas são expostas e o critério de atendimento não é uniforme e impessoal". PRADO, Geraldo. **Sistema Acusatório**. op. cit., p. 64.

54. GLOECKNER, Ricardo. Metástases do sistema inquisitório. Op. cit., p. 12.

55. MARTINS, Rui Cunha. **A hora dos cadáveres adiados**: corrupção, expectativa e processo penal. Op. cit., p. 2.

de ordem principiológica ou orgânica, interferentes sobre seu desempenho", ou, mesmo, podendo "perversamente servir de invólucro àquilo que propriamente o nega"[56].

Neste passo, curial não descuidar da dinâmica – interna e externa – que agencia o Estado de direito, tal qual do elevado grau de porosidade e ductilidade do citado dispositivo quando defronte "ao que não tem um código genético compatível com o seu". Invocando a metáfora há pouco referenciada, parece-me apropriado dizer que estamos situados no alto, mesmo, do *muro-erguido-que-se-fez-fronteira*, ponto a partir do qual contaremos com uma visão privilegiada da disponibilidade do limite para negociar com aquilo que lhe é estranho. Dotados desta superior visiva, resultará adequado pôr uma trinca de questões já apresentadas por Cunha Martins: "se o processo é o microcosmo do Estado de direito, o Estado de direito, por sua vez, é o microcosmo de quê? Quem lhe percorre as artérias e lhe agencia o movimento? Quem lhe requisita friamente as funcionalidades?"[57].

A propósito das interferências externas sobre o dispositivo Estado de direito, releva notar que o capitalismo, no estágio avançado em que se encontra (o neoliberalismo), alicia os seus mais distintos componentes e os seduz de modo que venham a operar de acordo com as finalidades específicas da **razão neoliberal**. De alvitre verificar, contudo, que o capitalismo, após a incorporação de suas partículas ao dispositivo Estado de direito, devém parte constitutiva do organismo deste último; pelo que caberá perquirir as modalidades de interação entre o **parasita capitalismo** e o **hospedeiro Estado de direito**, e, dessarte, entender sob quais aspectos e em que medida o comensal contamina o processo (já que este é microcosmo do Estado de direito).

Viu-se, até o presente instante, que a consciência da relação de circularidade sistêmica de subsistema processual (conteúdo) a sistema político (continente) consiste em etapa cognoscitiva indispensável ao adequado tratamento da matéria dos sistemas processuais penais. Conquanto, observou-se, de igual modo, ser tal compreensão necessária, mas insuficiente, não bastando a mera percepção desta circularidade subsistema-sistema, isto é, da inscrição de círculos menores em maiores, despontando essencial apurar, de maneira complementar, quais os relacionamentos existentes entre a multiplicidade de sistemas em jogo.

56. Idem, p. 4.
57. Idem, p. 9.

Instalados, vale frisar, sobre o *muro-erguido-que-se-fez-fronteira*, não tardaremos a notar as **acoplagens intersistêmicas** (Martins), às quais cumprirá mediar, hodiernamente, "a relação entre o capitalismo e o Estado de direito, cavando mais fundo a cooptação do segundo pelo primeiro"[58].

No ponto, é dever atinar para estes (des)encaixes. Afinal de contas, essas linhas de força e de fratura, valendo-me de fraseologia foucaultiana, encontram-se no âmago da remodelagem do processo penal contemporâneo. À sua análise, pois, convirá situar "o posto de observação numa zona de manifesta confluência intersistêmica", abrigando-se no elevado da amurada e, dali, quedando a observar, no próprio *limite*, as torções, os rechaços, as dobras, os conflitos. As indagações da vez serão: entre quem é a contenda? E, ademais, disputam a pretexto de quê?

A se falar desta demarcação zonal, confronta-se com "um *sistema jurídico* posicionado frente a um *sistema comunicacional* que por sua vez é percorrido pelos fluxos de um *sistema econômico*", "em que o que está em causa é captar a atenção de um *sistema social* inquieto por atribuir a cada um deles determinado grau de confiança e, em função dele, determinado grau de adesão"[59]. Em apertada súmula, está em questão saber qual sistema – comunicacional, jurídico, político, econômico – conquistará a posição de proeminência em se tratando de gestão das expectativas sociais, obtendo a máxima adesão por parte dos agentes sociais.

Os **regimes de expectativa**, presta fazer o registro, se estruturam pelo clássico binômio "campo de experiência/horizonte de expectativa" e por um componente a ele como aglutinado: o "preenchimento". Com efeito, em tudo o que é *expectável* há, desde logo, um *desejo de preenchimento*, digo, uma ânsia por se ver cumprido, quase ao modo de profecia. Releva notar, porém, que a modernidade tentou conter a voracidade desta vontade de preenchimento, antecipando-o "para o modo da esperança" ou aprisionando-o "sob o modo da promessa"[60]; exemplo de tal contenção é a frustração dos projetos emancipatórios analisada no item 1.1., encarcerados sob forma de promessa irrealizável (vide o pós-Revolução Francesa) ou atenuados como mera esperança regulada (parece essa a origem do Estado-Providência).

Sem embargo destas tentativas, "desde o momento em que a conjuntura histórica passa a dar mostras de alguma turbulência de conceito, alguma com-

58. Idem, p. 17.
59. Idem, p. 32.
60. Idem, p. 36.

plexificação das práticas e, sobremaneira, de alguma insatisfação no relativo aos seus horizontes de temporalidade"[61], os mecanismos de estabilização de expectativas sociais – entre os quais o direito – também são submetidos a uma reconfiguração, e as suas funções passam por um redesenho operacional.

O cenário atual de nítido esgarçamento dos horizontes a novos preenchimentos provoca um tremor ao nível das expectativas sociais, que pululam e esperam impacientes por seus estabilizadores. Ora, se reduzir a complexidade é necessário para qualquer convivência humana em sociedade, cabe, na atual quadra de disponibilidade do horizonte, investigar quais são os mecanismos que desempenham mais eficazmente a **gestão das expectativas**. Advirto que, de tal investigação, advirão contribuições valiosas para o enfrentamento da temática de fundo – os sistemas processuais penais –, emprestando algumas ferramentas analíticas que nos permitirão desvendar as armadilhas retóricas à que aludimos páginas atrás.

Inconteste que os meios de comunicação de massa têm sobressaído enquanto "credíveis redutores de complexidade"[62]. Mas não é só: sua eficácia reside em assegurar tanto um desejo de preenchimento, "de normalização e de simplificação das opções em presença", mitigando a complexidade, como, igualmente, em viabilizar "a busca de um preenchimento de expectativas relativamente a valores como 'diversidade' e 'gozo do múltiplo'"[63], portanto, incrementando a complexidade. A eficiência dos meios de comunicação enquanto gestores do preenchimento – e, por eficiência, entenda-se competência funcional de gerar complexidade, simultaneamente reduzindo-a – faz pressão sobre o sistema constitucional, o que vem a repercutir, de maneira considerável, sobre o sistema processual (penal).

É chegado, portanto, a local de entroncamento entre sistema comunicacional e sistema jurídico, interpenetração que, é válido frisar, trará consequências sensíveis ao processo penal; o jugo do segundo sistema, o jurídico, pelo primeiro, o comunicacional, assoma cada vez mais evidente em seara penal, com as frequentes intromissões dos *media* naquilo que está "na ordem do dia" do judiciário (tenha-se em conta, por exemplo, a interferência midiática sobre o que se convencionou chamar de *maxiprocessos*).

A percorrer esta senda, mister será assentir com a exposição de Geraldo Prado, para quem "o *processo paralelo* difundido na mídia é superficial,

61. Idem, p. 37.
62. Idem, p. 41.
63. Idem, p. 41.

emocional e muito raramente oferece a todos os envolvidos igualdade de oportunidades para expor seus pontos de vista"[64]. E o autor persiste:

> a presunção de inocência sofre drástica violação, pois a imagem do investigado é difundida como da pessoa responsável pela infração penal; e em vista disso, o **desequilíbrio de posições que os sujeitos têm de suportar durante o período de exposição do caso pela mídia transfigura os procedimentos seculares de apuração e punição,** passando subliminarmente a idéia do caráter obsoleto e ineficiente das garantias processuais, **a que se soma a percepção do processo penal como meio demorado de se fazer justiça em comparação com a 'célere' e 'perfeita' investigação da mídia.**[65] (grifos nossos)

Importa consignar que, ao enunciar a superficialidade da cobertura midiática e o desequilíbrio que esta finda por engendrar, não se está, e longe disso, a atacar a liberdade de imprensa, que constitui direito constitucional de monta. Somente um raciocínio binário poderia induzir a uma tal conclusão precipitada. Com efeito, bastará uma rápida mirada às estratégias de controle e de manipulação, por parte de regimes políticos autoritários, das informações veiculadas pelos meios de comunicação de massa para demover qualquer argumento desse jaez; em ambiente democrático, quero registrar expressamente, não há espaço para censuras.

Contudo, em se tratando de democracia política, todas as liberdades devem ser gozadas com responsabilidade cívica. E, neste tocante, devemos conceder uma vez mais a palavra a Geraldo Prado, eis que assiste maior razão ao mestre quando assevera, com o rigor de costume, "que o controle das situações de conflito entre liberdade de imprensa e devido processo legal está em se proibir à imprensa aquilo que é igualmente proibido ao Estado, isto é, fazer uso de informações obtidas criminosamente"[66].

Com tudo isto assente, não será despropositado articular questões do tipo: como reage o sistema jurídico quando na presença destas pressões extrínsecas? De que modo opera a **maquinaria processual das expectativas** quando sob a regência dum redutor de complexidade como o sistema comunicacional? Ante o exposto, não se porá mais em suspeita o protagonismo dos meios de comunicação na gestão de expectativas e, por consectário, não

---

64. PRADO, Geraldo. **Sistema Acusatório.** op. cit., p. 254.
65. Idem, p. 255.
66. Idem, p. 257.

mais se desconfiará da sua aptidão para constranger o sistema jurídico. O problema sobre o qual ora se debruçará concerne às formas pelas quais o processo virá a interiorizar tais pressões provenientes "do lado de fora" das suas clássicas fronteiras.

E, o pressuposto a partir do qual se desenvolverá o argumento encontra-se cinzelado na afirmação de Rui Cunha Martins de "que o peso tomado pelo ideal de 'transparência' no mundo jurídico é a expressão da vontade de competir [com os *media*] no *campo da verdade*. E o peso tomado pelo ideal de 'celeridade' é a vontade de competir no *campo do consumo*"[67].

À vista de tal premissa, cumpre verificar que a obsessão por transparência irrompe como resposta do sistema processual às pressões midiáticas por *verdade*, verdade esta que, diga-se, a própria mídia fabrica. Do que se pode inferir: o processo vê-se refém de uma *verdade* – o que seria perigoso por si só – fornecida pelo sistema comunicacional, portador de código genético e de mecanismos de operação distintos daqueles do sistema jurídico.

Uma *verdade* que, tida por **evidência**, acaba por dispensar a **prova**. E, ao prescindir de um instrumento contraintuitivo como o é a prova, conduz à absoluta inutilidade do próprio processo penal. Isto pois se os meios de mídia são, de fato, os redutores de complexidade por excelência (há poucas dúvidas de que, hoje, são muito mais eficazes do que o direito), a *verdade* por eles produzida é naturalmente reputada como absoluta, indubitável, crível e digna de adesão pela opinião pública que eles informam.

Não impressiona, dessarte, o fato de que, informado por uma cultura do senso comum, o processo penal agonize: o "devido processo legal (apresentado como um estorvo)", a "plenitude de defesa (o *locus* da malícia e da indiferença)", a "presunção de inocência (imagine-se num flagrante gravado pela câmara!) e outras garantias do Estado democrático de direito"[68] restam arrasados em favor de uma *verdade* que, sendo evidente, impõe-se como o resultado desejado do processo; a ser confirmada, assim se espera, em sede de decisão penal. A condenação penal, alfim, preenche a expectativa social de punição.

No ponto, será descomplicado constatar que nos encontramos em face de algo conhecido amplamente como processo penal inquisitório, no qual

---

67. MARTINS, Rui Cunha. **A hora dos cadáveres adiados**: corrupção, expectativa e processo penal. op. cit., p. 45.

68. BATISTA, Nilo. Mídia e sistema penal no capitalismo tardio. **Discursos sediciosos**: crime, direito e sociedade, Rio de Janeiro, ano 7, n. 12, p. 271 – 289, 2º semestre de 2002. p. 274.

a ambição pela verdade real tende a legitimar o mais absoluto desprezo pelas garantias processuais, sempre em prol da *captura dos fatos* que, sendo "conhecidos por antecipação", vindicam tão somente sua autoconfirmação: primeiro se atinge a convicção para, só então, sair em busca de provas que a corroborem. Nessa perspectiva, o processo consiste em mero jogo de cena – ou, para falar com Jacinto Coutinho, "teatro, não raro pantomima; puro embuste"[69].

Todavia, não é só o conteúdo do processo (a *verdade* que se persegue incansavelmente), estampado no mote da transparência, que é gerido pelos meios de comunicação e regulado pelo sistema comunicacional. É preciso ir além: a sua forma – a do processo penal – também o é. Neste sentido, releva notar a interferência dos *media* nas recentes "deformações" do processo, cuja consumação assenta no mote da celeridade. As dimensões referidas são complementares, pois, se a *verdade* é evidente, e dispensa qualquer prova (1ª dimensão), os meios para alcançá-la exigem celeridade e eficiência (2ª dimensão). O processo deve ter, sobretudo, um fim rápido.

Enquanto produtos a serem consumidos, as informações divulgadas pela grande mídia hão de responder incessantemente a um novo que nunca chega a se esgotar; fazem-no por meio da lógica do "instantâneo, [d]a comoção, [d]o conflito, [d]a manipulação dos sentidos"[70]. Com vistas a concorrer em pé de igualdade com o sistema comunicacional, o sistema jurídico passa a interiorizar as pressões públicas externas com supedâneo no lema da *celeridade* – os exemplos da simplificação e abreviação processuais, tão estimadas pela justiça penal negociada, são, aqui, mais do que ilustrativos; são sintomáticos desta competição.

A propósito do arrocho exercido pela opinião pública (informada pelos conglomerados midiáticos) sobre a *forma do processo*, cumpre registrar o ensinamento de Rui Cunha Martins:

> **'Celeridade, eficiência e economia processual', tríade literalmente expressa em diversas ocasiões, não é bandeira argumentativa que costume esvoaçar sozinha. Perto dela é bramido o argumento complementar do 'clamor público'**. É coincidência

69. COUTINHO, Jacinto Nelson de Miranda. **Observações sobre os sistemas processuais penais**: escritos do Prof. Jacinto Nelson de Miranda Coutinho. Vol. 1. Curitiba: Observatório da Mentalidade Inquisitória, 2018. p. 125.
70. MARTINS, Rui Cunha. **A hora dos cadáveres adiados**: corrupção, expectativa e processo penal. op. cit., p. 42.

a registar. Se a justificação da celeridade, ao utilizar argumentos internos à economia do processo, procura resguardar-se numa linha de intervenção de cariz em aparência apenas técnico e eivado fundamentalmente de preocupação instrumental, já **a inserção desse argumentatório eficientista num plano discursivo mais vasto onde se inclui também o fator 'clamor público' ou similares empurra a lógica subjacente para uma linha de indesmentível cariz político e onde a gestão das expectativas sociais e respetiva manipulação surge como verdadeiro eixo estratégico.**[71] (grifos nossos)

Daí compreender-se o porquê de o eminente professor lusitano sustentar que o processo penal sob as bandeiras da celeridade e da transparência se orienta rumo às expectativas. A este nível, parece-me incontroverso que elas o mobilizem, agenciem. Outrossim, se as expectativas, na contemporaneidade, são reguladas primordialmente por um redutor de complexidade tal qual os meios de comunicação, será mesmo intuitivo (ou "involuntário") que o processo penal pague tributos às pressões advindas destas expectativas geradas (e geridas) pela mídia; fá-lo por meio da internalização de uma concepção de verdade por ela produzida - que faz lembrar, em muito, a pretensão da "verdade real", tão afeita ao modelo inquisitivo - e da velocidade por ela ditada, em campo tensional no qual se digladiam infatigavelmente o *limite do imediato* e o *ciclo natural do processo*, o qual, para ser devido e legal, demanda tempo.

Com o intuito de promover um mapeamento fisiológico dos sistemas processuais penais na atual quadra, propôs-se, a tese, à feitura deste detido exame. Procede-se ao laudo parcial[72]: a diagnose permitiu registrar sinais da comparência de vírus do tipo inquisitório, em estádio de proliferação avançado (hiperinsfestação), alojados nas células do organismo Estado de direito; os exames complementares confirmaram a suspeita de atividade inquisitória multiorgânica, exibindo sinais de intensa proliferação viral.

Na presente investigação, não puderam ser localizadas estruturas íntegras de blindagem (*processo-feito-estrutura*) à adsorção viral, configurando-se, pois, um meio propício às malsãs acoplagens inter e intrassistêmicas. A estrutura celular do *processo penal* não conseguiu resistir aos **acoplamentos intersistêmicos**, que contaminam a célula desde fora (*sistema econômico,*

71. Idem, p. 47.

72. A inspiração para a elaboração desse laudo parcial advém dos "Relatórios Intercalares" de Rui Cunha Martins, na já citada obra *A hora dos cadáveres adiados*.

comunicacional), tampouco pôde conter interações intra-sistêmicas (o autoritarismo que habita e assanha um dispositivo punitivo), indubitavelmente causadores de ruídos – em ambos, parece existir elevado grau de contingência nas interações.

Insuficientes, nesta descrição clínica, algumas das competências imunológicas esperadas (mecanismos complementares de blindagem), como "democracia" e "constituição". O exame parcial aponta que o sistema imune não logrou refrear a replicação viral; em vez disso, enquanto agente mutagênico, o vírus aparenta ter sido capaz de, após a sua inoculação, menear a dinâmica das células hospedeiras. De fato, a um olhar atento, não passa despercebido que a instalação do vírus promoveu o funcionamento anômalo também dos operadores "democracia" e "constituição", para além da mencionada subversão ao mecanismo "processo": raptado por uma mentalidade inquisitória, o próprio sistema de defesa findou por prejudicar as funções vitais do hospedeiro.

Dessarte, os achados evidenciam disseminação inquisitiva sugestiva de um processo de patogênese. Realizar exames adicionais, a fim de verificar o que reside nos núcleos dos sistemas acusatório e inquisitório.

2.2. PRINCÍPIO DE SISTEMA: DEMARCANDO OS CONTORNOS DE INQUISITIVO E ACUSATÓRIO

Efetuadas as prévias *demarcações* em terreno de sistemas processuais penais, e antes de ingressar na pesquisa de campo exploratória da *zona fronteiriça* na qual se abrigam as soluções penais negociadas, convém esmiuçar o conteúdo de cada um dos sistemas, o acusatório e o inquisitório. E, como se pôde notar ao longo do trajeto percorrido, temos por assente que uma análise que se pretenda bem-acabada se beneficiará sobremodo de uma investida contra o núcleo estruturante de ambos os sistemas processuais.

Releva salientar, contudo, que a empresa que irá investigar o princípio reitor dos sistemas em questão não é desintrincada. Pelo contrário, configura tema da maior complexidade, residindo sua dificuldade primeira no esforço analítico exigido para articular a noção de ideia fundante – enquanto núcleo regente do sistema – com uma imanência rizomática, promotora de direções insondáveis e composta por dimensões que se recusam a atuar conforme as ordens de um General, um autômato central.

Um princípio reitor que, de antemão, surja a fito de ordenar os elementos em jogo; mas que, num aparente paradoxo, não despreze uma dose de imprevisibilidade como que adjacente ao jogo, o próprio caráter contingencial da processualidade. Com efeito, o deslinde do aparente paradoxo assenta na percepção da inapreensibilidade do processo por uma qualquer estrutura: no processo, justo por ter sido feito "dinâmica que antecede a introdução de uma qualquer direcionalidade"[73], subsistirá como que uma memória rizomática – esta, ainda que em estado de latência, continuará a admitir a possibilidade de "todo tipo de 'devires'".[74]

Nesta senda, a despeito de não ser correto falar, a nosso ver, em sistemas a-centrados (nos moldes em que concebido o rizoma, por Deleuze e Guattari), impenderá sinalar a peculiaridade do núcleo reitor dos sistemas processuais, por desafiar a noção de ideia fundante como o Uno; por colocar em dúvida a pertinência da ideia unidimensional, unilateral do princípio regente. Deveras, a assimilação do núcleo enquanto múltiplo revela-se de importância capital a nível de processo penal, pelo que caberá defini-lo – o núcleo – não a partir de um só ato estanque (gestão da prova, separação de funções etc.), mas, sim, do entendimento das tarefas distribuídas aos atores processuais e do caráter dinâmico das funções por eles desempenhadas.

Feitas as anotações preliminares, passemos ao exame dos princípios tidos como regentes dos sistemas processuais penais. Neste passo, quadra grifar que o *clássico* ponto de torção entre os sistemas acusatório e inquisitório consiste na separação – ou não – das funções de acusar e julgar. Em suma, a corrente de pensamento que alude à separação de funções como o critério de referência para a identificação dos sistemas processuais concebe o acusatório como aquele em que há a distinção entre julgador e acusador (*ne procedat iudex ex officio*), ao passo que o inquisitório seria aquele em que as duas funções ficam a cargo duma pessoa (o juiz-inquisidor).

Sem embargo de parte considerável da doutrina manter-se aferrada a esta linha divisória, convirá destacar os graves défices teóricos da escolha, a título de critério identificativo, da mera separação das funções. Ou, para falar na linguagem de Aury Lopes Jr, o "reducionismo [de se] pensar que basta ter uma acusação (separação inicial das funções) para constituir-se um processo acusatório".[75] A debilidade do critério funcional é exposta por Gloeckner:

> a distinção [dos sistemas processuais baseada na separação das funções] é bastante frágil e, portanto, não pode ser elevada ao ranking

73. MARTINS, Rui Cunha. **O ponto cego do direito**: the brazilian lessons. Op, cit., p. 66.
74. DELEUZE, Gilles; GUATTARI, Félix. op. cit., p. 44.
75. LOPES JR., Aury. Sistemas processuais penais: ainda precisamos falar a respeito? Op. cit., p. 41.

> de critério definitivo para a construção de resultados que atribuam a um ou outro modelo, o caráter de acusatório ou inquisitório. **Esta fragilidade encontra eco nos diversos procedimentos criminais que, ao longo da história, apesar de manter separados o órgão julgador do acusador, nem por isso apresentam características (em seu funcionamento) creditáveis a um modelo acusatório.** Apenas a título exemplificativo, atribuir à separação de funções o condão de determinar, por si só, a acusatoriedade ou a inquisitoriedade de um sistema seria equivalente a afirmar que o sistema processual penal da Itália, na década de 30, era acusatório. Como é cediço, na Itália, durante o fascismo, o sistema não era acusatório. Todo o oposto.[76] (grifo nosso)

Assim, se é certo que a concentração das funções de acusar e julgar em uma só figura implicará, sem margens para dúvidas, uma configuração inquisitória do processo penal (o juiz-inquisidor, o acusado-objeto do inquérito, a contaminação de fatos por hipóteses alucinadas), a recíproca não será sempre verdadeira, isto é, a mera divisão de funções entre os atores não garantirá a acusatoriedade de um sistema. Por outra, não é simplesmente em razão de existir uma partição de funções entre órgão acusador e julgador que se validará a inferência de que se está diante de um sistema acusatório: a valer tal raciocínio, a *Ordonnance Criminelle* de Luís XIV e os códigos processuais nazi-fascistas, apenas pelo fato de manterem um processo de partes, acomodariam o sistema processual dos respectivos países ao modelo acusatório. E nada discrepa mais do que sucedeu na concretude dos fatos históricos.

Neste seguimento, a mera separação de atividades não se afigura critério suficientemente seguro para o discrímen entre os sistemas processuais. Isto pois, como adrede registrado, ele não consegue vedar "ao juiz a possibilidade de decidir antes e, depois, sair em busca do material probatório suficiente para confirmar sua versão"[77]. E, sendo assente que "não basta termos uma separação inicial, com o Ministério Público formulando a acusação e depois, ao longo do procedimento, permitir que o juiz assuma um papel ativo"[78], será mister notar a ausência, no critério sob exame, de mecanismos de con-

76. GLOECKNER, Ricardo. Metástases do sistema inquisitório. op. cit., p. 14.
77. COUTINHO, Jacinto Nelson de Miranda. **Observações sobre os sistemas processuais penais**. op. cit., p. 48.
78. LOPES JR., Aury. Sistemas processuais penais: ainda precisamos falar a respeito? op. cit., p. 44.

tenção à realocação ou ao rearranjo das tarefas no curso do processo, com a póstera atribuição ao juiz de atividades de prova.

Outro argumento suscitado por parcela da doutrina clássica, e que caminha amiúde perto à tese nuclear da separação das funções, consiste na existência de um suposto **sistema misto**, enquanto um sistema processual alternativo à parelha acusatório-inquisitório. Neste modelo, conjugar-se-ia uma fase pré-processual inquisitória e outra processual acusatória; o engenho napoleônico de "agregar as virtudes" de ambos os sistemas representou, com efeito, uma mera transmutação do juiz inquisidor ao magistrado da investigação preliminar, preservando-se, com esta metamorfose, os seus plenos poderes sobre a produção e o aporte de provas ao processo (pretensamente acusatório). Consoante lição de Aury Lopes, reside, aí, a falácia do sistema bifásico:

> **A fraude reside no fato de que a prova é colhida na inquisição do inquérito, sendo trazida integralmente para dentro do processo e, ao final, basta o belo discurso do julgador para imunizar a decisão.** Esse discurso vem mascarado com as mais variadas fórmulas, do estilo: a prova do inquérito é corroborada pela prova judicializada; cotejando a prova policial com a judicializada; e assim todo um exercício imunizatório (ou melhor, uma fraude de etiquetas) para justificar uma condenação, que na verdade está calcada nos elementos colhidos no segredo da inquisição. **O processo acaba por converter-se em mera repetição ou encenação da primeira fase.**[79] (grifos nossos)

Adensando a análise a propósito das fases de inquérito (inquisitivo), e as do processo (fingido acusatório), informará o autor:

> O Código Napoleônico de 1808 engendra um inteligente sistema bifásico, em que a primeira fase (investigação preliminar) transcorre no sigilo da inquisição: é o *locus* destinado a colher a prova do fato delitivo. É ali que se faz o juízo dos fatos, a reconstituição do passado, a revelação da *verdade dos fatos*.
>
> ...
>
> Quando se chega ao processo, então ilusoriamente acusatório e contraditório, a verdade histórica já foi definida. Ao juiz cabe apenas aplicar o direito ao caso concreto, dizer a lei (juiz-boca-

79. Idem, p. 42.

> -da-lei) que deve incidir, fazendo o famoso silogismo tão valioso para os modernos.
>
> Por esse motivo, a defesa do sistema misto é um engodo.[80]

Em vista do que assistirá razão a Salah Khaled Jr.[81], quando abona que "a concessão de poderes para que o juiz produza provas representa uma porta aberta para o decisionismo e para a reprodução da patologia inquisitória". Indubitável que o seja: ora, se é fato que "quem procura sabe ao certo o que pretende encontrar"[82], então, desde o princípio, existirá um prejuízo irreparável à desejada imparcialidade do julgador, eis que, na condição de *gestor da prova* (ao mesmo tempo produtor e receptor), ele formulará hipóteses acerca dos "fatos ocorridos", para somente depois buscar provas que corroborem a sua decisão, já tomada previamente. É este o panorama ensejador dos "quadros paranoicos" referidos por Cordero, nos quais prevalecem hipóteses concebidas no imo do magistrado sobre as provas coligidas em contraditório judicial.

Cônscio da insuficiência epistemológica de um critério de discrímen tal qual a separação de funções, e, com isso, indo muito além da doutrina tradicional, Jacinto Coutinho[83] preconizará que o núcleo fundante dos sistemas processuais consista não na mera separação das funções de acusar e julgar, mas na *identificação do responsável pela gestão da prova*. Conforme alhures ressaltado, o autor conceberá o princípio reitor a partir da determinação do encarregado pela produção e aporte das provas ao processo: sendo o juiz o incumbido de administrá-las, estaremos posicionados frente ao princípio inquisitivo, e, pois, ao sistema inquisitório; em outra direção, caso a iniciativa probatória compita às partes, ficaremos ante o princípio dispositivo, e, assim, do sistema processual acusatório. A contribuição teórica inestimável de Coutinho, ao estudo dos sistemas processuais, é sintetizada por Gloeckner:

> Uma importante crítica às concepções tradicionais dos sistemas processuais penais é ilustrada por Jacinto Coutinho. **A partir da**

80. Idem, p. 51.
81. KHALED JR., Salah. A ambição de verdade e a permanência do autoritarismo processual penal. **Revista da EMERJ**, Rio de Janeiro, v. 18, n. 67, p. 340 – 355, jan.-fev. 2015. p. 343.
82. PRADO, Geraldo. **Sistema Acusatório**. op. cit., p. 218.
83. Uma exposição profunda de suas ideias encontra-se na compilação de artigos disponíveis em COUTINHO, Jacinto Nelson de Miranda. **Observações sobre os sistemas processuais penais**. op. cit. p. 25-62; p. 113-134.

> **concepção de que todo sistema possui um princípio unificador, constata que a gestão da prova perfaz esta ferramenta de análise dos sistemas processuais penais. Enquanto no sistema inquisitorial o princípio unificador corresponde ao princípio inquisitivo (atribuição de poderes *ex officio* ao magistrado), no acusatório prevalece o princípio dispositivo (prova nas mãos das partes).** Eis aqui uma crítica importante, que coloca em xeque a predominante e simplista distinção entre os sistemas processuais baseada exclusivamente na identificação de uma parte que propõe a demanda e outra que julga.[84] (grifo nosso)

Com efeito, válido acentuar que a formulação teórica de Coutinho é bem mais sofisticada do que a clássica distinção assentada na separação das funções de acusar e julgar (e muito mais densa que a explanação ofertada por estas linhas); ao atribuir o *status* de critério de referência à gestão da prova, o processualista logrou estruturar os princípios de cada sistema processual – o dispositivo, a falar de sistema acusatório; e o inquisitivo, a cogitar de sistema inquisitório –, a partir da identificação do encarregado por ela. A revelar a utilidade deste critério, é suficiente a constatação de que se a prova penal é o instrumento por meio do qual o conhecimento legítimo acerca de fatos pretéritos pode adentrar no processo penal, será, pois, a eleição do responsável por geri-la, isto é, por produzir o saber e introduzi-lo ao processo, o ponto nodal para diferençar os sistemas processuais penais.

Contudo, ainda que os préstimos da teoria formulada por Coutinho sejam inarredáveis ao estudo do processo penal, consideramos necessário avançar um pouco mais, máxime em razão de o critério da **gestão da prova** não dar conta daquilo que Bernd Schunemann denominara "aglomeração quântica de poder"[85]. Este fenômeno consiste na distribuição iníqua de

---

84. GLOECKNER, Ricardo. Processo penal pós-acusatório? Ressignificações do autoritarismo no processo penal. **Revista da EMERJ,** Rio de Janeiro, v. 18, n. 67, p. 378-408, jan.-fev. 2015. p. 381.

85. Eis o que diz Bernd Schunemann: "Así, en el procedimiento previo al juicio oral ha aumentado enormemente la posición de poder del Ministerio fiscal mediante una extensa aplicación del principio de oportunidad en el ámbito de las faltas (definidas en el §12 StGB), mediante la posibilidad de llegar a un sobreseimiento del proceso cumpliendo ciertas obligaciones (§153 a StPO) y mediante la supresión de la instrucción judicial. Sin embargo, el simultáneo traslado de la masa de procesos de instrucción a las autoridades policiales produce un debilitamiento del Ministerio fiscal sólo en la relación interna Ministerio fiscal/policía, pero ello no modifica para nada el aumento de poder de las autoridades de persecución penal en general. Paralelamente a esto, los órganos de investigación recibieron, paso a paso, todos los medios modernos de

poderes processuais, de preferência com o aumento demasiado dos poderes e do rol de competências de autoridades de persecução penal em contraste com uma contração significativa dos direitos e garantias processuais do investigado e da defesa, dando azo, por consectário, a instalações de cunho inquisitório não mais imputáveis, exclusivamente, a um protagonismo judicial, mas, de igual modo, decorrentes da atuação do Ministério Público e das autoridades policiais.

Nos dizeres de Schunemann, é precisamente isto o que tem se passado na Alemanha no último quartel, em que as reformas do processo alemão induziram o fortalecimento da "posição processual de poder das autoridades de prevenção criminal (Ministério Público e polícia) às custas da posição do acusado e da defesa, bem como do juiz, que, embora formal e publicamente dite a sentença..., de fato atua com frequência como órgão executor do Ministério Público"[86].

Dessarte, o fato de a gestão da prova estar a cargo das partes, em vez de submetida ao controle do magistrado, não perfaz obstáculo suficientemente rijo para a contenção de práticas autoritárias, porquanto semelhantes descalabros podem emanar de um sistema em que a gestão da prova se encontre sob a posse das partes adversárias. A concentração de poderes processuais não é, assim, resolúvel em termos de mera **gestão probatória**, conquanto seja irrefutável a importância de se considerar o fenômeno de acumulação de poderes quando do discrímen dos sistemas processuais em acusatório ou inquisitório. Nessa senda, Gloeckner ensinará que

> **Processo penal e poder cuidam de relações evidentemente assimétricas.** Dito isso, constata-se que as dissimetrias encontradas entre processo e poder (ou autoridade) tratam da própria natureza dos institutos envolvidos. Naturalmente, há uma supremacia do poder sobre as condicionantes jurídicas ou normativas, o que

---

coerción y técnicas de investigación que desde el punto de vista policial se mostraban deseables y útiles. Así, la red de persecución penal represiva establecida en el marco de las "leyes de lucha" con actividad policial preventiva e informativa condujo a una aglomeración cuántica de poder que, en esas dimensiones, no se pudo observar más allá de los Estados policía". SCHUNEMANN, Bernd. **La reforma del proceso penal.** Madrid: Editorial Dykinson, 2005. p. 30.

86. Idem, p. 43. Tradução livre; no original, em espanhol: "posición procesal de poder de las autoridades de prevención penal (Ministerio Fiscal y policía) a costa de la posición del inculpado y su defensa, como también del juez, quien, si bien dicta la sentencia decisiva formalmente y hacia el exterior aún sobre la base del juicio oral, de facto actúa frecuentemente sólo como órgano de ejécucion del Ministerio Fiscal".

permite se verificar como a aparente simetria esconde um vício indelével. **Deve-se recordar com Schunemann que um sistema autoritário de processo pode ser concebido através de uma distribuição desigual de poderes processuais, denominada pelo pensador alemão como "aglomeração quântica de poder"**. Isto é, desnecessário que o órgão julgador adquira ou possua poderes *ex officio* de instauração do processo. **Inclusive a própria ausência de processo pode equivaler a um modelo autoritário de prática punitiva (como no caso do plea bargaining).**[87] (grifos nossos)

Repare: será este o efeito da introdução dos mecanismos negociados no processo penal, o que anunciamos sob o título de **rendimento inquisitório**. Com efeito, a barganha pressupõe esta assimetria e opera a partir deste desequilíbrio de poderes entre os atores processuais, com o exponencial incremento dos poderes de órgãos de persecução em contrapartida à mitigação dos direitos e garantias do acusado e sua defesa.

No ponto, a indagação a se pôr sobre a afinidade da barganha com o modelo acusatório é: a negociação penal, afinal, está de acordo com o princípio dispositivo[88], em um processo de partes? Os fautores da compa-

---

87. GLOECKNER, Ricardo. Processo penal pós-acusatório? Ressignificações do autoritarismo no processo penal. **Revista da EMERJ,** op. cit., p. 385-6.

88. Máximo Langer salienta que "A su vez, el carácter de parte de este actor también está dado por la vigencia, prácticamente absoluta en Estados Unidos, del principio dispositivo. Este elemento es natural al modelo de la disputa ya que si el acusador es, junto con el imputado, uno de los dueños de la contienda, es natural que pueda en cualquier momento desistirla total o parcialmente, sin tener que dar mayores explicaciones a nadie por esta decisión". (...) "Analizado desde el modelo de la disputa, este mecanismo cobra completo sentido. En efecto, si el proceso penal no es sino una contienda entre acusador y acusado, solo existe una controversia si este último se declara no culpable. En cambio, si el imputado se declara culpable, ya no existe disputa alguna sobre la que el juez o jurado puedan resolver, ya que el acusado se ha "allanado" a la pretension del acusador, y entonces solo resta determinar la pena". (...) "Si analizamos los mecanismos de negociación entre acusador y acusado a la luz de ambos modelos, es fácil ver que estos se ajustan perfectamente a la lógica o dinámica del modelo de la disputa. En efecto, si el proceso penal es una disputa entre dos partes, es natural que ellas puedan negociar sobre aquélla, poniéndose total o parcialmente de acuerdo sobre cuál es el objeto de la controversia o sobre si siquiera existe alguna. Éste es uno de los elementos que explica por qué el plea bargaining – cuya práctica masiva en el sistema estadounidense es relativamente reciente – , es ampliamente aceptado por los operadores de este sistema jurídico – jueces, fiscales y abogados defensores". In: LANGER, Máximo. La dicotomía acusatorio-inquisitivo y la importación de mecanismos procesales de la tradición jurídica anglosajona. Algunas reflexiones a partir

tibilidade do negócio com o sistema acusatório advogam que sim, ao argumento de que se às partes é dado produzir provas, também elas deveriam poder renunciar à prerrogativa de fazê-lo; se elas podem decidir ir à julgamento, de igual modo seria admissível solucionarem o caso penal pela via da negociação, dispondo livremente de seus direitos a fim de obterem benefícios. Eis o conteúdo da noção de dispositivo para os partidários desta tese: o de permitir às partes a livre disposição dos direitos, deveres e garantias, e, em última instância, o de controlar a sorte do próprio processo penal.

Todavia, esta possibilidade dispositiva, em cenário de patente desequilíbrio entre os poderes da acusação e da defesa, mais faz lembrar o modelo inquisitório de processo penal, cujo inquisidor era investido de poderes quase absolutos para investigar o acusado-objeto, e, preferencialmente, extrair dele uma confissão de seus crimes-pecados. O funcionamento da barganha tem exibido maior aderência ao sistema inquisitório do que capacidade de propulsão do acusatório, o que vem, inclusive, a confirmar os prognósticos que indicaram a aproximação do *plea bargaining* à tortura medieval, eis que despontam, ambos, como forma de minorar os direitos do acusado (Langbein).

A eleição de um tal princípio dispositivo, em sua acepção de poder de dispor do processo, a reitor do sistema acusatório padece de deficiências substanciais. Relativamente aos défices, Geraldo Prado assevera que, "por princípio dispositivo, há de se entender aquele que permita dispor sobre o objeto do processo em tramitação, não sendo caracteristicamente acusatório ou inquisitório"[89]. De se ver, portanto, que a capacidade de dispor do processo não é ínsita a um ou a outro sistema processual, sendo imperativo registrar, do contrário, que se constituindo o processo acusatório em "um processo de disputa entre partes diante de um terceiro julgador imparcial, sem autorizar o poder de disposição às partes sobre o objeto do processo"[90], não haverá espaços para quaisquer tipos de renúncias – tão estimadas pela justiça penal negociada.

Isto posto, convém repisar que a mera outorga da gestão da prova às partes não configura operador competente para impedir os resquícios

---

del procedimiento abreviado. In: MAIER, Julio B. J., y BOVINO, Alberto (comps.), **El procedimiento abreviado**, Buenos Aires, Del Puerto, 2001. p. 118-119; 121.

89. PRADO, Geraldo. **Sistema Acusatório**. op. cit., 188.

90. VASCONCELLOS, Vinicius. Barganha no processo penal e o autoritarismo "consensual" nos sistemas processuais: a justiça negocial entre a patologização do acusatório e o contragolpe inquisitivo. **Revista dos Tribunais**, RT 953, março-2015. p. 271.

inquisitoriais em um processo penal acusatório. É que, se a finalidade do processo inquisitório consiste em "realizar o direito penal material, enquanto no processo acusatório é a defesa dos direitos fundamentais do acusado contra a possibilidade do arbítrio do poder de punir"[91], a simples escolha das partes como gestoras da prova não constitui, de per se, limite às intromissões inquisitivas, entre outros pelo incidente da **aglomeração quântica**. À guisa de ilustração, basta ver o aumento exponencial dos poderes conferidos ao Ministério Público em sistemas processuais ditos acusatórios, e que não raro o *Parquet* se vale de sua posição de força para impor uma solução ao caso penal[92].

Com referência à inscrição da barganha neste contexto de manifesta assimetria, importa trazer à baila o entendimento de Máximo Langer[93]. A despeito de o autor reputar a barganha, em uma perspectiva descritiva da parelha acusatório-inquisitivo (a dos tipos ideais e de modelos históricos), como pertencente ao modelo acusatório, ele assinalará que, conceituado por outros vieses teóricos (modelo normativo, princípio normativo, como finalidade e função processual) este mecanismo poderá ser concebido como atinente ao sistema inquisitivo. A especular do panorama da negocialidade, o jurista argentino adverte:

---

91. PRADO, Geraldo. **Sistema Acusatório**. op. cit., p. 173.
92. Como salienta Geraldo Prado, trabalhando com a tensão entre equilíbrio e acúmulo de poderes para a configuração dos sistemas processuais e ressaltando a importância do sistema de controles epistêmicos para a efetivação da máxima acusatoriedade, "no processo acusatório de origem anglo-americana as disfunções advêm da ruptura do equilíbrio entre as partes, em um quadro de oposição entre acusação e defesa em que a acusação de ordinário dispõe de muito mais recursos que a defesa para se preparar para o litígio". (...) "Atualmente, a 'aglomeração quântica de poder' que caracteriza o sistema inquisitório tende a concentrar poder nas mãos da polícia e/ou do Ministério Público, mas também eventualmente em mãos do juiz, no âmbito de tarefas preventivas. Com muita frequência isso descamba para o abuso de poder, em um crescente direito penal e processual penal preventivo que combina práticas do subsistema policial e de emergência". PRADO, Geraldo. **Prova penal e sistema de controles epistêmicos**: a quebra da cadeia de custódia das provas obtidas por métodos ocultos. 1ª ed. São Paulo: Marcial Pons, 2014. p. 49-50.
93. LANGER, Máximo. La dicotomía acusatorio-inquisitivo y la importación de mecanismos procesales de la tradición jurídica anglosajona. Algunas reflexiones a partir del procedimiento abreviado. In: MAIER, Julio B. J., y BOVINO, Alberto (comps.), **El procedimiento abreviado**, Buenos Aires, Del Puerto, 2001. p. 112. Sobre os vários sentidos teórico-conceituais do binômio acusatório-inquisitivo, ver p. 102-111 do mesmo artigo.

> estos mismos mecanismos pueden ser considerados "inquisitivos" porque constituyen un mecanismo para obtener admisiones de culpabilidad de modo coercitivo - lo inquisitivo como mecanismo que cumple cierta funcion en el sistema procesal-. Y/o porque no se ajustan al modelo normativo establecido por la Constitucion Nacional que establece que los juicios deben ser orales y publicos, etc. - lo acusatorio como modelo normativo-. Y/o porque no se ajustan a ciertos definiciones de lo acusatorio como tipo puro o ideal que sólo lo conciben como una disputa formal entre acusador y acusado y, por lo tanto, no disponible por ellos. Y/o porque reunirían en el papel del fiscal la funci6n requirente y la decisoria, violando una de las definiciones de lo acusatorio como principio normativo - apartado II. 5-.[94]

Por seu turno, descortinando um dos **paradoxos da barganha**, relativo às contradições entre as suas finalidades e funções concretas e as dos "tipos ideais", Gloeckner elucida:

> O *plea bargaining* se constitui exatamente como um instituto jurídico que se apresenta como atributo de um sujeito soberano, capaz de renunciar ao processo e assumir prontamente uma pena. Mais do que isso, **apesar de se dar aparentemente como uma categoria afeita ao legalismo adversarial norte-americano, sua finalidade (acabar logo com a contenda) é justamente um meio de se evitar a perpetuação do litígio, o que faz do processo adversarial, concebido como um modelo de disputa entre as partes, uma verdadeira disputa meramente privatística**...
>
> ... o *plea bargaining* - aparentemente um instrumento voltado para um modelo coordenado de processo em um Estado reativo - **se transformou em importante instrumento de ampliação de zonas de expansão do poder punitivo (abandono de garantias em prol de imediata aplicação da pena)**.[95] (grifos nossos)

Chegado a esta paragem, merecerá a pena destacar que as interpenetrações do "lugar da verdade" com a estética confessional e a abdicação do processo, bem como o seu enlace nas linhas constitutivas do sistema processual inquisitório, serão enfrentadas no tópico seguinte (2.3). O que interessa, de

94. Idem, p. 112.
95. GLOECKNER, Ricardo. Processo penal pós-acusatório? Ressignificações do autoritarismo no processo penal. **Revista da EMERJ,** op. cit., p. 386-388.

momento, é perseverar na campanha em direção à identificação do princípio reitor dos sistemas processuais penais: apontada a fragilidade epistemológica daquela teoria que declara a separação das funções de acusar e julgar como o critério de referência, tal e qual demonstrada a "incompletude" daquela tese que indica a gestão da prova como o núcleo estruturante, por ela não contemplar o problema da aglomeração de poderes, convirá seguir com o **estudo exploratório** dos sistemas processuais.

No ponto, o exame incidirá sobre a proposta de Rui Cunha Martins. Discorrendo sobre o conteúdo do princípio a ser eleito para regência do sistema processual em um Estado de direito, o pensador lusitano demarca o terreno, posicionando-se no sentido de que "o sistema processual de inspiração democrático-constitucional só pode conceber um e um só 'princípio unificador': a democraticidade; tal como só pode conceber um e um só modelo sistêmico: o *modelo democrático*"[96]. E, a propósito do teor desta **democraticidade**, o autor ressalta que

> **Dizer "democrático" é dizer o contrário de "inquisitivo", é dizer o contrário de "misto" e é dizer mais do que "acusatório".** Inquisitivo, o sistema não pode legalmente ser; misto também não se vê como (porque se é misto haverá uma parte, pelo menos, que fere a legalidade); acusatório pode ser, porque se trata de um modelo abarcável pelo arco de legitimidade. Mas só o poderá ser à condição: a de que esse modelo acusatório se demonstre capaz de protagonizar essa adequação. (...) **Pouca virtude existirá em preservar um modelo, ainda que dito acusatório e revestido, por isso, de uma prévia pressuposição de legalidade, se ele comportar elementos suscetíveis de ferir o vínculo geral do sistema** (o tal "princípio unificador": a democraticidade), ainda quando esses elementos podem até não ser suficientes para negar, em termos técnicos, o caráter acusatório desse modelo.[97] (grifos nossos)

A eleição de um princípio como democraticidade para o gerenciamento do sistema impõe que se deixe em aberto uma indagação, vale dizer, "*é este mecanismo, ou elemento, ou prática seja de que tipo for, compaginável com o cenário democrático-constitucional regente do próprio sistema em que ele se insere?*"[98]. Da réplica é que seria possível se acomodar, ou não, este mecanis-

96. MARTINS, Rui Cunha. **O ponto cego do direito**: the brazilian lessons. op. cit., p. 73.
97. Idem, ibidem.
98. Idem, p. 74.

mo, ou prática ou elemento ao sistema: em caso de resposta afirmativa, estaria apto a integrar o todo; em caso negativo, ou seja, de não coadunabilidade, deveria ser excluído de seu panorama e, ato contínuo, recusada qualquer legitimidade ao seu comparecimento em ambiente democrático-constitucional.

O plano é, deveras, fascinante. O infortúnio parece situar-se em sua dimensão de praxe: afinal, se permitido o oximoro, de "democratas antidemocráticos" o mundo, em particular o Brasil, está abarrotado, máxime em tempos de neoliberalismo feroz.

Em momento anterior, já se assinalou "que a [mera] opção pela democracia como um natural contrafator às práticas autoritárias se constitui como um operador insuficiente ou epistemologicamente incapaz de estabelecer limites às denominadas práticas autoritárias"[99]. Aqui, convém recuperar esta noção. Ela nos permitirá afirmar que a eleição da democracia a modelo processual, por si só, será insuficiente para conter as derivas autoritárias; isto é dizer, em terreno de processo penal, que o recurso à democraticidade não poderá bloquear as eventuais intromissões inquisitivas.

O desafio, portanto, é firmar estaca em um terreno que está sempre a se mover. Ora, em razão de seu caráter polimórfico, a democracia comporta uma miríade de significações; em face de sua aparente disponibilidade, pululam sujeitos em busca da primazia pelo preenchimento. Demais, é curial não descuidar do fato de que "a instalação de um regime político democrático não corresponde necessariamente a um movimento de substituição/superação/eliminação dos elementos do anterior regime"[100]; prova categórica disto são as permanências autoritárias – inclusive no processo penal – no Brasil, não obstante a democratização ter ocorrido em 1988[101].

Pelo que, a se falar de Brasil, entende-se os motivos de a discussão sobre a adoção, enfim, do sistema processual constitucionalmente escolhido – o acusatório – dever levar em conta não apenas a porosidade ínsita ao conceito de democracia, mas também as constantes requisições ao **patrimônio dita-**

---

99. GLOECKNER, Ricardo. Metástases do sistema inquisitório. op. cit., p. 12.

100. MARTINS, Rui Cunha. **O ponto cego do direito**: the brazilian lessons. op. cit., p. 83.

101. Geraldo Prado faz interessante balanço sobre as permanências autoritárias no processo penal do Brasil pós-1988 em: PRADO, Geraldo. O processo penal brasileiro vinte e cinco anos depois da Constituição: transformações, permanências. **Revista da EMERJ**, Rio de Janeiro, v. 18, n. 67, p. 550-569, jan.-fev. 2015.

torial, que não cessam de imediato justamente porque a *transição política* costuma não operar sob rupturas abruptas[102].

Duas, portanto, são as ordens de problemas que se cruzam e, em suas interações mútuas, ensejam a aparição de renovadas dificuldades: a primeira laia consiste na abertura ingênita do conceito de democracia – estou convencido de que tal porosidade é, ela mesma, uma condição democrática, eis que "deixar em aberto" é forma de se evitar enquistamentos autoritários, sob forma de pensamento único; a segunda modalidade de problemas traduz-se nos inegáveis riscos democráticos, contraditoriamente, em permanecer disponível – os recalques e atualizações de discursos e práticas autoritários são alguns destes riscos.

Recuperando o oximoro, na conjugação potencialmente explosiva de fatores é que reside aquela espécie de "democratas antidemocráticos", que, não localizando soluções no quadro do patrimônio democrático, ou optando por não as usar, passam a investigar "no painel de funcionalidades da ditadura"[103] as respostas adequadas, acarretando, como de se esperar, em "fascismos punitivos, fascismos societais, fascismos mediáticos ou fascismos light"[104].

Diante destas considerações, há de se tecer loas ao citado autor português, por conceber um modelo que, negando o inquisitivo e o misto, possa extrapassar o acusatório. É louvável tal proposta, e apresenta especial serventia ao estudo da barganha, eis que, se historicamente afiliada ao modelo adversarial, hoje configura elemento que não harmoniza com a pretendida democraticidade. Indo mais além: ao sugerir um tal modelo democrático, assim fulcrado no princípio da democraticidade, o autor resgata a dimensão política irremissivelmente contida nos sistemas processuais penais, inscrevendo a temática em campo de tensão entre saber e poder; em nosso sentir, ainda maior valia terá a sua teoria se verificarmos que esta dimensão é muitas vezes deixada de lado por uma doutrina que, enclausurada em sua

---

102. Destaca Rui Cunha Martins: "Com efeito, uma perspectiva linear e sucessiva de alinhamento dos fenômenos no tempo tende a valorizar preferencialmente a mudança e a radicalidade da passagem, bem como um 'novo' entendido mais como verticalidade e menos disponível para se pensar enquanto lateralidade, para aplicar a terminologia com que iniciei este capítulo. Uma inclinação que compromete de imediato a própria ideia de *transição*". MARTINS, Rui Cunha. **O ponto cego do direito**: the brazilian lessons. op. cit., p. 88.

103. Idem, p. 90.

104. Idem, ibidem. O conúbio entre o parasita capitalismo ("cavaleiro sem cabeça") e o vírus fascismo ("sua noiva-cadáver") é dado desde a autópsia-diagnóstico feita por Rui Cunha Martins em *A hora dos cadáveres adiados*.

redoma dogmática, não se mostra capaz de enxergar as interações entre política e processo penal.

O temor, reitere-se, é que o só recurso à **democraticidade** – exalçando-a à qualidade de princípio de sistema – seja ineficaz para coibir as frequentes intromissões inquisitoriais em terreno democrático. A cautela necessária deve ser a de manter permanente vigilância sobre as práticas aceites pela democracia, avaliando se esta não se encontra constrangida por forças que lhe são fundamentalmente estranhas, sob a forma de discursos de *exceção*[105]. Que esta não seja, assim, uma "democracia qualquer, fulcrada na mera declaração formal de respeito aos direitos fundamentais e numa vinculação passiva entre governados e governantes", mas "sim na real democracia participativa, integradora e solidária, com inegável repercussão no plano do processo penal..."[106].

Contudo, a tarefa não é das mais fáceis. Ainda mais laborioso se torna o encargo quando se está diante de um cenário de globalização de tipo neoliberal, em que, salienta Prado,

> o encaminhamento das demandas democráticas vicejadas no plano dos direitos fundamentais de segunda e terceira gerações, especialmente nos países denominados periféricos ou do Terceiro Mundo, deixa aos poucos as pautas políticas, diminuindo conseqüentemente o intervencionismo e dirigismo estatal – retorna-se à era do Estado mínimo –, de sorte a reduzir o direito público praticamente ao direito penal, com o restabelecimento inevitável de um tipo de Estado semelhante ao conhecido estado *gendarme*.

---

105. Interessantíssima pesquisa é realizada por Rafael Valim sobre as relações entre neoliberalismo e estado de exceção, denunciando a pouca afeição democrática nutrida pela nova ordem econômica. Especial destaque a alguns trechos do capítulo denominado "estado de exceção: signo do fracasso do atual modelo democrático", por sua pertinência com relação à discussão travada na presente tese, *vide*: "Em outras palavras, a exceção, ao negar a lei, principal produto da soberania popular, toma de assalto a democracia. A pretensão de um governo *impessoal* das leis cede lugar ao governo *pessoal* dos homens. O povo é destronado em favor do soberano, o que explica a afirmação de Giorgio Agambem de que a *exceção é o absolutismo da contemporaneidade*". "O neoliberalismo transforma a democracia liberal em uma retórica vazia, sem correspondência com a realidade social. E é exatamente neste antagonismo, cada vez mais claro, entre a ordem democrática e o neoliberalismo que irrompem os estados de exceção". "Em última análise, *o estado de exceção é uma exigência do atual modelo de dominação neoliberal*". In:______; VALIM, Rafael. **Estado de exceção**: a forma jurídica do neoliberalismo. São Paulo: Editora Contracorrente, 2017. p. 25-37.
106. PRADO, Geraldo. **Sistema Acusatório**. op. cit., p. 81.

> (...) [E, mais,] a adoção de uma cultura de Estado mínimo, de Estado penal ou simplesmente punitivo, tendo como sua única responsabilidade o monopólio legítimo do emprego da força, produz um tipo específico de política criminal, ilumina um movimento penal e acaba incidindo sobre o modelo de sistema processual acatado e interpretado, ainda que à luz de uma constituição democrática.[107]

A saída deste panorama encalacrado parece passar, ao menos em sede processual penal, por reconhecer a imprescindibilidade da "coordenação entre direito, processo e democracia, o que ocorre pelo desejável caminho da Constituição"[108]. Em função do expendido, pode ainda ser medida insuficiente - pois dependerá, incontornavelmente, do *desejo dos homens*[109] - mas, pelo menos, o recurso à Constituição oferecerá um norte; fornecerá um caminho possível, embora árido, a ser trilhado com vistas à consolidação de uma efetiva democracia processual penal[110]; possibilitará, enfim, traçar contornos mínimos a um sistema processual democrático e, assim, filtrar aquelas práticas que lhe são [à Constituição] harmônicas daquelas

---

107. Idem, p. 65.
108. Idem, p. 81.
109. Para uma ruptura de fato com o modelo anterior (inquisitório), é necessário compreender também o *aspecto subjetivo*, ou seja, que uma mudança não se concretiza apenas pela adoção de uma nova lei processual que consagre um novo sistema. Diz Coutinho, percucientemente, que "por mais fortes que sejam os argumentos em favor da mudança, sempre a razão será insuficiente para promover o câmbio se o *gozo do sujeito* (para os franceses, *jouissance*), no desfrute da posição anterior, falar mais alto. Aqui, então, o busílis da questão. *Mudar*, diante de tal quadro, *é o resultado da impregnação de uma ideia que introjetada vá dizer* ao inconsciente, mais precisamente ao *desejo inconsciente do sujeito, o qual, porque fala, tem na tessitura da linguagem o sentido que vai mais além do prazer e, assim, goza, renovando-se o movimento de busca de tamponamento da falta que, como se sabe, é constitutiva*" (COUTINHO, Jacinto Nelson de Miranda. **Observações sobre os sistemas processuais penais**, p. 87).
110. Conforme preciosa lição de PRADO: "A institucionalização da democracia não depende exclusivamente de processos de engenharia institucional elaborados de cima para baixo, na perspectiva das elites, mas ainda de [cita E. Peruzzotti] '*práticas e identidades políticas da sociedade civil e sua relação histórica com a democracia e o constitucionalismo*'. Do mesmo modo, a estruturação democrática do processo penal não se impõe simplesmente de cima para baixo, ainda que se parta da Constituição, pelo menos não sem que se vençam fortes adversários culturais, credores inabaláveis da fé na verdade real, absoluta, conquistável através de um procedimento penal de defesa social, como o inquisitório...". PRADO, Geraldo. **Sistema Acusatório**. op. cit., p. 75.

que importam em violação aos seus preceitos e na negativa aos direitos fundamentais nela encerrados.

Num país como o Brasil, em que se operou uma *transição política* lenta e inconclusa e, muito devido a isso, persiste uma cultura autoritária, "é comum observar no nível normativo superior (a Constituição da República) um estado de coisas refutado por disposições de níveis normativos inferiores (leis e até regulamentos) e da prática judicial"[111]. No processo penal, tal observação permite compreender o desrespeito sistemático à eleição constitucional pelo sistema acusatório ("ninguém duvida – salvo os hipócritas ou os ignorantes – que a CR agasalhou o sistema acusatório"[112]) por normas de inferior escalão – o Código de Processo Penal, de clara inspiração autoritária, é o exemplo cabal – e também pelos atores jurídicos, acostumados e, por que não dizer, mais confortáveis com a estrutura inquisitorial do processo.

Com efeito, a resistência à implementação da democraticidade ao processo penal emana de várias frentes e a distintos níveis: de juízes autoritários e justiceiros, com sede pela aquisição da *verdade real*, a "advogados deslumbrados pelo trânsito fácil nos gabinetes de Poder"[113] e promotores vedetes da trama judicial-midiática, abrangendo também a *adesão* dos setores mais conservadores e dos declaradamente antidemocráticos às narrativas punitivistas propaladas por grandes corporações midiáticas. Acresce à referida coalescência dos atores as cognominadas reformas parciais, que acabam sendo nada mais do que "*mudanças para tudo permanecer como sempre esteve*"[114].

Neste diapasão, mister anuir com Coutinho quando sublinha que "se em tal matéria tudo é problemático – do ponto de vista dos conceitos – e não se tem paz hermenêutica, isso é próprio da linguagem, mas não significa que se tenha que abandonar a luta para que prevaleça a visão mais democrática, expressa na Constituição"[115]. De bom alvitre será intensificar o respeito aos mandamentos da Carta da República de 1988, o que se traduz, em termos

111. Idem, p. 35.
112. COUTINHO, Jacinto Nelson de Miranda. **Observações sobre os sistemas processuais penais**. op. cit, p. 83.
113. Idem, p. 144.
114. Idem, p. 261.
115. Idem, p. 78.

de processo penal, no acatamento à escolha dos constituintes pelo sistema acusatório[116].

Após esta digressão, convém recuperar o ponto que deu azo ao debate, a saber, a inspeção do conteúdo dos princípios inquisitivo e acusatório[117]. Os apontamentos efetuados, ressalto, são de fundamental importância para a identificação daquilo que ocupa o núcleo reitor dos sistemas processuais penais inquisitório e acusatório. Dentre as notas, duas merecem destaque: a um, o fenômeno da **aglomeração quântica**, reportado por Schunemann, que exige uma averiguação diferençada do tema, ao trazer à lume a perspectiva de concentração de poderes processuais em mãos dos atores de prevenção. De se ter em mente que isto configura o nó górdio do tema, por permitir entrever a ruptura do equilíbrio entre acusação e defesa em razão de uma alocação desigual de poderes, e comprovar que tal disparidade é causadora de patologias inquisitórias.

Segunda nota: a concepção de democraticidade, de Rui Cunha Martins, detidamente examinada na tese, nos permitiu avançar sobre as imbricações, não raro olvidadas, entre direito, processo, democracia, constituição, fascismos de vária ordem, regimes de expectativa; enfim, ao situar o problema naquela **região de convergência intersistêmica**, possibilitou o resgate às

116. Convém destacar que está em curso, desde 2009, a tramitação do projeto de reforma global do CPP (PLS 156/2009) que visa compatibilizar o processo penal brasileiro com os mandamentos constitucionais; a despeito de algumas objeções, inclusive quanto a acolhida dos mecanismos de consenso, trata-se de inegável avanço na normativa processual penal pátria.

117. Ante a problemática já suscitada, optou-se pela adoção da terminologia acusatório e não dispositivo, por entender mais adequada para a caracterização do princípio. Lembre-se, conforme ressaltado, que dizer dispositivo significa dar às partes a possibilidade de dispor sobre o objeto do processo, o que não representa, por si só, a adoção de um ou outro sistema processual penal. Conforme necessária lição de Vinícius Vasconcellos, "não há como negar que a denominação 'dispositivo' decorre da ideia de disposição, ou seja, representa o poder das partes de dispor e, nesse sentido, inevitavelmente identifica-se com a categoria advinda do direito processual civil, que centraliza tal possibilidade de disposição no controle das partes sobre o objeto do processo. (...) Portanto, para evitar as aporias descritas, pensa-se que o sistema acusatório não tem como princípio unificador o dispositivo, mas melhor defini-lo como propriamente acusatório, que acarreta um processo de disputa entre partes diante de um terceiro julgador imparcial, sem autorizar o poder de disposição às partes sobre o objeto do processo". VASCONCELLOS, Vinícius. Barganha no processo penal e o autoritarismo "consensual" nos sistemas processuais: a justiça negocial entre a patologização do acusatório e o contragolpe inquisitivo. **Revista dos Tribunais**, nº 953, março de 2015. p. 270-271.

dimensões política, epistêmica e social acobertadas pelas categorias inquisitório-acusatório.

Feitos os registros, passemos à descrição do que entendemos compor o núcleo reitor dos sistemas processuais. A nosso ver, a tese que melhor responde à plêiade de embaraços suscitada é aquela esposada por Geraldo Prado, eis que oferece não só um ferramental para lidar com os "poderes, deveres, direitos, ônus e faculdades"[118] de cada um dos sujeitos processuais - o que o autor denomina de *perspectiva estática* -, mas, igualmente, das atuações desses sujeitos ao longo do processo penal, por sua vez, alcunhada de *perspectiva dinâmica.*

Ao elaborar uma tal noção de princípio assentada nos papéis atribuídos aos atores processuais, quer na perspectiva estática quer na dinâmica, o ilustre processualista concede uma ferramenta valorosa ao estudo dos sistemas processuais penais. Com tal percepção, Geraldo Prado ultrapassa a ideia tradicional da separação de funções de julgar e acusar, e transpõe a noção de que o ponto de torção entre acusatório e inquisitório consistiria na gestão da prova, constatando que o *locus* de **princípio de sistema** está ocupado, na prática, pelo modo que as tarefas processuais são distribuídas entre os sujeitos do processo.

Destarte, um princípio que não se reduza ao Uno, nem que nele se esgote, acolhendo, sim, o múltiplo inerente a uma qualquer dinâmica processual. Pelo que insistir no caráter libertador do Múltiplo, mormente em tempos de atenuação do Diverso ao Mesmo, ao expectável, ao regular, será tarefa essencial para revigorar o ente processo; ou, por outra, se o processo é um dispositivo que encadeia elementos multifários (Rui Cunha Martins) e, em seu *devir-sistema,* não consegue obstar a permanência como que de um resíduo rizomático (Deleuze e Guattari), sendo-lhe inexpugnável este resto, então tão ou mais valioso será o entendimento do princípio como sendo irredutível ao Uno.

No subcapítulo anterior, consignamos que o sistema aflora como mecanismo ordenador da dispersão, competindo ao seu princípio (motivo conceitual, ideia única, núcleo reitor) o papel de aglutinar os componentes do todo. Fizemos registrar, igualmente, que o *rizoma deleuziano* contrapõe-se à ideia de princípio reitor, e que, nesse movimento, coloca em xeque a sua valia enquanto elemento ordenador de um sistema. Dá-se, portanto, uma tensão imparável entre uma *vontade de sistema* e um *resto de rizoma*, tensão

118. PRADO, Geraldo. **Sistema Acusatório.** op. cit., p. 177.

esta que se beneficia – é esta a nossa tese – de uma concepção do princípio acolhedora do múltiplo. Senão, vejamos.

A mirada aos princípios dos sistemas processuais penais a partir de um critério como a distribuição das tarefas processuais revela-se a mais adequada, porquanto não faz resumir o seu conteúdo à eleição de um só ato – gestão da prova, separação de funções ou qualquer outro –, mas, antes, enxerga na atuação dos sujeitos processuais (viés dinâmico) e nos papéis que lhes tocam (viés estático) o critério de discrímen entre acusatório e inquisitório. Cuida de observar, assim, o modo pelo qual as tarefas processuais são alocadas entre os atores do processo.

Nos termos de Geraldo Prado, em trecho no qual anuncia a sua abordagem:

> Assim, como as regras do jogo não se concretizam sem a interferência dos sujeitos que participam do processo, não há dúvida de que **são os atos que estes sujeitos praticam que hão de diferenciar os vários modelos processuais.**
>
> É preciso ter em mente que a análise puramente objetiva, que visualiza os atos sem entender quem são os sujeitos que os praticam, descarna o processo. **Gestão da prova e acusação são atividades que não dizem nada se não olharmos quem – que sujeitos (históricos) – realiza estes atos.** Até porque com a identificação dos sujeitos será possível compreender os porquês das coisas. [119] (grifos nossos)

Portanto, impende examinar as tarefas incumbidas a cada um dos sujeitos processuais, a fim de que se torne possível definir precisamente os princípios do sistema acusatório e do inquisitório. Iniciemos por deslindar o que Prado chamou de perspectiva estática, ou seja, a análise dos "poderes, deveres, direitos, ônus e faculdades" da acusação, da defesa e do juiz[120].

Para o autor, o "*princípio acusatório, avaliado estaticamente, consiste na distribuição do direito de ação, do direito de defesa e do poder jurisdicional, entre autor, réu (e seu defensor) e juiz*"[121]. Em sentido oposto, o princípio inquisitivo consistirá na concentração de tarefas nas figuras de um ou mais

119. PRADO, Geraldo. **Sistema Acusatório**. op. cit., p. 173.
120. Idem, p. 177.
121. Idem, p. 185.

atores, de qualquer modo ocasionadora de um quadro de desequilíbrios dos poderes processuais (recordar a "aglomeração quântica de poder").

Empeçaremos por dissecar os poderes atribuídos ao magistrado. Em sede acusatória, ao juiz competirá a função jurisdicional, quer dizer, sua tarefa consistirá em decidir um caso penal o qual não conhece *a priori*, devendo dizer o direito (*iuris dictum*) aplicável a um caso concreto. Porém, frise-se, ele não exercerá tal poder de qualquer maneira: em razão do princípio da inércia da jurisdição (*ne procedat iudex ex officio*), a atuação do julgador no processo dependerá do exercício da ação penal (entendida a ação penal de forma lata, e não da mera apresentação de uma petição inicial) por parte do órgão acusador ou de particular – a depender da natureza da ação penal, se pública ou privada – e da resistência à pretensão por meio do exercício do direito de defesa. Eis a dialeticidade necessária à configuração de um processo penal acusatório.

Demais, para que se amolde ao contorno constitucional-democrático, o exercício do poder jurisdicional vindica a obediência a algumas condições: a primeira, que será agora examinada, é a *imparcialidade do julgador*. E, no tocante à atuação do juiz, talvez seja a marca distintiva entre os sistemas acusatório e inquisitório.

A estrutura dialética do processo acusatório desloca o juiz da causa penal para o centro da disputa entre acusação e defesa, situando-o em *locus* equidistante, e, portanto, em ponto de equilíbrio indispensável ao cumprimento da sua tarefa-poder de dizer o direito. A configuração de um processo penal legal e devido demanda que a decisão penal seja fruto do convencimento do julgador no decurso do processo, vale dizer, que se dê em conformidade com as atividades probatórias desenvolvidas por acusação e defesa, respeitado o contraditório.

De outra forma, a *adesão* prévia do julgador a uma das hipóteses, cedendo, de antemão, à "pulsão devoradora da evidência"[122], acaba por

---

122. MARTINS, Rui Cunha. **O ponto cego do direito**: the brazilian lessons. op. cit., p. 3. O conceito de evidência é delineado por Rui Cunha Martins, como aquilo que se contrapõe a prova. De acordo com o teórico português, "diz-se *evidente* o que dispensa a prova. Simulacro de auto-referencialidade, pretensão de uma justificação centrada em si mesmo, a evidência corresponde a uma satisfação demasiado rápida perante indicadores de mera plausibilidade. De alguma maneira, a evidência instaura um *desamor do contraditório*" (p. 3). Tal conceito tem absoluta prestabilidade à identificação do sistema processual penal em jogo, uma vez que constranger a evidência é a tarefa epistêmica de "uma estética processual comprometida com o sistema acusatório de fundo democrático-constitucional", enquanto não fazê-lo "definirá, pela mesma ordem

ferir de morte sua condição de *imparcialidade*. Curvando-se à tentação da evidência (sim, a evidência incessantemente nos tenta, nos agita), o juiz desloca-se do centro – que é pressuposto ocupar – para um dos flancos, geralmente o do acusador; e, neste problemático deslocamento, caro aos regimes inquisitoriais, passa a ocupar o lugar destinado a uma das *partes* (assim, não mais *imparcial*), eliminando do processo a sua imprescindível dialeticidade. Enfim, ao aderir a uma dada versão previamente, o julgador torna prescindível, dispensável o próprio processo penal.

Conforme pertinente advertência de Prado[123], "quem procura sabe ao certo o que pretende encontrar e isso, em termos de processo penal condenatório, representa uma inclinação ou tendência perigosamente comprometedora da imparcialidade do julgador". E prossegue o autor:

> **Desconfiado da culpa do acusado, investe o juiz na direção da introdução de meios de prova que sequer foram considerados pelo órgão de acusação**, ao qual, nestas circunstâncias, acaba por substituir. Mais do que isso, aqui igualmente se verificará o mesmo tipo de comprometimento psicológico objeto das reservas quanto ao poder do próprio juiz iniciar o processo, na medida em que o juiz se fundamentará, normalmente, nos elementos de prova que ele mesmo incorporou ao processo, por considerar importantes para o deslinde da questão. **Isso acabará afastando o juiz da desejável posição de seguro distanciamento das partes e de seus interesses contrapostos, posição essa apta a permitir a melhor ponderação e conclusão.**[124] (grifos nossos)

No ponto, já se está a adentrar no "estatuto do juiz em movimento"[125], em *perspectiva dinâmica* da atuação judicial. Por aqui, a imparcialidade do juiz desaguará, legitimamente, na problemática da prova. Não restam dúvidas de que assim sucederá; isto pois, se a prova consiste no meio pelo qual o

---

de ideias, um processo conotável com a tradição inquisitorial e inscrito em fundo autoritário" (p.17-8); terá valia também quando do esquadrinhamento das soluções negociadas, no exame de compatibilidade entre a barganha e um sistema processual penal inquisitório – e justo pela dispensa à prova e desamor ao contraditório promovidos, o não constrangimento da evidencia em mecanismos de tal ordem.

123. PRADO, Geraldo. **Sistema Acusatório**. op. cit., p. 218.

124. Idem, ibidem.

125. Idem, p. 215. Expressão usada por Prado para analisar as tarefas do julgador desde uma perspectiva dinâmica, ou seja, a partir do seu relacionamento no processo com acusação e defesa.

conhecimento do fato pretérito ingressa no processo judicial, se inteirar de *como* ocorre a introdução do material probatório e de *quem* é o responsável por fazer inserir tal conhecimento terá enorme relevo para aferir a nota de imparcialidade que deve presidir toda a atividade jurisdicional. Desde aí, afiguram-se possíveis umas tantas ilações.

Convém registrá-las. Antes de mais, salientar que não se deixar contaminar pela *evidência* é tarefa epistêmica prenhe de dificuldades, diria Rui Cunha Martins[126]. Mas, em razão do local equidistante que cabe ao juiz ocupar, a ilibação - no sentido de ausência de contaminações - configura, mesmo, requisito fulcral para o agir imparcial. É *conditio sine qua*. Explico melhor: ao magistrado compete a árdua tarefa de decidir sobre algo que originariamente não conhece, tampouco pode conhecer, granjeando atingir um estado de *convicção* tão somente baseado em elementos probatórios coligidos nos autos e produzidos em contraditório judicial por acusação e defesa, não se descolando da posição de imparcialidade: é o que manda o cânone acusatório.

Nessa continuação, se é certo que "diz-se *evidente* o que dispensa a prova"[127], tanto quanto que o processo acusatório exige (para que cognitivamente legitimado) o contraditório judicial, logo chega-se à conclusão: a máxima acusatoriedade reclama o *cerceamento da evidência*, eis que, como visto acima, o sistema acusatório assenta na *prova*. E, pois, o "'Estado Democrático de Direito' será, de fato, tanto mais democrático e de direito consoante os mecanismos destinados a assegurar os seus princípios basilares apresentem, pela sua parte, um grau tão mínimo quanto possível de contaminação pelas expressões da evidência"[128]. Traduzindo para a processualidade penal, o tolhimento à evidência (que deve ter o mínimo espaço possível) se dá por mecanismos de defesa tais como **prova** e **processo**.

Sem embargo desta necessidade de constranger a sua aparição, os próprios "regimes epistêmicos de decisão e de prova"[129], os quais teriam de blindar as manifestações de chofre da evidência, não conseguem impedir a

---

126. Destaque aos capítulos 1 e 2 da sua já citada obra *O ponto cego do direito: the brazilian lessons*, nos quais o autor disseca os regimes epistêmicos da prova, da evidência e da decisão, chamando atenção para o fato de que, seja a decisão, seja a prova podem apresentar flancos - mais ou menos vastos - para a contaminação pela evidência, através tanto da adesão, da confiança, do convencimento, da crença, etc.
127. MARTINS, Rui Cunha. **O ponto cego do direito**: the brazilian lessons. op. cit., p. 2.
128. Idem, ibidem.
129. Idem, p. 14.

sua presença. Pelo contrário, a evidência parece ser a eles (aos regimes epistêmicos) inerente. Sendo inconteste que "o essencial da prova é engendrar a 'convicção'"[130] do destinatário (a prova pretende convencer) e, também, incontroverso que a "convicção que se vê colocada na posição de receptora do investimento probatório, corresponde, por definição, a uma crença corrigida"[131], é de se inferir que a *convicção* mantém-se aberta, pela via da *crença*, a eventuais derivas da *evidência*.

Aí está radicada a asserção de Rui Cunha Martins, no sentido de que a "convicção é, por definição, uma zona de contágio na qual se insinua a dimensão de *crença* que nela sempre subsiste e onde convivem diversas expressões conotadas com o registo alucinatório da *evidência*"[132], entre as quais, destaca o autor, constam a *adesão,* a *confiança* e o *convencimento.* Este potencial contágio denota a manutenção da porteira – ou de só uma fresta – aberta à instalação da *evidência* no terreno da *convicção.*

Chegado a este ponto, caberá inquirir: não sendo possível expurgar, de todo, a atuação da *evidência* no plano da *convicção*, quais as formas de minorar as consequências – periclitantes em cenário democrático – destas suas interferências e controlar, na medida do possível, as suas requisições? Tratando-se de atuação jurisdicional, é questionar ainda: de que modo assegurar que o **livre convencimento** seja maximamente livre da *não prova*, isto é, que a decisão penal esteja fundamentada somente na avaliação do material probatório produzido em contraditório judicial, e em nada mais?

A propósito das funções do julgador, três anotações se fazem pertinentes. Uma primeira nota diz respeito aos poderes de investigação do juiz, elemento fundamental (ainda que não o único) para a caracterização dos sistemas processuais penais. O impedimento à presença de tais poderes marca a preocupação de um sistema processual acusatório; do oposto, a permissividade à concentração de poderes investigatórios perfaz medida típica dos regimes inquisitivos, tão agoniados com a aquisição da *verdade real* que atribuem ao julgador a prerrogativa de produzir as provas que, posteriormente, ele próprio julgará. Sem muito esforço intelectual, percebe-se que a imparcialidade do juiz, nesta última hipótese, restará fenecida; conforme lição de Prado:

> **O juiz é o destinatário da prova e, sem dúvida alguma, sujeito do conhecimento. Quando, porém, se dedica a produzir provas de**

130. Idem, p. 5.
131. Idem, p. 6.
132. Idem, p. 18-9.

> **ofício se coloca como ativo sujeito do conhecimento a empreender tarefa que não é neutra, pois sempre deduzirá a hipótese que pela prova pretenderá ver confirmada.** Como as hipóteses do processo penal são duas: há crime e o réu é responsável ou isso não é verdade, a prova produzida de ofício visará confirmar uma das duas hipóteses e colocará o juiz, antecipadamente, ligado à hipótese que pretende comprovar.[133] (grifo nosso)

Ainda há pouco, falávamos da tolerância da convicção com a evidência. A problemática, agora, desviará para o tema da *gestão da prova*. Em ambas, é bem se ver, o assunto é a prova; diferem-se entre si apenas pela abordagem, uma mais **epistêmica**, outra mais **política**. Em se falando de gestão da prova, o sistema acusatório exige o afastamento do juiz das atividades probatórias, ao passo que a lógica inquisitorial assume, com naturalidade, a reunião de funções acusatórias e decisórias nas mãos de um sujeito processual (classicamente, do juiz, mas convém não olvidar que a aglomeração quântica denunciada por Schunemann também compreende uma atribuição de poderes quase decisórios ao Ministério Público, tornando o Judiciário mero órgão executor das decisões do *Parquet*).

A respeito da gestão da prova, impossível não lembrar de Jacinto Coutinho:

> Quando o juiz é o senhor plenipotenciário do processo - ou quase - e pode buscar e produzir a prova que quiser a qualquer momento (na fase de investigação e naquela processual) não só tende sobremaneira para a acusação como, em alguns aspectos, faz pensar ser despiciendo o órgão acusatório.
>
> *O sério problema que surge - com certo ar de naturalidade - é que esse mesmo órgão jurisdicional que investiga e produz provas vai, depois, julgar, ou seja, acertar o caso penal.* Isso, por si só, faz pensar na falta de imparcialidade (tomada como equidistância das partes e seus pedidos) e, por suposto, no vilipêndio daquilo que é, para alguns, quase sacro na Constituição: o *lugar* que a nação delega a quem é investido de poder jurisdicional, mormente para decidir, por ela, contramajoritariamente.[134]

---

133. PRADO, Geraldo. **Sistema Acusatório.** op. cit., p. 224-5.

134. COUTINHO, Jacinto Nelson de Miranda. **Observações sobre os sistemas processuais penais.** op. cit., p. 126-7.

Ainda em referência à primeira nota, mas conciliando as dimensões política e epistêmica que acabamos de mencionar, de se constatar que a melhor forma de prevenir contaminações da *convicção* pela *evidência*, em seara processual, passa por reconhecer ao processo a sua máxima acusatoriedade; e, posicionando a gestão da prova nas mãos das partes e negando poderes de investigação ao juiz, as provas produzidas em contraditório poderão ser devidamente valoradas, por um terceiro efetivamente imparcial. Na percuciente análise de Geraldo Prado:

> **A legitimidade da atividade jurisdicional está condicionada ao emprego de técnicas que imunizem o processo do decisionismo judicial** (em outras palavras, da decisão arbitrária) e não iludam quanto à conquista de uma verdade real, o que só ocorrerá na medida em que sejam assegurados os direitos e garantias fundamentais, **permitindo que acusação e defesa demonstrem a correspondência entre as teses esposadas e as provas produzidas**, com a redução do subjetivismo inerente a todo julgamento.[135] (grifos nossos)

Por seu turno, a segunda anotação trata de uma insinuação também bastante perigosa, não obstante mais sorrateira, da *evidência* em terreno de *convicção*: aqui, as suas funcionalidades, as da evidência, são convocadas no momento em que o julgador valora material probatório não produzido em contraditório judicial. Inegavelmente, a problemática da imparcialidade do juiz há de considerar esta dimensão do *jogo de sedução* da evidência, na medida em que a valoração do referido material - o qual chamamos, pouco atrás, de *não prova* - implica o desrespeito à originalidade do julgamento, ao engendrar um cenário incitador das *evidências* reunidas na fase de investigação preliminar (lembre-se de que o contraditório inexiste nessa etapa).

Neste pórtico, convém pôr em destaque a reforma processual de 2008 (Lei 11.690/08), que prometeu um avanço rumo à adoção do modelo acusatório em matéria de *prova penal*, circunscrevendo a **livre apreciação da prova** à sua produção em contraditório judicial. Assim se comprometeu a tornar o contraditório em requisito medular para a formação mesma da prova, sem o qual insuscetível de valoração pelo julgador.

Teria andado bem o legislador, não fosse a inclusão matreira de um advérbio, que finda por, dizendo com Coutinho, mudar as coisas para que tudo permaneça como antes; refiro-me à alteração promovida no artigo 155

135. PRADO, Geraldo. **Sistema Acusatório.** op. cit., p. 74.

do CPP, em cuja redação atual consta que "o juiz formará a sua convicção pela livre apreciação da prova produzida em contraditório judicial, não podendo fundamentar-se *exclusivamente* nos elementos informativos colhidos na investigação, ressalvadas as provas cautelares, não repetíveis e antecipadas". O estorvo, ao menos do ponto de vista acusatório, decorre do uso da palavra *exclusivamente*, que mantém aberta aquela fresta para a aparição da **evidência**. Não é outra a impressão de Aury Lopes Jr., quando assevera:

> O artigo inicia bem, quando diz que a decisão deve ter por base a "prova produzida em contraditório", o que nos remete para a correta definição de que "prova" é aquilo produzido em juízo, na fase processual. **O grande erro da reforma pontual (Lei n. 11.690/2008) foi ter inserido a palavra "exclusivamente".** Perdeu-se uma grande oportunidade de acabar com as condenações disfarçadas, ou seja, as sentenças baseadas no inquérito policial, instrumento inquisitório e que não pode ser utilizado na sentença. **Quando o art. 155 afirma que o juiz não pode fundamentar sua decisão "exclusivamente" com base no inquérito policial, está mantendo aberta a possibilidade (absurda) de os juízes seguirem utilizando o inquérito policial, desde que também invoquem algum elemento probatório do processo.**
>
> Manteve-se, assim, a autorização legal para que os juízes e tribunais sigam utilizando a versão *dissimulada*, que anda muito em voga, de "condenar com base na prova judicial cotejada com a do inquérito". Na verdade, **essa fórmula jurídica deve ser lida da seguinte forma: não existe prova no processo para sustentar a condenação, de modo que vou me socorrer do que está no inquérito.**[136] (grifos nossos)

Com o propósito de resolver este problema da imissão indevida em terreno da *convicção*, duas são, em nosso sentir, as medidas apropriadas: a instituição do juízo de admissibilidade da acusação – fase intermediária entre a investigação criminal e a processual propriamente dita –, na qual o julgador, distinto daquele que eventualmente decidirá o caso penal, realizaria uma filtragem das acusações infundadas e franquearia à defesa o acesso às fontes de prova (etapa de *discovery*). O magistrado responsável por esta depuração, é bem de ver, teria um papel fulcral para o evitamento,

136. LOPES JR., Aury. **Direito processual penal.** 13ª ed. São Paulo: Saraiva, 2016. p. 165.

em caráter preventivo, do fenômeno da **aglomeração quântica**[137]; e, neste passo, ainda, supervisionaria a exclusão física do inquérito policial dos autos do processo (a segunda medida apropriada), uma vez que a introdução de atos de investigação em sede judicial se constitui, como é cediço, em deriva perigosíssima da *evidência* na formação da *convicção*. Isto pois, o juiz que se debruça sobre material proveniente duma fase administrativa e sem contraditório mantém vivo o fogo da Inquisição, não restando dúvidas de que apreciará matéria a respeito da qual nem haveria de considerar para o acertamento do caso penal.

Por ulterior, a terceira nota acerca do enquistamento da *evidência* na *convicção*. Enquanto na primeira anotação (preocupada com *quem produz a prova*?), o seu caráter *alucinatório*[138] reside na concessão de poderes instrutórios ao julgador - ou, ainda, na acumulação de poderes quase decisórios pelo promotor -, e na segunda (*como a prova é produzida*?), a alucinação dos referentes decorre de uma **hiperativação da *não prova*** pela inobservância - desprezo, até - ao contraditório judicial, esta terceira nota busca capturar as insinuações da *evidência* em terreno propriamente decisório. Trata-se do exame das suas pulsões em sede de sentença penal, malferindo a pretensão acusatória e/ou o direito de defesa; aliás, quadra perceber que o *evidente* já está a se infundir na decisão, agora alucinando os elementos constantes do estatuto das partes.

Passemos à averiguação. Consoante lição de Aury Lopes Jr., "o objeto do processo penal é a pretensão acusatória, vista como a faculdade de solicitar a tutela jurisdicional, afirmando a existência de um delito, para ver ao

---

137. Geraldo Prado, salientando a necessidade de observância do sistema de controles epistêmicos ao dispositivo processual probatório, destaca que a etapa intermediária de admissibilidade da acusação e a *Discovery* cumprem esse papel de controlar a fiabilidade e permitir ao adversário o rastreio das informações que se quer fazer adentrar no processo, servindo como filtro à "introdução de meios de prova desconhecidos pela parte contrária (*unfair surprise*), que ignor[em] seu modo de aquisição (a fonte de provas)". PRADO, Geraldo. **A cadeia de custódia da prova no processo penal**. São Paulo: Marcial Pons, 2019. p. 67-86.

138. Alucinação entendida, na esteira de Rui Cunha Martins, como a "*intensificação* dos materiais já residentes, acelerados, mais do que adulterados ou substituídos, numa *vertigem* originada no existente e que arranca de dentro dele, contaminando mais por via de uma *performance* de excesso do que por uma estratégia de inversão" (MARTINS, Rui Cunha. **O ponto cego do direito**: the brazilian lessons. op. cit., p. 5). A evidência opera precisamente através de uma *alucinação* de verdade, por ser-lhe consubstancial a dispensa de quaisquer limites - mecanismos de constrangimento quais a prova e o contraditório - ao percepto originário do real.

final concretizado o poder punitivo estatal pelo juiz através de uma pena ou medida de segurança"[139]. A pretensão em si merecerá detida apuração quando avançarmos para o estudo do **estatuto da acusação**; por ora, cabe escrutar o exercício do poder jurisdicional. Em relação a isto, dever notar que o princípio da correlação (ou da congruência) impõe ao julgador que decida o caso penal com estrita observância ao objeto do processo, qual seja, a pretensão acusatória. Dito de outra forma, "o objeto da sentença tem de ser o mesmo objeto da imputação. Assim, a sentença não pode ter em consideração algo diverso, ou que não faça parte da imputação"[140].

Demais disso, em sede acusatória, o princípio da correlação exige a limitação da decisão penal aos elementos probatórios coligidos nos autos do processo, e, portanto, devidamente submetidos ao contraditório judicial, tendo sido oferecida ao réu a possibilidade de se defender da infração penal que lhe foi imputada na tese acusatória.

O problema dá-se quando a sentença é *incongruente*, ou seja, nas hipóteses em que o juiz decide de modo diverso da imputação penal, podendo tal incongruência ser classificada como *extra petita* (além do pedido) ou *citra petita* (aquém do pedido). Com efeito, não é dado ao juiz emitir sentença sobre um fato outro que não aquele descrito na peça acusatória ou sobre um fundamento jurídico distinto daquele invocado na tese de acusação (ou, se for o caso, constante do aditamento - também ele devidamente contraditado).

Consoante a doutrina de Geraldo Prado, "o juiz não poderá [...] levar em consideração suposto de fato, ainda que verdadeiro, diferente daquele posto em causa pela acusação, nem tampouco deverá propor qualificação jurídica distinta daquela apresentada pelo autor da ação penal"[141], afinal de contas, "ao fazê-lo, isto é, ao se permitir que o juiz altere o teor da acusação, na verdade o que ocorre é que se admite que o juiz revolva a substância do direito da parte, que não lhe pertence"[142].

Ora, ainda que em instância decisional, releva assinalar que, ao condescender com o exercício, por parte do julgador, de um direto afeto ao **estatuto da acusação**, esse acabará por atuar como parte. Sem dúvidas que fá-lo-á. E, a esta altura, será despiciendo desenvolver a tese, pois já bem assente, de

139. LOPES JR., Aury. **Direito processual penal**. op. cit., p. 774.
140. Idem, ibidem.
141. PRADO, Geraldo. **Sistema Acusatório**. op. cit., p. 234.
142. Idem, p. 233.

que a atuação do juiz como parte fere de morte a sua necessária condição de imparcialidade.

Nada obstante, o Código de Processo Penal brasileiro, inquisitório desde sempre, permite ao juiz atribuir definição jurídica diversa ao fato descrito na acusação. É o teor do seu art. 383: "*O juiz, sem modificar a descrição do fato contida na denúncia ou queixa, poderá atribuir-lhe definição jurídica diversa, ainda que, em consequência, tenha de aplicar pena mais grave*". Com esteio em brocardos como *jura novit curia* e *narra mihi factum, dabo tibi ius*, persiste o entendimento infundado de que o acusado defende-se só de fatos, e não da qualificação jurídica, "de modo que a *emendatio libelli* seria uma mera correção na tipificação, que o juiz poderia fazer nos termos do art. 383 sem qualquer outra preocupação"[143].

Essa percepção não poderia ser mais incorreta. Primeiro, porque o acusado não se defende apenas dos fatos, mas igualmente de sua qualificação jurídica: a defesa formula sua estratégia também de acordo com o tipo penal que foi imputado ao acusado, de sorte que o julgador alterar o conteúdo da acusação, e sem prévia consulta às partes, viola frontalmente o contraditório[144]. Além do mais, "supor que o Ministério Público não saiba qualificar juridicamente os fatos apurados no inquérito policial é estar em rota de colisão com a realidade"[145]. Em decorrência do comando normativo do ar-

143. LOPES JR., Aury. **Direito processual penal**. op. cit., p. 778.

144. Conforme leciona Ricardo Gloeckner, "Outro aspecto do autoritarismo processual penal brasileiro reside na metafísica separação das questões de direito daquelas questões de fato, insistentemente sustentadas por doutrina e tribunais. Sobre essa distinção repousam posturas autoritárias, como a alegação de que o réu se defende dos fatos e não da capitulação jurídica (*naha mihi factum dabo tibi ius*) que autoriza a modificação dos tipos penais (lembrando que existem crimes totalmente normativos, como *v.g.* a lavagem de capitais ou a sonegação fiscal), que sequer permitem a separação da propalada distinção. Notadamente, essa postura é representativa de uma concepção débil do princípio do contraditório, que seria realizável apenas e tão somente sobre as questões de fato, não recaindo sobre as questões de direito. (...) uma concepção plena de contraditório exigiria que eventuais desclassificações fossem produto de um aditamento à acusação e que não poderiam ensejar, simplesmente, uma sentença condenatória desprovida de contraditório". In: GLOECKNER, Ricardo. Processo Penal Pós-acusatório? Ressignificações do autoritarismo no processo penal. **Revista da EMERJ**, Rio de Janeiro, 2015, vol. 18, n. 67, p. 405.

145. PRADO, Geraldo. **Sistema Acusatório**. op. cit., p. 236. Sobre a alteração da acusação, entende-se, com Geraldo Prado, que "É razoável que se possibilite ao acusador modificar, em face das provas surgidas durante a audiência, a qualificação jurídica do fato, quer reconhecendo outro mais grave, quer reconhecendo outro de igual ou menor gravidade que o original" (p. 236). Trata-se, na espécie, da figura da *mutatio libelli*,

tigo 41 do CPP[146], compete à acusação expor na denúncia o fato criminoso, com todas as suas circunstâncias, bem como efetuar a *classificação do crime*; dessarte, admitir que o juiz atribua uma qualificação diversa é assentir que ele possa exercer prerrogativa típica da acusação, o que só é admissível em *locus* eminentemente inquisitório.

Um último comentário, em sede (de contaminação) decisória, diz com a impossibilidade de o juiz condenar o réu quando o Ministério Público tenha opinado pela absolvição. Conforme ressalta Aury Lopes Jr., "o poder punitivo estatal está condicionado à invocação feita pelo MP mediante o exercício da pretensão acusatória. Logo, o pedido de absolvição equivale ao não exercício da pretensão acusatória, isto é, o acusador está abrindo mão de proceder contra alguém"[147].

Em similar sentido, Geraldo Prado assevera que quando "o Ministério Público opina pela absolvição do acusado o que ocorre em concreto, no processo, é que o acusador subtrai do debate contraditório a matéria referente à análise das provas que foram produzidas na etapa anterior e que possam ser consideradas desfavoráveis ao réu"[148], assim concluindo que, em um processo acusatório, "o juiz não poderá condenar o réu diante de um requerimento/alegação final do acusador (Ministério Público ou querelante) pela absolvição, sob pena de ofender o contraditório"[149].

Ordena o cânone acusatório que a atividade jurisdicional esteja jungida à pretensão deduzida pelo órgão acusador (e devidamente contraditada pela defesa). De se esperar, portanto, que o pedido de absolvição vincule o juiz a proferir sentença absolutória, mesmo pelo liame entre acusação e sentença determinado pelo princípio da congruência. Contudo, como é também de se esperar, o CPP brasileiro, pouco afeito à estrutura acusatória – a obsessão pela *verdade real* impede tal **afeto democrático** –, se aferra com unhas e dentes à possibilidade de acusação pelo juiz, autorizando que condene o réu até quando o Ministério Público requer a absolvição. Para tirar a prova,

---

prevista no art. 384, do Código de Processo Penal; situação completamente distinta do caso do art. 383, que permite ao juiz alterar a qualificação jurídica do fato.

146. Art. 41, Código de Processo Penal: "A denúncia ou queixa conterá a exposição do fato criminoso, com todas as suas circunstâncias, a qualificação do acusado ou esclarecimentos pelos quais se possa identificá-lo, a classificação do crime e, quando necessário, o rol das testemunhas".

147. LOPES JR., Aury. **Direito processual penal**. op. cit., p. 794.

148. PRADO, Geraldo. **Sistema Acusatório**. op. cit., p. 191.

149. Idem, p. 192.

é o bastante verificar o art. 385, do CPP: *"Nos crimes de ação pública, o juiz poderá proferir sentença condenatória, ainda que o Ministério Público tenha opinado pela absolvição, bem como reconhecer agravantes, embora nenhuma tenha sido alegada"*[150].

Daí se constatar que o juiz terá condições muito melhores para decidir o caso penal, e sua imparcialidade será de fato resguardada, desde que observados os perigos acima registrados e, pois, potencializados os mecanismos de constrangimento da *evidência*. Ao afastar o julgador da atividade investigatória, a qual não lhe deve competir (1ª nota); e, ao se criar um estágio intermediário de admissibilidade da acusação, dirigido por um juiz *gate keeper*, e ao se excluir o inquérito policial dos autos do processo (2ª nota); e, ao se proibir a emissão de sentença sobre fato outro ou qualificação jurídica diversa da aduzida pelo órgão acusador, bem como se vedar a condenação judicial em caso de requerimento de absolvição pelo mesmo órgão (3ª nota); com isso tudo firme, poderá o julgador exercer seu mister de maneira imparcial, encontrando-se tão blindado quanto possível para o acertamento do caso penal à vista das provas produzidas em contraditório.

Assente que a imparcialidade do julgador vindica sua passividade em termos de produção e aporte probatórios. Não se controverte que, em ambiente democrático, a acusatoriedade que lhe é imanente demanda o afastamento do magistrado da tarefa de gestão da prova, cabendo a ele decidir somente com lastro nas provas engendradas em contraditório – este foi o mote das páginas anteriores.

Não obstante, há-de se ter clareza que a necessária passividade do julgador, visando à sua imparcialidade, não pode ser confundida com qualquer menoscabo à sua figura ou às funções a ele cometidas. Ora, não ser o único protagonista, como sói ocorrer nos modelos inquisitoriais clássicos, distingue-se sobremodo de atribuir pouco valor ao seu papel. Com efeito, o princípio acusatório designa ao juiz um local de maior vulto em um pro-

150. Reporta-se à leitura de PRADO: "Isso não significa dizer que o juiz está autorizado a condenar naqueles processos em que o Ministério Público haja requerido a absolvição do réu, como pretende o artigo 385 do Código de Processo Penal brasileiro. Pelo contrário. Como o contraditório é imperativo para a validade da sentença que o juiz venha a proferir, ou, dito de outra maneira, como o juiz não pode fundamentar sua decisão condenatória em provas ou argumentos que não tenham sido objeto de contraditório, é nula a sentença condenatória proferida quando a acusação opina pela absolvição. O fundamento da nulidade é a violação do contraditório (artigo 5º, inciso LV, da Constituição da República)". Idem, p. 190.

cesso que almeje ser devido e legal, bem como lhe atribui tarefas de monta destinadas à resolução *conforme* do caso penal.

Restará a pergunta: qual é esse *locus* reservado ao juiz ocupar? Em sede constitucional, a resposta deverá ser: o de garante da presunção de inocência. Sim, incumbe ao magistrado *pré-ocupar o terreno*[151] da inocência, e *habitá-lo* até que comprovada a culpabilidade do acusado. À dúvida, pois, deve corresponder sua absolvição: eis o significado do axioma *in dubio pro reo*.

A propósito da função atribuída à presunção de inocência no dispositivo processual de um estado de direito, Geraldo Prado sublinha ser este princípio responsável por "fundar o estado original de *incerteza* que marcará a persecução penal, da notícia crime ao momento imediatamente anterior ao trânsito em julgado da sentença penal condenatória"[152]. Outrossim, Augusto Jobim do Amaral assevera que "o substrato radical da *presunção de inocência* alude uma opção garantista de civilidade, como aponta Ferrajoli, "*a favor de la tutela de la inmunidad de los inocentes, incluso al precio de la impunidad de algún culpable*". Decisão política de princípio fundamental"[153].

Nos lindes do estado democrático de direito, uma tal decisão política em favor do devido processo legal não pode prescindir do reconhecimento da *dúvida* inerente a todo processo[154]. A leitura atenta às passagens acima transcritas evidenciam ser a presunção de inocência dotada de aptidão para fundar um *estado de incerteza* que deverá perdurar por toda a persecução penal; e ao juiz caberá manter-se sob este regime de suspensão ou latência até os estertores do processo, ficando obrigado a *decidir* pela absolvição do

151. MARTINS, Rui Cunha. **O ponto cego do direito**: the brazilian lessons. op. cit., p. 8.

152. PRADO, Geraldo. **Prova penal e sistema de controles epistêmicos**: a quebra da cadeia de custódia das provas obtidas por métodos ocultos. São Paulo: Marcial Pons, 2014. p. 17.

153. AMARAL, Augusto Jobim do. **Política da prova e cultura punitiva**: a governabilidade inquisitiva do processo penal brasileiro contemporâneo. 1ª ed. São Paulo: Almedina, 2014. p. 410.

154. O ensinamento é de Jobim do Amaral: "Para saltar-se do *senso comum* punitivo, é a *decisão* (penal) pela inocência que poderá resguardar alguma sanidade ao processo penal. A arena política (e aqui entendida sob as pré-constituições que colmatam o horizonte de expectativas constitucionalmente postas) é violada quando coroa o regime de opinião que, como vimos, em essência, cristaliza a *ostensão* e *aclamação* punitivas". Para mais adiante decretar: "*Decisão,* assim, que deve implicar uma *certeza judicial*, radicalmente fundada numa *escolha*. É sobre a *dúvida*, que está na raiz da *certeza*, diante de dois raciocínios apostos no processo penal, que se desprende a *decisão* como *escolha* (não apenas como juízo, mas como *ação*) política pré-ocupada pela inocência". Idem, p. 492-5.

acusado caso as provas acomodadas em seu bojo sejam insuficientes para desconstituir a sua *incerteza primeva*. Relativamente ao que, com rigor, adverte Jobim do Amaral:

> Na disputa sobre o verossímil, na contraposição das hipóteses trazidas, é sobre a *dúvida* que se fala e, consequentemente, sobre a solução a ser escolhida ao final. Vê-se ainda mais claramente com a implicação da *carga da prova*. **A *presunção de inocência* funciona desde o mesmo operador que proíbe a gerência da prova pelo magistrado. Funciona como um *estabilizador de expectativas* que, na mesma medida que vedará o juiz de realizar qualquer diligência em caso de *dúvida* sobre a matéria de juízo, torna-se instrumento pronto para atuar se, ao final do processo, remanescer a falta de comprovação legítima da tese acusatória.**[155] (grifo nosso)

A *evidência*, novamente, desliza animada pelas plataformas do processo penal. Desta vez, não se recomenda seu constrangimento para a consecução de uma *performatividade acusatória*, por mais paradoxal que isto aparente. Antes, requer um saber lidar com essa determinada modalidade do evidente, operador que terá máxima eficácia para a consecução de um processo acusatório.

Devotemos atenção ao caso da presunção de inocência: não seria ela uma manifestação desejada da *evidência* que, contudo, servindo como aliada da democraticidade, funcionaria à guisa de freio à própria aparição da evidência noutras regiões indesejadas? Por outra: não seria legítimo cogitar que o processo, incapaz de proteger-se contra as investidas da evidência, tenha aprendido a manejá-la de forma a ser "canalizada [...] como uma convidada estratégica, quando não uma parceira mesma da engrenagem probatória, pronta a resguardar o *regime da prova* que se fixará também a partir dela"[156]? A hipótese, sabe-se, não é convencional: está a se atribuir a uma das manifestações da evidência a condição de princípio inarredável do sistema; parece-me, contudo, que declarar que é *evidente* ser o réu *presumivelmente inocente* configura importante salvaguarda do processo contra si mesmo, ao modo de um mecanismo de contenção.

A este momento, convirá perguntar: como pode a *evidência* ajudar a proteger justo aquilo que lhe nega? Ou, posta a questão às avessas: de que estranha forma pode se beneficiar o dispositivo processual probatório de

---

155. Idem, p. 415.

156. Idem, p. 428.

uma aparição controlada da *evidência*? Estou disposto a concordar que, à primeira vista, um tal convívio entre elementos mutuamente excludentes seria pouco recomendável; mas não há como descartar esta contingência em um dispositivo de tamanha complexidade, mormente quando nem mesmo os mecanismos destinados a coibir a evidência (prova, contraditório, decisão) conseguem impedir a sua aparição.

No ponto, Jobim do Amaral oferece inestimável contribuição à temática:

> Ao que parece ser – somos capazes de assentar nesta altura com pouca margem de erro –, também é de encontro ao caráter expansivo e incorrigível da *convicção* sobre o qual deve se dirigir o argumento acusatório como modalidade de constrangimento, lugar cativo em que adentram a *presunção de inocência* e a *carga da prova*. Isto nos conduz a perguntar: **poderá dispensar, por esta via, ou ter, nalgum ponto, a *evidência* como aliada? Isto é possível? Em que medida particular? A resposta parece indicar, diga-se desde logo, que no momento em que as *presunções* são informadas por operadores como a *confiança*, a *evidência* pode ser usada em favor de *maximizar as expectativas acusatórias*.** A *presunção de inocência*, como retrato ao portador (do réu) da *evidência* como aliada, tem papel central na arena do convencimento. **Ela funciona, para o bem de uma lógica acusatória, como *estabilizadora de expectativas*, quando não significando, pelo próprio mecanismo da *confiança* por ela desencadeado, a realização de um *desejo de preenchimento* de um sistema acusatório.**[157] (grifos nossos)

Ensaio, aqui, uma resposta às duas perguntas: estou convencido de que a presunção opera a partir de um truísmo: *presumo* aquilo que *confio* ser verdadeiro, eximindo-me de *fazer prova* da sua veracidade. Destarte, se a presunção se faz acompanhar duma *pré-ocupação do terreno*, como visto, e "a expectativa antecipa um *preenchimento* (toda expectativa visa ser preenchida), que, até indicação em contrário, será sempre o preenchimento projetado a partir do que se presume expectável"[158], esta co-pertença entre *presunção* (presumo que algo seja verdadeiro) e *expectativa* (espero preencher aquilo que presumo) se inscreverá nos quadros da *evidência*.

Não há como ser diferente; por isso mesmo, reputo ser tão ou mais frutífero averiguar o *conteúdo* desse preenchimento antecipado pela pré-

157. Idem, p. 425.
158. MARTINS, Rui Cunha. **O ponto cego do direito**: the brazilian lessons. op. cit., p. 8.

-ocupação do terreno, isto é: quando se diz presunção, está a se referir à presunção de quê?

Na atual quadra histórica, em que o expectável parte de uma normalidade neoliberal (vide o item 1.4), natural, ainda que democraticamente inaceitável, que se configurem, em sede de processo penal, uns tantos **preenchimentos repressivistas**, a exemplo da hipertrofia de uma verdade que ambiciona o *real*, da celeridade e da simplificação processual, dos punitivismos midiáticos. Por aqui, o conteúdo do preenchimento exibirá a *presunção* como um perigosíssimo operador da *evidência*.

Mas não há de ser sempre assim. Em uma conjuntura na qual a presunção consiga se fazer associar ao substantivo *inocência*, o regime processual penal (acusatório) alcançará trazer a *evidência* para junto de si, como um aliado graúdo no combate às **pulsões inquisitivas**. A corroborar a intenção democrática de ter, na presunção de inocência, um auxiliar para o alcance do *preenchimento da expectativa acusatória*, válido destacar o trecho do multicitado autor:

> Estamos acompanhados por verbos intencionais que conduzem as expectativas, mais ou menos a exigir o seu *preenchimento*: um plano a pedir sua realização ou como uma esperança aguardando ser satisfeita. **A *presunção de inocência*, vista deste plano, é uma hipótese firmada pelo regime democrático.** Uma lei sobre a qual se firmam as demais proposições, uma intenção que antecipa de certa forma a realidade processual de maneira muito particular, quer dizer, satisfaz-se convocando um *estado* de coisas que a preencherá. É nesta *copertença* entre *expectativa* e *preenchimento* que se poderá fundar algum *desejo* de sistema acusatório. **Se a lógica epistêmica da *evidência* nos autoriza a compreender um campo processual penal de *experiências*, somado a um *horizonte de expectativas* informado pelo sistema acusatório (o juiz-espectador da prova), uma *vontade de preenchimento* pode bem ser auxiliada pelo operador da *presunção de inocência*.**[159] (grifos nossos)

No tocante à atuação do juiz, sendo este um garante da ordem constitucional e mediador dos conflitos entre as partes, é de se concordar que ela deverá se nortear pela *pré-ocupação da inocência*. Esta é a condição sem a qual não existe um processo legal e devido; em instância democrático-constitucional, a pré-ocupação da inocência configura princípio maior, destinado

159. AMARAL, Augusto Jobim do. **Política da prova e cultura punitiva**. op. cit., p. 429.

a assegurar que a persecução penal não descambe, por obra da **tentação da evidência**, para preenchimentos de cunho autoritário.

Findo o exame sobre as *tarefas processuais do juiz*, quer estática quer dinamicamente, passaremos à investigação das atribuições (direitos, deveres, poderes, ônus) e do desempenho concreto das *partes* no curso do processo penal. Recuperando a lição de Prado, segundo a qual "o *princípio acusatório, avaliado estaticamente, consiste na distribuição do direito de ação, do direito de defesa e do poder jurisdicional, entre autor, réu (e seu defensor) e juiz*"[160], falta nos debruçarmos ainda sobre o direito de ação e o direito de defesa, apurando, nesses intervalos, os efetivos modos de atuação da promotoria e da defesa. Iniciaremos pelo estudo da *acusação*.

À acusação compete o exercício do *direito de ação*: pelo menos, assim deve ser em *topos* acusatório[161]. Proveitoso será, portanto, examinar em que consiste a ação penal, muito distinta da ação do processo civil, começando a análise a partir de um breve excurso sobre a história do instituto.

Neste aspecto, relevará constatar que, até meados do século XIX, a doutrina civilista (que teve em Savigny seu maior expoente) concebia a *ação* como o próprio direito subjetivo material em movimento; "o contexto era de aceitação praticamente unânime da máxima de Celso: a ação era entendida como o próprio direito material colocado em movimento, ou seja, a ação não era nada mais que o direito de pedir em juízo o que nos é devido"[162].

---

160. PRADO, Geraldo. **Sistema Acusatório**. op. cit. p. 185.

161. Conforme assevera Aury Lopes Jr., na esteira de Orbaneja e Quemada, "é importante destacar que o conceito de *ação penal* é privativo do processo penal acusatório. Isso significa 'no solo que la acción es una cosa y otra diferente el derecho de penar, sino que la acción es un concepto puramente formal'" (LOPES JR., Aury. **Direito processual penal.** op. cit., p. 165). E também Jobim do Amaral e Gloeckner asseveram: "Preliminarmente, em um processo do tipo inquisitório, o conceito de ação se torna completamente irrelevante. Este processo de "parte única", como queria Manzini, dispensa a ação como conceito operativo, pois a ação requer a dialética processual que falta ao modelo inquisitório. Portanto, parece acertada a posição de Gómez Orbaneja e Herce Quemada quando advertem constituir a ação um objeto exclusivo do processo penal acusatório. Evidentemente, o princípio *nemo iudex sino actore* não é aplicável ao regime inquisitório, ao menos como regra. Da necessidade da preservação da imparcialidade é que decorre o direito de ação". (AMARAL, A. J.; GLOECKNER, R. Direito de ação no processo penal: polêmicas e horizontes possíveis. **Revista Eletrônica do Curso de Direito da UFSM**. v. 13, n. 3, 2018. p. 1019)

162. KHALED JR., Salah. Windscheid & Muther: a polêmica sobre a *actio* e a invenção da ideia de autonomia do direito processual. **Sistema Penal & Violência**. Revista eletrônica da faculdade de direito da PUC-RS. Porto Alegre, vol. 2, nº 1, p. 97-109,

A partir do embate teórico entre Bernhard Windscheid e Theodor Muther (1856-1857), a tradição pandectista adepta da fórmula de Celso sofreria um importante revés. Neste episódio, que entrou para os anais da história sob o título de *a polêmica sobre a actio romana*, seriam lançadas as sementes para o desenvolvimento autônomo do direito processual em relação ao direito substantivo: daí em diante, foram várias as propostas de **teorias da ação**, concebida esta quer como direito concreto (Wach), quer como direito potestativo (Chiovenda), quer, ainda, como direito abstrato (Plósz, Degenkolb)[163].

Escapa aos propósitos da tese a feitura de uma avaliação detalhada de cada uma delas. O que nos interessa é perceber que tais concepções sobre a *ação*, por distintas que sejam entre si, têm idêntica matriz: todas foram gestadas por civilistas, para dar conta de aspectos concernentes ao processo civil. E, em se tratando de fenômenos assaz diversos, o repertório de argumentos fundantes do direito processual civil deveria ter pouca serventia ao processo penal.

Nada obstante, a teoria unitária do processo insiste em aplicar os mesmos denominadores ao civil e ao penal, sem atinar com as diferenças marcantes nos objetos de estudo destes dois ramos jurídicos. E, o que é ainda pior, impor denominadores elaborados por civilistas, que "pensam tudo desde o lugar do processo civil, com um olhar viciado, que conduz a um engessamento do processo penal nas estruturas do processo civil"[164]. Nessa toada, leciona Jacinto Coutinho:

> **Com denominadores comuns diferentes, um sistema diverso (o que significa um princípio unificador diverso), um conteúdo do processo diverso e uma diversidade estrutural em cada elemento**

---

jan-jun 2010. p. 99. Releva notar, por oportuno, a preponderância do direito romano no desenvolvimento da *civil law* (trabalhado no item 1.1), em particular no sistema jurídico alemão do século XIX: "Dentro da realidade jurídica alemã de então, as lições do direito romano (ou do que se entendia por direito romano, como veremos) eram consideradas corretas e absolutamente incontestáveis e, portanto, revestidas de universalidade. O direito romano de Justiniano permanecia em vigor em grande parte da Alemanha, sendo que não havia trabalho de direito civil e processual que não fizesse referência a fontes romanas" (idem, ibidem).

163. Uma interessante análise sobre as teorias da ação é realizada por Augusto Jobim do Amaral e Ricardo Gloeckner em AMARAL, A. J.; GLOECKNER, R. Direito de ação no processo penal: polêmicas e horizontes possíveis. **Revista Eletrônica do Curso de Direito da UFSM**. v. 13, n. 3, 2018. p. 1018-1021.

164. LOPES JR., Aury. **Fundamentos do Processo Penal**: introdução crítica. 1ª ed. São Paulo: Editora Saraiva, 2015. p. 70.

> **da trilogia fundamental (jurisdição/ação/processo), não há que se cogitar sobre uma teoria, muito menos geral.** Ela, quando aparece, sempre acaba tendo os postulados do DPC aplicados ao DPP, o que invariavelmente significa a utilização de uma lógica patrimonial e privatista nesta dimensão do direito em cujo desenrolar se vive e se morre, que é o processo penal.[165] (grifo nosso)

A **diversidade estrutural** entre processo civil e processo penal consiste em argumento suficiente para que categorias como *lide*, *ação e suas condições*, *pretensão*, da maneira como idealizadas pelo direito processual civil, não sejam transpostas ao penal. Conforme observação acurada de Lopes Jr., "a transmissão dessas categorias para o processo penal se fez a um alto custo, que foi o de desconsiderar a especificidade do processo penal"[166]. De fato, parece assim ter sucedido, com a total inobservância às particularidades do direito processual penal.

Relativamente à *ação penal*, nota-se a incompatibilidade com as supra aludidas teorias do processo civil. Com efeito, "não há como aceitar, integralmente, a ação como direito *concreto*, na medida em que o poder jurídico constitucional de proceder contra alguém (*ius ut procedatur*) existiu e foi realizado ainda que a sentença seja absolutória"[167], "mas *também não satisfaz, no processo penal, a plena abstração da ação penal acusatória* em relação ao fato criminoso"[168], na medida em que "no processo penal, desde o início, é imprescindível que o acusador público ou privado demonstre a justa causa, os elementos probatórios mínimos que demonstrem a fumaça da prática de um delito"[169].

Contudo, esse impasse entre abstrativistas e concretistas não se resolve com a adoção, em seara processual penal, da **teoria eclética** desenvolvida por Enrico Tulio Liebman. Essa tese, que goza de imenso prestígio na tradição jurídico-processual brasileira[170], visa a conciliar os dois extremos, à

165. COUTINHO, Jacinto Nelson de Miranda. **Observações sobre os sistemas processuais penais**. op. cit., p. 268.
166. LOPES JR., Aury. **Fundamentos do Processo Penal**. op. cit., p. 218.
167. Idem, p. 224.
168. Idem, p. 225.
169. Idem, p. 226.
170. Por todos, ver BUZAID, Alfredo. A Influência de Liebman no Direito Processual Civil Brasileiro. **Revista da Universidade de São Paulo**, p. 131-152, 1977; GRINOVER, Ada Pellegrini. O Magistério de Enrico Tullio Liebman no Brasil. **Revista da Universidade de São Paulo**, p. 98-102, 1986.

laia de *terceira via*, a fim de solucionar os muitos embaraços que tinham de enfrentar a processualística italiana; o autor definirá o conceito de ação como um direito público subjetivo (abstrato), mas instrumentalmente conexo a uma pretensão de direito material. Então, para determinar se haveria direito à ação, exigia-se a comparência de alguns requisitos, os quais Liebman nomeou como *condições da ação*: legitimidade das partes, interesse de agir e possibilidade jurídica do pedido.

A transferência destas **condições** para a aferição da admissibilidade da ação penal é de todo inapropriada. Promove-se, na realidade, uma espécie de *acrobacia teórica* a fito de tentar harmonizar os conceitos de legitimidade, interesse de agir e possibilidade jurídica do pedido ao processo penal. É Ricardo Gloeckner quem, de forma sarcástica, acentua os "êxitos" desta transposição:

> Sem prejuízo dos acertos ou desacertos que tal teoria pode implicar no processo civil, sua transposição ao processo penal foi "bem sucedida". Bastaria um mero ajuste quanto ao exame do direito material em questão. Assim é que os juízos de tipicidade, ilicitude e culpabilidade poderiam se encaixar perfeitamente ao conceito de possibilidade jurídica do pedido (mesmo que esta categoria tenha sido abandonada pelo próprio Liebman a partir da terceira edição de seu tratado e os processualistas penais continuem a utilizando, a par da tipificação das três espécies do CPC). Também sob os auspícios dos conceitos liebmanianos, as causas extintivas de punibilidade foram transpostas ao âmbito do interesse processual. Para finalizar, a legitimidade ativa e passiva – legitimidade ad causam – que seria reconhecida, no processo penal, mediante a titularidade da ação penal. Ministério Público na ação penal pública e o particular nos casos de ação penal privada; no pólo passivo, o sujeito sob o qual recaem os indícios de autoria e de materialidade.[171]

É bem de se ver que todos os três pilares da ação civil declinam quando transferidos ao processo penal. A começar pela legitimidade *ad causam*, o menos problemático entre todos os conceitos, porquanto a identificação dos legitimados ativo (Ministério Público ou querelante) e passivo (o acusado do cometimento do delito) poderia até se coadunar com o processo penal.

---

171. GLOECKNER, Ricardo. Inaplicabilidade do conceito de ação ao processo penal. **Sistema Penal & Violência**. Porto Alegre, vol. 3, nº 1, jan.-jun. 2011. p. 54.

Não obstante, o entrave reside na conceituação de ação dos civilistas, que veio a ser apropriada pela dogmática do processo penal com o intuito de explicar de onde nasce a punição: entendida como direito público subjetivo instrumentalmente conexo à pretensão material, a ação penal consistiria em nada mais do que um **direito subjetivo** do Estado de infligir castigo (*ius puniendi*), externado pela sua pretensão punitiva (*binding*).

A percepção não poderia ser mais equivocada, visto que, primeiro, confunde a figura do Estado-acusador com a do Estado-juiz, como se se tratasse de uma idêntica função estatal - os fantasmas inquisitórios se regozijam com esta confusão; e, segundo, cogita da existência de um direito, que seja, ainda mais, subjetivo, de impor sanção penal, como se a posição do Ministério Público fosse equivalente à do credor civil.

De igual modo, afigura-se descabido falar de *lide* - conflito de interesses qualificado por uma pretensão resistida - no âmbito do processo penal, devido ao simples fato de que o *Parquet* não está a exercer direito próprio, mas, isto sim, sua função institucional de acusar (constatada a justa causa). A não ser que admitamos a teratológica proposta de que a imposição de castigo consubstancie este direito subjetivo do Estado, noção que está assentada na base dos processos penais autoritários.

Contemplando as deficiências subjacentes à transposição da categoria da legitimidade *ad causam* ao processo penal, Geraldo Prado salienta que

> [o] simples fato de colocar o Ministério Público no lugar da vítima simboliza a impropriedade de pensar a ação penal nos moldes liberais de defesa de direitos disponíveis (origem da noção do direito de ação civil).
>
> Até mesmo nos sistemas jurídicos que adotam o princípio da oportunidade da ação penal pública (o Ministério Público tem margem de decisão sobre acusar ou não), a liberdade do Ministério Público é inconfundível com a faculdade do autor civil. A liberdade do Ministério Público estará sempre dirigida pelo princípio da legalidade, protegendo a comunidade das decisões pessoais de cada integrante da referida instituição, enquanto as motivações estritamente pessoais podem estar na base da decisão de não se promover a ação civil clássica[172].

172. PRADO, Geraldo. **Sistema Acusatório.** op. cit., p. 184.

No tocante ao *interesse de agir*, releva notar que o seu pretendido transplante à *condição da ação penal* é também causador de descalabros. No processo civil, o interesse de agir consiste na "demonstração da necessidade de se obter através do processo a proteção do interesse jurídico tutelado"[173], conglobando o binômio necessidade-utilidade. Em sede processual penal, contudo, não há que se falar em necessidade do processo, nos termos em que projetado pelos civilistas, eis que o *princípio da necessidade* já estabelece o processo como sendo o caminho incontornável para a adjudicação da pena (*nulla poena sine iudicio*); e mais, qual o proveito obtido pelo acusador ao exercer a ação penal, perfazendo assim a condição da *utilidade* da ação? A meu ver, em campo de processo acusatório, nenhum benefício haverá de obter o acusador.

Por fim, a *possibilidade jurídica do pedido* é categoria inteiramente desapropriada para o estudo da ação penal. Tida por Liebman como a "admissibilidade em abstrato do provimento requerido"[174], a possibilidade jurídica nem sequer faz sentido no processo penal. Isto pois, para falar com Lopes Jr., ela "não satisfaz o conceito civilista de que o pedido deve estar autorizado pelo ordenamento", vez que "o pedido da ação penal, no processo penal de conhecimento, será sempre de condenação"[175].

Ademais, a observância das condições da ação civil, em sede processual penal, decerto implicaria a fragilização da presunção de inocência, ao promover a inversão do ônus probatório, encarregando, em verdade, o réu de comprovar a sua inocência. Basta pensar: um juiz que conclui pela admissibilidade em abstrato da ação tenderá a decidir pela condenação do réu. Deveras, "uma vez que as partes são legítimas, o pedido é juridicamente possível e há interesse de agir, resta apenas a decisão de procedência"[176], o que, em seara penal, equivale à condenação do réu desde o pontapé inicial do processo judicial (verdadeira *pré-ocupação de culpabilidade*). Nesse sentido, convém registrar as acuradas críticas de Jobim do Amaral e Gloeckner:

173. GLOECKNER, Ricardo. Inaplicabilidade do conceito de ação ao processo penal. **Sistema Penal & Violência**. op. cit., p. 55.

174. GLOECKNER, Ricardo; AMARAL, Augusto Jobim do. Direito de ação no processo penal: polêmicas e horizontes possíveis. **Revista Eletrônica do Curso de Direito da UFSM**. op. cit., p. 1028.

175. LOPES JR., Aury. **Fundamentos do Processo Penal**. op. cit., p. 233.

176. GLOECKNER, Ricardo; AMARAL, Augusto Jobim do. Direito de ação no processo penal: polêmicas e horizontes possíveis. **Revista Eletrônica do Curso de Direito da UFSM**. op. cit. p. 1031.

> É absolutamente ingênuo que possa um juiz examinar as condições da ação como completamente desligadas do mérito. Trata-se de um pensamento veihingeriano do *als ob* (do como se) enfraquecido. **Não é difícil se concluir que, levadas *avvant la lêttre*, as instruções de Liebman ao processo penal, no momento do recebimento da denúncia o magistrado deverá "presumir ser o acusado o autor do crime", haver materialidade, tipicidade e todos os elementos do delito.** Não apenas se trata de um juízo humanamente impossível, como a estrutura do processo penal é diversa: *exige-se justa causa para o recebimento da denúncia justamente pelo fato de o processo penal ser uma pena em si mesmo.* Exige-se a justa causa no escopo de se reduzir danos (irreparáveis) decorrentes do processo penal. Exige-se que o juiz rejeite a denúncia quando estiver em dúvida com relação à possibilidade da prática do crime. Todo o contrário do que a teoria eclética promove desde a sua interioridade.[177] (grifo nosso)

Dessarte, impõe-se à teoria da acusação o mister de reavaliar a aplicabilidade do conceito de *ação* para o processo penal, inutilizando-o por completo ou repensando os seus fundamentos. O cenário de fragilidade epistemológica que acabamos de expor, com o flagrante descompasso entre as categorias e condições e a fenomenologia do processo, não apenas mantém o processo penal em imenso atraso, mas também escancara as portas para as citadas **pulsões inquisitivas**. A identificação do objeto do processo penal como sendo a **pretensão punitiva** (*binding*) e a qualificação do Ministério Público como sujeito de direitos, à semelhança do credor civil, são alguns dos exemplos das potenciais derivas autoritárias resultantes do conúbio entre o direito processual civil e o direito processual penal: ora, não há como sustentar, ao menos em *locus* acusatório, que o Ministério Público exerça um direito subjetivo de punir, externalizado na ação penal através de uma pretensão punitiva.

Adotando um tom crítico a esta ideia de pretensão, Gloeckner assinala que

> [e]sta concepção autoritária ainda traz efeitos para o processo penal contemporâneo. **De fato, o objeto do processo penal não é uma pretensão punitiva – nem poderia sê-lo – uma vez que ao acusador não se lhe adjudica direito próprio, como demonstrara de há muito Goldschmidt.** O objeto do processo, de acordo com

177. Idem, ibidem.

> a doutrina de Guasp Delgado, é a satisfação jurídica de pretensões. Consoante ensina Lopes Júnior, o objeto do processo penal é uma pretensão acusatória. Esta pretensão acusatória será entendida como um direito ao processo – jus ut procedatur. Este poder que detém o Ministério Público de levar adiante a acusação e de ser examinado pelo Estado se constitui como um poder condicionado, relativizado.[178] (grifo nosso)

Dando importante salto em direção à efetiva independência conceitual do processo penal, Aury Lopes Jr. vislumbrará o objeto do processo penal como sendo uma pretensão acusatória[179]. Todavia, uma pretensão não coincidente com a noção carneluttiana, eis que, conforme o autor, "não se trata de uma pretensão que nasce de um conflito de interesses, mas, sim, do direito potestativo de acusar (Estado-acusação) decorrente do ataque a um bem jurídico e cujo exercício é imprescindível para que se permita a efetivação do poder de penar (Estado-juiz)"[180]. E, doravante, persistirá o insigne professor:

> O Estado possui um poder condicionado de punir que somente pode ser exercido após a submissão ao processo penal. Então, ***no primeiro momento, o que o acusador exerce é um poder de proceder contra alguém,*** **submeter alguém ao processo penal**. *É o poder de submeter alguém a um juízo cognitivo.*
>
> Não há lide ou conflito de interesses, até porque a liberdade do réu não constitui um direito subjetivo, mas um direito fundamental, o que também transcende a noção de direito público subjetivo. Mais, não há conflito de interesses, porque a lesão ao bem jurídico não gera um direito subjetivo que possa ser exercido (exigência punitiva), pois não existe punição fora do processo penal (novamente o princípio da necessidade). O que, sim, nasce é a pretensão acusatória, o poder de proceder contra alguém, de submeter ao juízo cognitivo.[181] (grifo nosso)

Com efeito, a **pretensão acusatória** advém da percepção da ação penal enquanto "um 'direito ao processo', completamente distinto do poder de

178. GLOECKNER, Ricardo. Inaplicabilidade do conceito de ação ao processo penal. **Sistema Penal & Violência**. op. cit., p. 51.
179. LOPES JR., Aury. **Fundamentos do Processo Penal**. op. cit., p. 179-209.
180. Idem, p. 182.
181. Idem, p. 184.

punir que corresponde exclusivamente ao Estado-juiz"[182]. Nessa senda, "a ação penal é vista como um poder jurídico de iniciativa processual, como instrumento de invocação, que gera o poder-dever do órgão jurisdicional de comprovar a situação do fato que lhe é submetido à análise, para declarar a existência ou não de um delito"[183]. Pretensão, pois, que assenta no direito potestativo de acusar, e que não guarda qualquer correlação com a deturpada ideia de direito subjetivo de punir.

No ponto, quadra notar que a problemática da ação penal se insinua, forçosamente, pelo terreno da justiça penal negociada. É, mais uma vez, Aury Lopes Jr. quem nos ensina:

> ...como ao acusador corresponde um mero direito potestativo de acusar, não lhe cabe pedir uma pena em concreto e **tampouco negociá-la com o acusado, pois a pena é uma manifestação da função punitiva que é uma exclusividade do Estado-tribunal. Então, as formas de *plea negotiation* não são consequências de uma correta concepção do objeto do processo penal.**
>
> *Evidencia-se aqui o erro de pensar que o objeto do processo penal é o* ius puniendi: *não incumbe ao Ministério Público punir, pois não lhe pertence esse poder (ou mesmo direito). O poder de punir é do juiz, condicionado ao exercício integral e procedente da acusação.* São elementos distintos o acusar e o punir.[184]

De fato, estribado na justificativa de corresponder ao credor da pena e, portanto, exercer uma pretensão punitiva, o Ministério Público atuará no processo – ou até mesmo antes dele – como o portador do direito subjetivo de punir o réu. E ostentando tal direito, à imagem do credor civil, natural que venha a dispor livremente do conteúdo do processo, negociando os seus vários interesses com o acusado e o seu defensor. Ademais, como gozaria de pretensão punitiva, nada mais razoável do que o órgão acusador vir a pactuar a pena e o regime de cumprimento com o réu; enfim, dentro desta visão, se estaria apenas realizando uma transação com direito próprio, com o objetivo último de dar fim à *lide penal*.

Entretanto, impossível assentir com uma tal concepção privatista do processo penal, que confunde direito subjetivo com função institucional (art.

---

182. Idem, p. 204.
183. Idem, ibidem.
184. LOPES JR., Aury. **Fundamentos do Processo Penal**. op. cit., p. 205.

129, I, CRFB), pretensão punitiva com pretensão acusatória, e vislumbra o Ministério Público como mero substituto do credor civil.

Convém advertir que a ação penal pública – e, por ação, se entende não somente o poder de iniciativa, mas também os *atos de impulsão* do processo – rege-se, no sistema brasileiro, por alguns princípios, entre os quais *oficialidade*, *obrigatoriedade* e *indisponibilidade*. O art. 129, I, da Constituição Federal delineia o conceito de oficialidade, ao atribuir ao Ministério Público a **função institucional** de promover, em caráter privativo, a ação penal pública. Não há de se controverter a esse respeito, conquanto ainda insistam na tese de ser a ação um direito subjetivo do Ministério Público; maior controvérsia haverá na obrigatoriedade e na indisponibilidade.

A propósito da obrigatoriedade[185], elucida Afrânio Silva Jardim que ela "está inserid[a] dentro de um contexto democrático, no qual ao funcionário do estado não é dado dispor do interesse coletivo"[186]. Dessarte, sempre que presentes os requisitos para o exercício da ação penal, o Ministério Público terá de oferecer a denúncia; do contrário, em não sendo possível observar a tipicidade aparente, a punibilidade concreta e a justa causa[187], é dever da pro motoria requerer o arquivamento do inquérito policial ou pedir a absolvição do réu ao fim do processo – forçoso será também ao *Parquet* não recorrer de sentença absolutória quando ausentes tais requisitos. Nesse sentido, é a valiosa contribuição de Geraldo Prado:

> **A obrigatoriedade, vale lembrar, é de propor ação condenatória sempre que houver indícios de autoria e prova superficial da existência da conduta delituosa, ausentes causas de impedimento tais como a extinção de punibilidade.** Trata-se de deduzir pretensão acusatória, mas, como tal, **não obriga o Ministério Público a perseguir incessantemente a condenação do acusado – e menos ainda o obriga a recorrer de sentença absolutória – caso esteja convencido de que o réu não deve ser condenado.** Na ordem

185. Para uma análise mais profunda sobre os conceitos de obrigatoriedade, oportunidade (e consenso), legalidade e discricionariedade, mormente para a caracterização da justiça negociada, sugere-se a leitura de Vinícius Vasconcellos, p. 31-53 In: VASCONCELLOS, Vinícius Gomes de. **Barganha e Justiça Criminal Negocial**: análise das tendências de expansão dos espaços de consenso no processo penal brasileiro. 2ª ed. Belo Horizonte: Editora D'Plácido, 2018.

186. JARDIM, Afrânio Silva. **Direito Processual Penal**. 5ª ed. Rio de Janeiro: Editora Forense, 1995, p. 114 apud PRADO, Geraldo. **Transação Penal**. op. cit., p. 251.

187. LOPES JR., Aury. **Fundamentos do Processo Penal**. op. cit, p. 234-241.

> jurídica, o artigo 385 do Código de Processo Penal manifesta a liberdade do Ministério Público de descomprometer-se com o pedido de condenação. Não por outra razão que a pretensão que deduz é de acusação, não se confundindo com a pretensão punitiva, de caráter extra-processual.[188] (grifos nossos)

A finalidade principal consistirá na preservação da lei e na construção de uma política criminal democrática, em panorama no qual ao Ministério Público caberá um papel decisivo. A obrigatoriedade, assim sendo, não deve implicar a absoluta supressão à liberdade de atuação dos promotores, liberdade esta que é imprescindível ao exercício do seu múnus público, mas, isto sim, visar a garantir que a persecução penal não venha a ser convertida novamente em um instrumento seletivo de imposição de castigo. Eis o caráter dúplice da obrigatoriedade em um processo penal acusatório: evitar "qualquer manipulação por parte do órgão acusador e, por outra parte, eventuais pressões que possa sofrer"[189].

Com relação aos possíveis excessos ensejados pela adoção do critério da oportunidade, marcadamente sob a forma das transações entre acusador público e defesa, estimuladas pelo modelo do *plea bargaining*, merece a pena transcrever o excerto do preclaro jurista italiano, Luigi Ferrajoli:

> A discricionariedade da ação e a conseqüente disponibilidade das imputações e até mesmo das provas, mantidas em alguns dos sistemas acusatórios hodiernos, representam, portanto, um resíduo do caráter originariamente privado - e posteriormente estritamente cívico ou popular da iniciativa penal -, agora injustificado. **Entende-se que essa discricionariedade e disponibilidade - que nos Estados Unidos se manifestam sobretudo na transação entre o acusador público e o imputado (*plea bargaining*) da declaração de culpabilidade (*guilty plea*) em troca de uma redução do peso da acusação ou de outros benefícios penais - representam uma fonte inesgotável de arbítrios**: arbítrios por omissão, não sendo possível qualquer controle eficaz sobre os favoritismos que podem sugerir a inércia ou a incompletude da acusação; arbítrios por comissão, sendo inevitável, como a experiência ensina, que o plea bargaining se torne a regra e o juízo uma exceção, preferindo

188. PRADO, Geraldo. **Transação Penal**. op. cit, p. 255-6.

189. COUTINHO, Jacinto Nelson de Miranda. Introdução aos princípios gerais do processo penal brasileiro. **Revista da Faculdade de Direito da UFPR**, Curitiba, v. 30, nº 30, 1998. p. 183.

> muitos imputados inocentes declararem-se culpados em vez de se submeterem aos custos e aos riscos do juízo. (...)[190] (grifo nosso)

Diante do exposto, conclui-se que uma teoria da acusação que se pretenda alinhada ao ideal democrático deve tratar de "mettere il pubblico ministero al suo posto" (Carnelutti[191]). O enunciado se desdobra, em nosso sentir, em duas acepções: num primeiro sentido, meter o Ministério Público em seu posto significa assegurar a independência e autonomia da instituição, e, assim, garantir o *locus* privilegiado que é suposto ocupar, protegida contra as intromissões de juízes inquisidores. O processo penal acusatório impõe um **estatuto do acusador** adequado a sua posição de parte, sim, mas sem que se olvide ser o Ministério Público instituição defensora da ordem jurídica e do regime democrático[192] (art. 127, CF).

Por seu turno, em uma segunda acepção, meter o Ministério Público em seu posto implica a vedação ao próprio órgão acusador de exceder o seu posto, ou seja, consiste em se firmarem balizas sólidas para que as partes se mantenham em condições de paridade. Cuida, em última instância, de evitar a distribuição iníqua de poderes processuais com preferência à alocação de tarefas à acusação – impedindo, com isso, a referida **aglomeração quântica de poderes**.

Tecidas estas considerações a respeito da *acusação*, passaremos a um brevíssimo exame da *defesa*. A escolha pelo tratamento em apartado de acusação e defesa se justifica ante a clara dessemelhança entre as partes no processo penal; com isso não está a se dizer que ambas não partilhem, em seus estatutos, de características comuns, tampouco que o Ministério Público não seja uma parte, e, sim, que a posição de fundamental assimetria entre

---

190. FERRAJOLI, Luigi. **Direito e Razão**: teoria do garantismo penal. São Paulo: Revista dos Tribunais, 2002. p. 455-6.

191. CARNELUTTI, Francesco. Mettere il pubblico ministero al suo posto. **Rivista di diritto processuale**. Padova: Cedam, 1953, Volume VIII, Parte I, 257-264.

192. É de se notar a interessante percepção de Prado, para quem "Um estatuto jurídico do acusador que reprima completamente as suas potencialidades de conformação da política criminal, a pretexto de vincular a ação do Ministério Público à legalidade, esconde deliberadamente a possibilidade da legalidade surgir em ambientes de flexibilidade, de acordo com critérios de impessoalidade e moralidade e também de acordo com propostas de redução do caráter flagrantemente elitista da justiça penal, redistribuindo as forças de persecução conforme uma mais coerente e justa avaliação do que deve merecer o dispêndio de energia do Estado" (PRADO, Geraldo. **Sistema Acusatório**. op. cit., p. 205).

elas arranca dos distintos direitos, deveres e poderes processuais que lhes são atribuídos. Por essa razão, convém o estudo à parte do estatuto defensivo.

Cumpre destacar que as ponderações a serem feitas sobre o estatuto da defesa no processo penal advém de um "patrimônio democrático"[193]. Isto porque é de se ter em conta que a defesa só tem existência real em um processo penal de cariz acusatório; afinal, é mesmo inerente à *epistemologia inquisitória*[194] a impraticabilidade do direito de defesa. A repugnância do modelo inquisitivo ao direito de defesa é confirmada com uma mirada ao Manual de Eymerich: tida a consumação do direito material como desejo

193. A noção de patrimônio - democrático e ditatorial - é trabalhada por Rui Cunha Martins, para quem "quer o eixo ditatorial, quer o eixo democrático, designam, cada um deles, um sistema complexo, intrinsecamente plural, de referências doutrinárias, mecanismos de ação, funções ideológicas e experiências históricas concretas, interagindo e agregando-se de forma dinâmica. Cada um desses conjuntos, à medida em que vai sendo requisitado e em que vai incorporando novas formas históricas devém *património* - património ditatorial e património democrático - e é nessa condição patrimonial que ele é recebido, encarado e utilizado por cada momento histórico. Por que é importante esta questão do respectivo caráter patrimonial? Por dois motivos. Primeiro, porque estes patrimônios têm uma dinâmica de relacionamento que lhes permite encontrar-se e cruzar-se, tanto repelindo-se quanto sobrepondo-se. A historicidade desse relacionamento incorpora portanto a possibilidade de contaminação, a aquisição de elementos de um pelo outro. Segundo, porque só entendendo a ditadura e a democracia como patrimônio se pode compreender que elas fiquem, em cada época, como valor patrimonial que são, disponíveis para uso". MARTINS, Rui Cunha. **O ponto cego do direito**: the brazilian lessons. op. cit., p. 84.

194. Segundo Luigi Ferrajoli "o sistema inquisitório não só exige, mas exclui o controle desde baixo, em especial o controle do imputado. Segredo, escritura e sobretudo ausência de contraditório e defesa são os corolários da sua epistemologia eminentemente substancial, que remete a obtenção da verdade unicamente à capacidade e ao poder de investigação do juiz-postulante" (FERRAJOLI, Luigi. **Direito e Razão**. op. cit., p. 488). Em similar sentido, Salah Khaled Jr. salienta que "A questão fulcral é que a epistemologia foi concebida para homogeneizar o corpo social, matando a diferença, enquanto o nosso cenário democrático-constitucional impõe, acima de tudo, o respeito ao plural. (...) A epistemologia inquisitória conforma um campo de saber voltado para o extermínio do inimigo. (...) A epistemologia inquisitória ainda prepondera, em nome de uma insaciável ambição de verdade que não expressa outra coisa que um desejo irrefreável de atingir a condenação, desprezando por completo o conceito de que forma é garantia, como exige o devido processo legal". (KHALED JR., Salah. A ambição da verdade e a permanência do autoritarismo processual penal. **Revista da EMERJ**, Rio de Janeiro, v. 18, n. 67, jan.-fev. 2015. p. 345-347).

último do sistema, o exercício do direito de defesa configura verdadeiro óbice ao cumprimento desta finalidade inquisitória[195].

Por outro lado, a máxima acusatoriedade demanda a observância dos direitos do acusado, por servirem estes como barreira de contenção às potenciais arbitrariedades do poder punitivo. Nesse diapasão, Luigi Ferrajoli[196] aduz que a "*defesa*, que por tendência não tem espaço no processo inquisitório, forma, portanto, o mais importante instrumento de solicitação e controle do método de prova acusatório, consistente precisamente no *contraditório* entre hipótese de acusação e hipótese de defesa". Assiste razão ao mestre italiano: de fato, a existência da (*ampla*) *defesa* abona a dialeticidade do processo penal, haja vista que a *disputatio* se configura a partir da oportunidade de refutação aos argumentos e às provas aportadas pelo acusador público. Essa assertiva se cristaliza, no campo da produção probatória, no axioma garantístico *nulla probatio sine defensione*[197].

Contudo, não se trata meramente de franquear ao acusado a possibilidade de se defender, mas de assegurar a paridade de condições entre defesa e acusação. Consta do arco de atribuições defensivas não somente o direito

---

195. No prefácio ao Manual dos Inquisidores, Leonardo Boff faz importantíssima anotação: "Com efeito, a defesa tem uma função meramente nominal, diria até perversa, pois não trata de defender o réu, mas de agilizar sua condenação. O *Manual* ensina que 'o papel do advogado é fazer o réu confessar logo e se arrepender, além de pedir a pena para o crime cometido' (parte II, G, 31). O estatuto do defensor não é assegurado, como em qualquer legislação de Hamurabi (século XV a.C.) a Stalin ou Hitler. O lugar do defensor é no capítulo sobre 'obstáculos à rapidez de um processo'. Os autores começam o capítulo acerca da 'admissão de um defensor' com esta sentença: 'O fato de dar direito de defesa ao réu também é motivo de lentidão no processo e de atraso na proclamação de sentença; essa concessão algumas vezes é necessária (no sentido de agilizar a sentença, porque o acusado não confessa: aclaração minha), outras não' (quando confessa: parte II, F, 31)". BOFF, Leonardo. Prefácio. Inquisição: um espírito que continua a existir. In: EYMERICH, Nicolau. ***Directorium Inquisitorum* - Manual dos Inquisidores**. Comentários de Francisco de La Peña. Trad. Maria José Lopes da Silva. Rio de Janeiro: Rosa dos Tempos, 1993. p. 19.

196. FERRAJOLI, Luigi. **Direito e Razão**. op. cit., p. 490.

197. Noutro instante, Luigi Ferrajoli salienta que "A garantia da defesa consiste precisamente na institucionalização do poder de refutação da acusação por parte do acusado. De conformidade com ela, para que uma hipótese acusatória seja aceita como verdadeira, não basta que seja compatível com vários dados probatórios, mas que também é necessário que não seja contraditada por nenhum dos dados virtualmente disponíveis. A tal fim, todas as implicações da hipótese devem ser explicitadas e ensaiadas, de modo que sejam possíveis não apenas as provas, senão também as contraprovas. A busca destas deve ser tutelada e favorecida não menos que a busca daquelas". Idem, p. 121.

de refutar provas e argumentos da acusação, e sim, também, o de produzir provas e elaborar estratégias ativas para a ulterior conformação da decisão penal. Com Ferrajoli, assinalemos que "para que a disputa se desenvolva lealmente e com paridade de armas, é necessária (...) a perfeita igualdade entre as partes: em primeiro lugar, que a defesa seja dotada das mesmas capacidades e dos mesmos poderes da acusação; em segundo lugar, que o seu papel contraditor seja admitido em todo estado e grau do procedimento..."[198].

Com efeito, para além da chamada autodefesa, quer em sua modalidade positiva quer negativa (*nemo tenetur se detegere*)[199], a almejada **paridade de armas** só será efetivamente alcançada quando o acusado for assistido por um defensor tecnicamente qualificado para o exercício da função. A presença de um profissional habilitado é obrigatória, condição sem a qual não se cogita dum regular desenvolvimento do processo penal, e decorre "de uma *esigenza di equilíbrio funzionale* entre defesa e acusação e também de uma acertada *presunção de hipossuficiência* do sujeito passivo, de que ele não tem conhecimentos necessários e suficientes para resistir à pretensão estatal"[200].

A essencialidade da defesa técnica é reconhecida pelo CPP brasileiro, quando o diploma legal prescreve que "nenhum acusado, ainda que foragido, será processado ou julgado sem defensor" (art. 261). E, ainda mais, a ausência de um defensor importa em nulidade absoluta do processo, a teor da Súmula 523, do Egrégio Supremo Tribunal Federal: "No processo penal, a falta da defesa constitui nulidade absoluta,/ mas a sua deficiência só o anulará se houver prova de prejuízo para o réu"[201].

---

198. Idem, p. 490.

199. No tocante à chamada autodefesa positiva, Aury Lopes Jr. caracteriza-a "como o direito disponível do sujeito passivo de praticar atos, declarar, constituir defensor, submeter-se a intervenções corporais, participar de acareações, reconhecimentos etc. Em suma, praticar atos dirigidos a resistir ao poder de investigar do Estado, fazendo valer seu direito de liberdade". Já no que diz respeito a modalidade negativa, o mesmo autor assevera que "o direito de silêncio é apenas uma manifestação de uma garantia muito maior, insculpida no princípio *nemo tenetur se detegere*, segundo o qual o sujeito passivo não pode sofrer nenhum prejuízo jurídico por omitir-se de colaborar em uma atividade probatória da acusação ou por exercer seu direito de silêncio quando do interrogatório". LOPES JR, Aury. **Direito processual penal.** op. cit., p. 330.

200. Idem, p. 86.

201. É dever notar, contudo, com Leonardo Yarochewsky quando destaca (criticando a 2ª parte da referida súmula) que "a defesa deficiente, precária, débil ou inepta equivale à sua ausência, é pior, porque mascara a própria defesa" (YAROCHEWSKY, Leonardo I. **Direito à defesa técnica.** Migalhas, 2015.). Por essa razão, não basta que seja cons-

Em adição à formação de profissionais mais qualificados, sobretudo em tempos sombrios nos quais o ensino jurídico do País agoniza, se faz necessário fortalecer as Defensorias Públicas, instituição da maior importância para o programa de consolidação de um processo penal - e de uma sociedade - verdadeiramente democrático. Atualmente, não há como se falar em paridade de armas diante de um cenário de manifesta *disparidade institucional* entre Ministério Público e Defensoria Pública, com dotações orçamentárias notadamente superiores do primeiro órgão. Somente com o robustecimento das Defensorias Públicas, por meio de maiores repasses de verbas orçamentárias e de melhores condições de infraestrutura, remuneratórias e laborais aos defensores públicos, é que "seria eliminada a disparidade institucional que de fato existe entre acusação e defesa, e que confere ao processo, ainda mais que o segredo e que a escritura, caráter inquisitório"[202].

De sorte que o revigoramento da Defensoria Pública aliado à qualificação dos defensores e advogados concretizaria a desejada paridade de armas e promoveria, enfim, a conformação do processo penal brasileiro ao sistema constitucionalmente eleito, isto é, o acusatório.

Convém perceber, todavia, que a recente tendência de expansão da justiça negociada tem o condão de "comprimir o espaço do direito de defesa no processo penal", substituindo-o "por comportamentos processuais do acusado"[203]. O processo penal em tempos de neoliberalismo (tópico 1.4), infelizmente, caminha em direção oposta aos mais fundamentais direitos e garantias da defesa (e aos dos defensores); o estímulo à "colaboração processual" dos imputados esvazia o processo de sua essencial dialeticidade, transformando a defesa em assistente da acusação, interessada que resta na condenação de outro sujeito para que possa obter os "prêmios".

A negociação celebrada em condições de absoluta desigualdade entre acusação e defesa finda por mitigar a tese da *voluntariedade*, se notando, ao contrário, pressões de toda ordem - inclusive, o uso da prisão cautelar - para que o acusado aceite o acordo proposto pelo Ministério Público, tudo de modo a "abreviar o caminho necessário para a imposição de uma sanção penal" e "facilitar a atividade acusatória ao afastar o imperativo de comprovação integral dos fatos incriminatórios"[204]. Com a tese da voluntariedade, a

tituído um advogado, mas que este esteja preparado tecnicamente e tenha condições efetivas de exercer o seu múnus público de defender o acusado.

202. FERRAJOLI, Luigi. **Direito e Razão**. op. cit., p. 467.

203. PRADO, Geraldo. **Sistema Acusatório**. op. cit., p. 195.

204. VASCONCELLOS, Vinícius. **Barganha e Justiça Criminal Negocial**. op. cit., p. 23-24.

doutrina clássica intenciona rejeitar a coercibilidade ínsita a toda e qualquer negociação penal, imunizando o processo pela referência a uma (falsa) vontade livre e consciente do acusado; assim vistas as coisas, o processo – em vez de caminho necessário à aferição da responsabilidade criminal (*nullum poena, sine iudicio*) – devém mecanismo supérfluo, a ser empregue só contra aqueles que têm condições econômicas e psíquicas para resistir à volúpia de acusadores insaciáveis, juízes justiceiros e de uma sociedade repressora.

A sanha punitivista por condenar mais pessoas em menos tempo deste *neoprocesso penal* faz recordar dos mais remotos tempos da Inquisição, com a restituição do caráter de *probatio probatissima* à confissão/delação – a ser extraída do acusado-objeto a qualquer preço – e com o notável enfraquecimento da defesa, tida como empecilho à realização do direito penal.

À vista disso, considerando já ter sido efetuada a análise sobre os sistemas processuais penais e demarcado, neste terreno, o que se compreende por princípio inquisitivo e acusatório, cabe averiguar em que *locus* se instalam as soluções penais negociadas quando em frente às categorias inquisitório e acusatório. Esta tarefa será realizada no próximo capítulo.

Por ora, quadra salientar, à guisa de aviso prévio, que o fato de os mecanismos negociados terem inspiração no modelo estadunidense do *plea bargaining* induz uma parcela considerável da doutrina, nacional como estrangeira, a identificar as soluções de consenso como pertencentes ao sistema adversarial. Com arrimo, no mais das vezes, em expressões como *voluntariedade, liberdade dispositiva, autonomia da vontade das partes*, a teoria acaba por estimular a via da justiça penal negociada como um promissor caminho para a modernização e democratização dos inquisitórios processos penais de países do *civil law*.

Descuida a tese, porém, das inúmeras críticas que tais mecanismos recebem nos Estados Unidos da América, bem como aparenta ignorar a problemática inserção destes dispositivos em culturas jurídicas distintas. Sob as vestes do **consensualismo**, os acordos penais quedam imunizados contra críticas de qualquer natureza, permanecendo oculto o pérfido desempenho da maquinaria negocial.

2.3. ZONA FRONTEIRIÇA: DELINEAMENTOS A UMA ADEQUADA COMPREENSÃO DA BARGANHA FRENTE AOS MODELOS INQUISITIVO E ACUSATÓRIO

É chegado, após a incursão na temática dos sistemas processuais penais e a demarcação, ainda que em linhas móbeis, dos contornos de inquisitivo e acusatório, ao que julgo ser o centro – estético, material, político – da presente obra. Nesta altura, contudo, já não causará surpresa o fato de estar tal *centro*, paradoxalmente, situado nas *bordas*; isto pois interessa para a presente tese, tal e qual a descrição do conteúdo de cada um dos sistemas processuais (e a caracterização dos seus núcleos reitores), a operação de delimitação de seus contornos e a consecutiva detecção das zonas sobrepostas e dos materiais compartilháveis entre si.

Em sede de **teoria do limite**, o ato de traçar linhas é capital para a identificação dos limiares de determinado assunto, seja permitindo a verificação de seus elementos integrantes (algo como a *dimensão positiva do limite*), seja obstando a intrusão de componentes alheios ao seu quadro de valências (sua *dimensão negativa,* de barreira).

Daí não se valida a inferência, contudo, de que o ato demarcatório seja suficiente por si só. Não o é, pois "a complexidade do fenômeno processual não se contenta com a bondade de umas quantas determinações fundacionais". "Não basta, de fato, o enunciado das demarcações, etapas e funções, convém entrar em conta com o potencial de sobreposição e de deslocamento funcional"[205]. Ou, por outra: os limites exordiais de um determinado ente como o processo não dão conta, mesmo, do seu caráter dinâmico e complexo; a mera existência de uma *fronteira*, a vedar ou autorizar interações do sistema com o "jogo do mundo", não afiança sua imobilidade. Afinal, em matéria de operatividade, a fronteira funciona *ligando* (permitindo a conexão entre elementos "de fora" e "de dentro") e *desligando* (fechando tal porteira), mas, também, ela atuará *deslocando-se*, *movendo-se* a propósito de cada interação.

É dizer, não só se modifica o repertório do sistema com a entrada ou saída de elementos (reconfiguração interna, urdidura de novos elos e desfazimento de antigos, turbulências de vária ordem), como, igualmente, a própria fronteira se reestrutura por ensejo de cada "passagem" ou "fechamento". Ela mesma não é estática, mas, em razão de suas múltiplas ativações, requisições e refeituras, acolhe tanto a dimensão da regularidade quanto o veio da contingência.

Ademais, em um tempo (globalizado) em que pululam diagnósticos apressados da "morte da fronteira"[206], proclamar a sua vitalidade, na visão de alguns, chegaria a ser um despropósito. Porém, o fato é que este operador do

205. MARTINS, Rui Cunha. **O ponto cego do direito**: the brazilian lessons. op. cit., p. 24.

206. MARTINS, Rui Cunha. **O método da fronteira**: radiografia histórica de um dispositivo contemporâneo (matrizes ibéricas e americanas). Coimbra: Edições Almedina, SA. 2008. 252p.

limite ainda viceja, eis que não cessa de ser requisitado. Em alguma medida, seria inteligível os relatórios sobre o mecanismo *fronteira* virem em forma de autópsia: deveras, é bastante cativante a tese que apregoa o seu fenecimento, pois o cenário de "sobreposição desenfreada das formas e dos conceitos" decorrente "da generalização das lógicas da simultaneidade" - em que a *superação-sucessividade* é chamada a conviver com a *contiguidade-lateralidade,* em um panorama configurador da complexidade contemporânea - alimenta a ideia de que "os contornos demarcatórios foram aplainados"[207].

Estes relatórios, contudo, afiguram-se desprovidos de competência para capturar aquela dinâmica inerente ao limite, que há pouco referimos. Com efeito, releva asseverar que a ingente complexidade na empreitada de apreensão dos **contornos demarcatórios** - e a mudança no *modo do limite* tornou mais espinhosa a distinção dos opostos, tornados simultâneos - não obsta o reconhecimento de que o limite ainda perdura, mantém-se hígido, desempenha funções vitais. Nessa esteira, assume maior importância a lição de Rui Cunha Martins, para quem

> [a] versão da diluição de fronteiras, que distraidamente é imputada ao mundo globalizado, é um logro explicativo, ao qual escapa a expansão inusitada dos níveis de requisição de modalidades fronteiriças, no âmbito da qual a aparência da diluição esconde o fenômeno da sobreposição desenfreada. **As fronteiras não estão em perda; deslocam-se.** As cadeias de montagem de muros políticos e sociais, não só os metafóricos, mas também os físicos, pretensamente acantonados a determinado período histórico, não cessaram o seu trabalho produtivo e é mesmo de crer que as solicitações lhe cheguem hoje das mais variadas escalas. **A globalização não matou o muro - globalizou-o. Percebe-se: os muros são mecanismos, exercem determinadas funções; não tendo perecido as funções de delimitação, filtragem, limbo, transgressão ou passagem, que eles asseguram, por que motivo haveria de perecer o mecanismo "muro"?**[208] (grifos nossos)

De fato, não haveria de sucumbir tal mecanismo. O curioso é notar que, num estágio de requisição infrene aos *muros*, apareçam sujeitos dispostos à feitura de sua autópsia; se há, como parece-me inegável que haja, um

---

207. MARTINS, Rui Cunha. **O ponto cego do direito**: the brazilian lessons. op. cit., p. 114.
208. Idem, p. 91.

esbatimento das fronteiras históricas face à globalização de tipo neoliberal, também há renovadas formas de solicitação deste mecanismo.

Assim, o caráter movente do *limite* – ele é feito e refeito sucessivamente, a cada passagem ou fechamento; ele é criado em novas escalas e dissolvido em antigas instâncias – não retira a importância da atividade demarcatória. De todo o oposto: justo por sua abertura à contingência, a tarefa exige atenção redobrada, pois, em um mundo que "se apresenta como tendencialmente irrestrito, a demarcação surge como desafio indeclinável e, com muita probabilidade, como uma das operações de resistência ao totalitarismo das sociedades tornadas incapazes de gerir a produção de limites"[209].

Configurando operação de irrecusável conotação política, a atividade demarcatória – onde traçar a linha? Ao que permitir passagem? Quando fechar a porta? – se assenta em escolhas do *sujeito que traça a linha*: uma fronteira jamais poderá se furtar de ser o "produto de uma decisão tomada"[210]. É esta a *dimensão autoral do limite*; se traçar linhas é essencial, convirá não descurar que, por depender de um autor que o faça, tal atividade será também um enigma. Afinal, "o sentido de um ato demarcatório, não sendo nunca inocente (e disso ele retira a sua condição de *acto político*) é, basicamente, imprevisível, merecendo por isso a exigência da sua justificação e sua subtração ao essencialismo"[211].

Diante do exposto, parece-me incontornável o ofício de examinar as interações do sistema processual a partir de uma perspectiva fronteiriça, como que do alto daquele *muro-erguido* no qual nos instalámos capítulos atrás, nesse passo admitindo a hipótese de que laborar *sobre* o limite é, em boa dose, imputar-se a *condição de autor*. Antes de ingressar no estudo detalhado das fronteiras do **dispositivo processual penal**, zona em que situados os mecanismos afetos ao panorama negocial, contudo, mister realizar um punhado de apontamentos.

Preliminarmente, impende rememorar que já se analisou o tema do limite e a pertinência da atividade demarcatória para o tracejo dos contornos entre os sistemas processuais penais e para a distinção entre os núcleos de inquisitivo e acusatório (itens 2.1 e 2.2). O ensaio, naquela ocasião desenvolvido em caráter propedêutico, adquire novo fôlego; a essa altura, interessa-me tanto quanto a detecção dos contornos de um dispositivo como o processo, a

209. Idem, p. 116.
210. Idem, ibidem.
211. Idem, ibidem.

percepção de que a fronteira, tal qual o terreno que cinge, é um mecanismo complexo: seleção, filtragem, acesso, incorporação, desvio são algumas das operações constantes de seu inventário de desempenho.

Sob este prisma, não será inoportuno declarar que a **estética da fronteira** consubstancia uma constante na tese; ora, desde a formação das distintas culturas jurídicas (não por acaso a fronteira, em sua modalidade soberania, exerce função destacada no desenvolvimento das duas famílias do direito), passando pelo surgimento do *plea bargaining* nos Estados Unidos da América (separados, geográfica e culturalmente, da metrópole) e desembocando no movimento do transplante do modelo jurídico para outras ambiências, o *limite* esteve sempre presente. Pelo que compulsar a obra tendo em linha de conta o mecanismo *fronteira* é aconselhável.

Neste pórtico, convém salientar que, consistindo a barganha em um instituto importado da cultura jurídica estadunidense, não haveria como deixar de ultrapassar uma real fronteira – a que circunda os estados territoriais. Outrossim, em se tratando de mecanismos aparentemente requisitados de um quadro inserido num **patrimônio acusatório** – como visto anteriormente, as práticas negociais são por muitos consideradas a expressão acabada do processo de partes; descortinar esta falácia é um dos objetivos do corrente tópico –, legítimo que venha a passar por uma virtual fronteira sistêmica, precisamente aquela que separa o modelo "acusatório" dos Estados Unidos da cultura jurídica inquisitória do Brasil.

Este conjunto de anotações já preenche, embora parcialmente, a *exigência de justificação* para a invocação de um dado mecanismo como a fronteira. De igual modo, denota as inúmeras complicações no processo de requisitar mecanismos de quadros culturais alheios, exibindo a plêiade de contratempos os quais, inevitavelmente, o transplante de modelos tem de encarar.

Releva trazer, todavia, de modo mais explícito, a polêmica sobre o limite para a seara do processo penal. E, nessa esteira, forçoso indagar: qual a pertinência da abordagem *fronteiriça* para o estudo do processo penal? Como justificar a adoção dessa abordagem e a mobilização de um instrumental teórico aparentemente pouco afim ao trato com os mecanismos negociais? Afinal, qual será o elo – e onde desaguará a conexão – entre elementos e noções quais *processo, rizoma, sistemas processuais, consenso, contornos, núcleo, fronteira*? Será a este elenco de perguntas que a tese, com insistência, se reportará.

No tocante ao primeiro quesito, vale dizer, a respeito da abordagem fronteiriça ao estudo do processo, quadra sinalar que o processo penal recolhe sua legitimidade do fato de configurar um mecanismo instituidor de **limites** ao poder punitivo estatal. Com razão, ensina Rui Cunha Martins que "quer o sistema penal, quer o sistema constitucional, retiram a sua importância, para não dizer sua legitimidade, da sua instituição enquanto limites"[212]. É fato. E o sistema processual, retirando a sua legitimidade da sua instauração como limite, carecerá de outorgar atenção especial à atividade demarcatória.

Para além disso, se o "processo é microcosmo do Estado de direito"[213] (item 2.1), será válido deduzir, desta co-pertença, que o limite configure matéria ainda mais estimada. Isto pois, enquanto "verdadeiro direito constitucional aplicado"[214] (Henkel), o processo penal ostenta a concretização, no plano fático, das opções políticas inscritas na Carta Maior. Não é por outra razão que Bettiol afirmará que "[q]uase não há um instituto de processo penal que não revele a sua intrínseca natureza política e não seja, portanto, a expressão de uma ideia que supera o plano da realidade prática e a espelha em termos de orientação política"[215].

Nesta senda, basta ver o caráter *limitador* dos princípios do processo penal constitucional: ademais de uma função de garantia dos direitos dos indivíduos (dimensão positiva), as normas constitucionais referentes ao processo penal irrompem como barreiras (dimensão negativa) contra as práticas punitivas arbitrárias do Estado. O devido processo legal, a presunção de inocência, o juiz natural, o contraditório, a vedação à prova ilícita, entre outros tantos, não são apenas garantias processuais dos sujeitos, senão também deveres do Estado (ao menos no marco do Estado democrático de direito, perfazem normas de orientação política).

Mas não é só. Em se tratando do estabelecimento de limites ao poder punitivo estatal, não há como se olvidar dos axiomas do garantismo penal: *nullum crimen sine lege, nulla culpa sine iudicio, nulla iudicium sine accusatione, nulla accusatio sine probatione.* Eles não são fórmulas vazias; têm de resultar, isto sim, em uma atuação do Estado, no curso do processo ou fora

---

212. Idem, p. 114.

213. MARTINS, Rui Cunha. **A hora dos cadáveres adiados**: corrupção, expectativa e processo penal. op. cit., p. 2

214. Tal asserção de Henkel é apresentada por Manuel da Costa Andrade em ANDRADE, Manuel da Costa. **Sobre as proibições de prova no processo penal**. Coimbra, 2006. p. 12.

215. A lição de Giuseppe Bettiol é citada em coluna de René Ariel Dotti. In.: DOTTI, René Ariel. O Processo Penal Constitucional – Alguns aspectos de relevo. Gazeta, 2015.

dele, legislando, acusando ou julgando, para que, ao final, a sanção esteja legitimada e a intervenção estatal na esfera individual, justificada.

O processo penal, assim, deve *confinar* o poder punitivo do Estado; eis a sua razão de ser. No ponto, aduz Geraldo Prado que "o estado de direito tem nas regras do devido processo legal sua base jurídico-política, por meio da qual o exercício legítimo do monopólio da força tende a não se converter em arbítrio", revelando-se sem "sentido conceber a atuação estatal de verificação da responsabilidade penal de alguém fora das margens instituídas no âmbito da legalidade"[216].

Uma ode às *margens*, pois são através delas que devém possível a aferição da compatibilidade da persecução penal com os princípios que regem o estado de direito, a fim de se atestar, então, a legitimidade da imposição do castigo.

Insisto em matéria limítrofe. Ensaiei, em ocasião anterior (tópico 2.1), a compreensão do "processo, qualquer processo, como um dispositivo articulador de elementos de vária ordem", sujeito a "um sem-número de cruzamentos inesperados, tão depressa vertidos em oportunidade de incorporação quanto em hipótese de diferimento", que consubstancia, enfim, "uma dinâmica que antecede a introdução de uma qualquer direcionalidade"[217]. Articulei, neste passo, que, a fito de incorporar uma tal direcionalidade a esta miríade de cruzamentos e de conferir sentido a esta pletora de elementos, assoma de maior valia a implementação de uma **lógica sistêmica**, apta a ordenar as conexões entre os componentes de um qualquer processo e, assim, reduzir o caráter contingencial/imponderável das suas relações internas como externas.

Àquela altura, concluí que, em seu impulso para *devir-sistema*, inevitável que o processo se *limite*. Que crie *fronteiras*, que erga *muros*. Em seu nascedouro, a sistematicidade exige que ele demarque, selecionando elementos e práticas que se inscrevam em seu quadro de valências e vertendo aqueles que lhe sejam incompatíveis do lado de fora das suas *margens*.

Não obstante, viu-se que o *sistema processual*, ante o mero caráter ordenador prescrito pelo eixo da sistematicidade, não dá conta de se prevenir, em absoluto, diante de um dado nível de imprevisibilidade nas interações entre os seus elementos – quer decorrentes da convivência nos quadros do próprio sistema, quer em contatos com o ambiente. A nível de conectividade,

---

216. PRADO, Geraldo. **Prova penal e sistema de controles epistêmicos**: a quebra da cadeia de custódia das provas obtidas por métodos ocultos. op. cit., p. 15.

217. MARTINS, Rui Cunha. **O ponto cego do direito**: the brazilian lessons. op. cit., p. 65-66.

aventamos que se denominasse tal fenômeno de **permanências rizomáticas**, isto é, a mantença em aberto a interações, movimentos, contatos e sobreposições inesperados entre os elementos em jogo, independentemente de quão bem forjado fosse o *sistema*. Isto nos permitiu sugerir, com espeque em Rui Cunha Martins, que "a via da sistematicidade não anula por completo o substrato rizomático que persiste"[218].

Avançamos, demais, em campo especulativo. Divisamos a manutenção deste **substrato rizomático** no processo-que-deveio-sistema, a partir de dois enfoques. Um primeiro, descrito linhas atrás, consistente na ideia de que a transformação de um determinado *processo* em um *sistema* é medida insuficiente para conter, por assim dizer, o ímpeto voraz dos elementos processuais; se é fato que, por conta da sistematicidade, os elementos firmarão relacionamentos menos imprevisíveis e vizinhanças menos inoportunas, também é indubitável que este convívio jamais será de todo conforme esperado, tendo em consideração a complexidade do dispositivo. O segundo enfoque, representando um adensamento do primeiro, fomenta a ideia de que é a *fronteira* o operador que autoriza a passagem e a vedação, a incorporação e o alheamento, sendo ela palco privilegiado das tensões múltiplas entre o acossar de uma **memória rizomática**, que aspira a uma permanente abertura da fronteira ao ambiente, e um **desejo de coerência** do sistema, que visa a tornar as interações mais previsíveis, por isso preferindo a manutenção "em fechado" da fronteira.

É sobre esta tensão imparável que ela, a *fronteira*, se instala. Com efeito, ela existe para fazer frente à impossibilidade de um cessar-fogo entre duas tendências não coadunáveis. Tal como os elementos processuais com os quais há de lidar, a *fronteira*, insisto, é um dispositivo complexo que desempenha funções nem sempre consentâneas, até por ser fruto, como vimos, de uma escolha política.

A se cogitar da eleição em campo de sistemas processuais penais, convém atentar, sim, para os elementos constituintes de cada um dos **patrimônios**, o acusatório e o inquisitório. Todavia, será também de bom alvitre não se olvidar das suas fronteiras; afinal, é típico da lógica sistêmica aquela mencionada requisição infrene a esse mecanismo limítrofe, como é inerente à lógica da fronteira, por seu turno, o tensionamento incontível entre tendências não coadunáveis, que dela exigem uma constante disponibilidade para incorporar novos elementos e excluir os antigos de seu panorama funcional.

218. Idem, p. 68.

Por sinal, neste ponto, caberá assinalar que o saber processual penal – quer em sua veia crítica quer em sua modalidade legitimadora do direito penal máximo – se transforma de acordo com a política criminal e as práticas punitivas vigentes em um determinado momento histórico, assim como – em direção oposta, mas complementar – ajuda a transformar esse mesmo quadro de práticas. De modo que, ao encarar o processo como um dispositivo que coordena elementos díspares, estou a reconhecer que ele comporta um sem-número de práticas discursivas e não discursivas (os regimes de enunciados e de luz a que referimos no item 2.1), a tecer uma rede na qual saber e poder estão inarredavelmente justapostos (Foucault).

Esse relacionamento, nem sempre pacífico, entre poder e saber deságua, sucessivamente, na problemática da *fronteira*. Senão, notemos: as decisões a respeito donde traçar a linha, a que permitir a entrada e ao que vedá-la, quais os níveis de ductilidade e de porosidade desses muros que apartam o "de dentro" do "de fora", são respostas perseguidas pelo saber processual penal; de igual modo, são questões do maior relevo ao Poder, considerada a conotação política de tais decisões – como exemplo, para ficar no processo penal, a escolha e o desenvolvimento de um dado método de arbitramento de responsabilidade penal passam pelo estabelecimento de *limites* (os que separam o desejado do indesejado, o lícito do ilícito, o ético do reprovável).

Além disso, revela-se de particular importância admoestar que, em sede processual penal, o problema se agrava – e se adensa. Isto devido ao fato de que a adesão a determinado sistema processual penal não obsta a requisição de componentes típicos do modelo oposto; na realidade, a permanente tensão entre acusatório-inquisitório configura o nó górdio do processo penal, vez que as tendências políticas antagônicas não cessam de produzir fricções neste terreno[219]. A respeito da coabitação de orientações políticas discrepantes e, inclusive, do inevitável convívio entre elementos pouco compatíveis no *cerne* (e nas *margens*) do dispositivo processual penal, valho-me da "metáfora da moeda", formulada por Geraldo Prado:

> ...o sistema acusatório é como a face de uma moeda: não existe sem a "coroa", cuja presença iminente sempre incomoda, porque relem-

219. Entendo ser essa a falha das teorias que postulam a superação de acusatório e inquisitório: ou esvaziar-se-á o processo penal de sua conotação política, escondendo-se o conflito entre tendências políticas distintas debaixo do pano de um falso consenso – jurídico, político, epistemológico; ou mudar-se-á a discussão mantendo-se os mesmos "problemas" da política do processo penal.

bra (história) as estratégias de infiltração das práticas autoritárias, em avanço muitas vezes destemido sobre os direitos humanos.[220]

É como que imanente à convivência entre interesses políticos díspares no *campo jurídico* o recurso, por parte dos atores políticos, a elementos pouco coadunáveis com o sistema eleito. Exemplo maior é a comparência, velada ou às escâncaras, das práticas punitivas autoritárias em ambiente democrático (no caso brasileiro, mais de três décadas após a democratização e ainda se constata, com facilidade, arbitrariedades em seara penal).

Reatemos os nós. No ponto, convirá repisar que se a *sistematicidade* é uma meritória "via de contornar as investidas sobre o dispositivo processual penal"[221], observamos ser ela incapaz de assegurar a impenetrabilidade dos muros (vide as ditas permanências autoritárias em um ambiente democrático). Uma porção de *incerteza*, que nomeamos de "memória rizomática", é assim inerente à dinâmica dos relacionamentos internos e externos em sede processual penal: os componentes do dispositivo arranjam-se de modo nem sempre previsível, articulam-se com elementos provenientes de outros quadros, instauram novas conexões à medida que desfazem antigos elos, aproximam-se e afastam-se daquilo que é considerado o núcleo reitor do sistema. Estes movimentos todos, sem sombras de dúvidas, põem um desafio de monta aos envolvidos: o de manter incessante vigília sobre a atividade demarcatória, pois é ao nível das inclinações políticas dos *responsáveis por traçar as linhas* que se está a jogar.

Portanto, como seria de se esperar, é ao nível político que o enlace entre o processo penal e o operador *fronteira* resta mais nítido[222]. Com efeito, o convívio entre tendências políticas divergentes no interior do dispositivo processual penal culmina por trazer à ribalta o mecanismo fronteira; o ato de *traçar as linhas que circundam o dispositivo* é o que viabiliza a identificação

---

220. PRADO, Geraldo. Campo Jurídico e Capital Científico: o acordo sobre a pena e o modelo acusatório no Brasil – a transformação de um conceito. In: PRADO, Geraldo; MARTINS, Rui Cunha; CARVALHO, L. G. Grandinetti Castanho de. **Decisão Judicial**: a cultura jurídica brasileira na transição para a democracia. São Paulo: Marcial Pons, 2012, p. 50.

221. MARTINS, Rui Cunha. **O ponto cego do direito**: the brazilian lessons. op. cit., p. 25.

222. Afinal, importa reiterar: a adoção de um dado sistema processual penal, escolha de indeclinável cariz político, faz *fronteira*. É inevitável consequência do processo-devir-sistema que assim seja; sua inevitabilidade, contudo, não pode levar a precipitadas conclusões quanto a sua inalterabilidade. Menos corretos ainda são os que pensam ser a zona fronteiriça terreno pacífico. Jamais será; por ser fruto de decisões eminentemente políticas, a fronteira não pode ser senão *locus* de perene *dissenso*.

dos componentes do sistema (dimensão positiva) e daqueles que restaram alijados para lá das suas margens (dimensão negativa). O desafio maior será, nesta sobreposição entre política e processo, lidar com aquela volatilidade ínsita à fronteira, visto que, não sendo o limite imutável, caberá verificar constantemente os seus modos de atuação e as funções a ele cometidas.

Aqui, creio já estar devidamente *justificada* a solicitação ao leque de categorias inscritas no campo semântico do *limite*. Comprovamos, quero acreditar, a pertinência dessa aproximação teórica ao estudo dos sistemas processuais penais, e, pouco mais adiante, o faremos com relação à análise específica da justiça penal negociada.

Relativamente à categoria do «dispositivo processual penal», a estratégica requisição ao *dispositivo foucaultiano*, que havia se mostrado valiosa para a análise empreendida no item 1.4, também aqui propiciou uma abordagem muito mais rica à fenomenologia do processo penal, com um visível salto de qualidade em comparação com as investigações levadas a cabo pela doutrina tradicional. Essa ferramenta analítica permitiu, entre outros, o desvelamento daquilo que existe de "não-discursivo" nas práticas punitivas. Não sobeja recordar que, no vocabulário de Foucault, o termo *dispositivo* caracteriza-se como:

> 1) É um conjunto heterogêneo, linguístico e não-linguístico, que inclui virtualmente qualquer coisa no mesmo título: discursos, instituições, edifícios, leis, medidas de polícia, proposições filosóficas etc. O dispositivo em si mesmo é a rede que se estabelece entre esses elementos.
>
> 2) O dispositivo tem sempre uma função estratégica concreta e se inscreve sempre numa relação de poder.
>
> 3) Como tal, resulta do cruzamento de relações de poder e de relações de saber.[223]

Através da invocação a uma tal ferramenta, a operação de descortinamento da intimidade estrutural do processo penal tornou-se factível. Deveras, a concepção do processo penal como dispositivo, entre nós trabalhada por Geraldo Prado[224], oferece resultados muito benéficos, posto que: (i)

---

223. AGAMBEN, Giorgio. **O que é o contemporâneo? e outros ensaios.** Trad. Vinícius Nicastro Honesko. Chapecó: Editora Argos, 2009. p. 29.

224. PRADO, Geraldo. **Prova penal e sistema de controles epistêmicos**: a quebra da cadeia de custódia das provas obtidas por métodos ocultos. op. cit.; PRADO, Geraldo. **A cadeia de custódia da prova no processo penal**. op. cit.

possibiliza uma análise densa da fenomenologia processual, para além do "discurso oficial", e que respeite a sua complexidade e a heterogeneidade dos seus elementos constitutivos; (ii) proporciona a detecção dos vínculos estabelecidos entre esses elementos, formadores de uma rede (*reseau*); (iii) oportuniza a captura das incoerências não raro presentes nas engrenagens do processo penal, assim tornando possível desvendar o real funcionamento da maquinaria processual; (iv) por fim, propicia a identificação das funções estratégicas do processo penal e da indissociabilidade entre poder e saber em sua composição.

Antes de ingressar, com minúcia, no estudo da barganha frente aos modelos acusatório e inquisitivo, relevará sintetizar aquilo que se lhe apresenta como seu pano de fundo: o dispositivo processual, enquanto compósito de elementos multifários, comporta um "desejo de sistema". Nessa passagem de processo-a-sistema são instituídos limites, a fim de regular os vínculos entre tais elementos e conter aparições indesejadas. Remanesce, contudo, um "substrato rizomático", como espécie de memória muscular da sua antiga "dinâmica sem direcionalidade"[225], isto é, de lembrança das associações espontâneas e não reguladas por um princípio reitor; sua persistência acossa, como seria de se esperar, o sistema centrado recém-criado, visto que a forma do *rizoma* é a de "sistema sem General"[226]. Assim, o processo arranca dessa instabilidade que não logra ser solucionada, pois estão em campo duas lógicas antagônicas: a sistêmica e a rizomática. Ao nível rizomático, convirá notar que ele subsiste com a convivência entre elementos provenientes de quadros históricos e políticos divergentes (em sistemas processuais tidos por acusatórios, por exemplo, é comum a presença de elementos típicos do modelo inquisitivo). É assim que se configura o campo tensional sobre o qual nos debruçamos.

Neste terreno movediço em que se inscreve o dispositivo, é de alvitre recordar que se está a jogar o *jogo político*: as múltiplas tentativas de construção do "consenso" em processo penal – não à toa a consensualidade se insinua no campo jurídico, tendo as soluções negociadas como uma de suas expressões –, que não raro propõem a superação da querela em torno dos sistemas acusatório e inquisitório, se prestam apenas ao propósito de esvaziamento do caráter conflituoso inerente à política processual penal.

---

225. MARTINS, Rui Cunha. **O ponto cego do direito**: the brazilian lessons. op. cit., p. 66.
226. DELEUZE, Gilles; GUATTARI, Félix. **Mil platôs**: capitalismo e esquizofrenia. op. cit., p. 43.

Trata-se de um projeto de supressão do *desentendimento*[227] em favor de um "autoritarismo consensual" ("somos livres... desde que escolhamos a coisa 'certa'"[228]) tão característico de uma era - supostamente - pós-política e pós-ideológica. Em referência a isto, vem a calhar a interessante leitura proposta por Jobim do Amaral:

> Enfim, "**a pós-política supõe o modelo da negociação comercial e do compromisso estratégico**". Sem afastarmo-nos do foco, não será esta a lógica semelhante esculpida nas reformas processuais penais em curso no país - como examinado antes - e mesmo nos discursos de resistência que migram estrategicamente e cedem terreno para suporem-se mais seguros em planos de *democraticidade*, apontando novos desdobramentos involuntários de um *dispositivo inquisitivo* camuflado? **Na era pós-política, o conflito ideológico sobre visões globais (no microcosmo do processo penal, a querela acusatório/inquisitório) fica suplantado pela negociação de interesses alcançada por um compromisso sob a forma de *consenso*. Para dizê-lo cinicamente, um universo pós-ideológico não pode perder tempo com tais deprimentes sequelas, isto provoca *estafa*;** afinal, as boas ideias assim o são porque *funcionam*, nada importando "modificar a própria trama que determina como as coisas funcionam"[229] **(grifos nossos)**

Assentadas as hipóteses a partir das quais laboro sobre o "dispositivo processual penal", bem como ensaiados uns cruzamentos, decerto não exaustivos, entre processo, sistema, rizoma, fronteira, etc., é momento de adentrar no exame específico das soluções penais negociais. Neste passo, algumas questões já a se pôr: qual a valia de uma abordagem fronteiriça, quando a

---

227. RANCIÉRE, Jacques. **O desentendimento** - política e filosofia. Trad. Ângela Leite Lopes. São Paulo: Editora 34, 1996. p. 11. Nas palavras de Ranciére: "Por desentendimento entenderemos um tipo determinado de situação de palavra: aquela em que um dos interlocutores ao mesmo tempo entende e não entende o que diz o outro. O desentendimento não é o conflito entre aquele que diz branco e aquele que diz preto. É o conflito entre aquele que diz branco e aquele que diz branco mas não entende a mesma coisa...".

228. AMARAL, Augusto Jobim do. **Democraticidade e regimes de historicidade no processo penal**. In: PRADO, Geraldo; CHOUKR, A. C. Ferigato; JAPIASSÚ, C. E. Adriano. **Processo penal e garantias**: estudos em homenagem ao professor Fauzi Hassan Choukr. 2ª ed. revista e ampliada. Florianópolis: Empório do Direito, 2016. p. 179.

229. Idem, p. 173.

falar dos acordos penais? É legítimo que, da relação entre os mecanismos negociados e o *processo-tornado-sistema*, seja invocado um operador tal a fronteira? Em que medida será essa *zona*, de 'passagem' ou de 'vedação', fértil aos nossos intentos de examinar a consensualidade em sede processual penal?

Antecipo a minha compreensão. Avalio, com esteio nas premissas acima formuladas, que o funcionamento concreto do dispositivo processual penal autoriza a abordagem fronteiriça a um tema como as negociações penais. Em *bom rigor sistêmico*, calculo ser esta a leitura mais adequada ao propósito de surpreender a complexa fenomenologia processual, proporcionando a captura em movimento das interações entre os componentes do dispositivo e os elementos constantes de quadros alheios; com efeito, a assimilação desta disponibilidade da fronteira para *negociar* nos auxiliará, sobremodo quando em foco a justiça penal negociada, a perceber "os elementos não discursivos [, de modo a] revela[r] as franjas por onde as práticas repressivas escapam de qualquer controle democrático"[230].

Não custa lembrar que a *escolha sistêmica* – em processo penal: acusatório ou inquisitório – faz *fronteira*. Porém, de pouca valia seria a requisição a tal mecanismo caso se compreendesse ser a fronteira um espaço impassível, plácido (como uma "*versão essencialista*" do limite[231]), decorrente de uma demarcação fundacional consensualmente pactuada; em nosso sentir, mais proveitoso será reputar a fronteira como um operador, que funciona, em boa dose, de acordo com o sujeito que a maneja. É justo o seu caráter autoral que faz com que ela se subordine aos interesses daquele responsável por traçar lhe as linhas, razão pela qual as filiações ideológicas, políticas e doutrinárias do seu *autor* hão de ser consideradas na problemática demarcatória.

Fechando o cerco em torno da justiça penal negocial, calhará reiterar as pressões de vária espécie, dos sistemas econômico, político, comunicacional, que atuam ininterruptamente sobre o dispositivo processual penal (vide item 2.1). Na atual quadra, em que prevalece o domínio do econômico sobre os mais distintos ramos da vida (item 1.4), viu-se que o aparelho processual se contrapõe às pressões extrínsecas por meio da incorporação dos motes da *celeridade* e da *transparência*; o primeiro, para fazer frente aos meios de comunicação no domínio do *consumo*, e, o segundo, para concorrer com a mídia na esfera da *verdade* (item 2.1).

---

230. PRADO, Geraldo. **A cadeia de custódia da prova no processo penal**. São Paulo: Marcial Pons, 2019. p. 37.

231. MARTINS, Rui Cunha. **O ponto cego do direito**: the brazilian lessons. op. cit, p. 116.

Dessarte, não causará espanto o fato de que a perseguição implacável a estes ideais tenha se processado pela redução do tempo e dos custos judiciários, bem como do fomento a soluções que promovessem a *simplificação* da atividade incriminatória. O exponencial alargamento da justiça penal negociada no interior do dispositivo processual é o exemplo mais acabado desta vontade de aceleração – quando não, supressão – do demorado e oneroso processo penal.

O aparato discursivo legitimador desta expansão do consenso, contudo, acaba por recobrir com vestes acusatórias um autêntico "reenvio às técnicas inquisitoriais"[232], ocultando por trás de um argumental de *voluntariedade*, *autonomia da vontade*, *liberdade contratual* e *igualdade entre as partes contratantes*, o funcionamento concreto dos mecanismos negociados e o seu parentesco com um processo penal autoritário, em que os direitos e garantias fundamentais são relativizados em favor de *preenchimentos punitivistas*.

Pelo que, sem embargo das tentativas de parcela considerável da doutrina no sentido de inserir as soluções negociadas no *arco* do sistema acusatório, a presente obra largará de espectro oposto: o de que o modelo negocial deve restar do lado de lá da *fronteira*, pelo menos se a busca for pela máxima acusatoriedade – leia-se: desempenho acusatório – do dispositivo processual. Isto pois a incompatibilidade entre a barganha – que vulnera as garantias do acusado e encara o devido processo legal como óbice à realização sumária do poder punitivo – e o princípio reitor do sistema acusatório é, a nosso ver, patente: o estatuto defensivo é relegado a plano inferior, a acusação sofre daquela "aglomeração quântica" e o juiz cede à *evidência* e se desloca de sua necessária posição de imparcialidade. Portanto, não há como ser admitida a "passagem" ou a "incorporação" da barganha ao âmago do sistema acusatório.

Nada obstante a adoção explícita da tese de que as soluções negociadas estão inscritas do lado de fora de um dispositivo que se pretenda maximamente acusatório, é dever reconhecer a existência de uma polêmica demarcatória, quando em pauta a determinação a qual sistema processual pertencem os acordos penais. Como a linha traçada guarda indeclinável dependência ao seu autor, tanto melhor será o controle sobre a demarcação quanto mais bem fundamentada for a escolha política do local onde se instala a fronteira. É tarefa irrecusável esclarecer as razões pelas quais afirmo, portanto, se encontrarem os mecanismos negociados em zona fronteiriça

232. PRADO, Geraldo. **Transação Penal**. op. cit., p. 284.

– e, nesse terreno limítrofe, por que acredito serem eles incompatíveis com um processo penal democrático[233].

Nesse sentido, é valiosa a ideia de Vinícius Vasconcellos, para quem a justiça penal negociada está entre "a patologização do acusatório e o contragolpe inquisitivo"[234]. Estrearei a minha incursão nessa *zona-fronteiriça-ocupada-pelos-mecanismos-negociais* apresentando o repertório de argumentos doutrinários favoráveis ao emprego da barganha, com frequência aduzindo ser este instrumento compaginável com o princípio reitor e com os demais elementos constantes do sistema acusatório. Contudo, simultaneamente à exibição desses pressupostos, demonstrarei a sua falácia e, inclusive, o enraizamento de tais práticas na tradição inquisitória.

Adotarei, como paradigma para a crítica, o modelo do *plea bargaining* norte-americano, eis que configura o padrão de referência para os demais movimentos de implantação, mundo afora, dos mecanismos negociais[235]. Releva destacar, todavia, que a crítica não ficará adstrita ao modelo estadunidense, tratando de abranger, igualmente, os aportes da doutrina nacional partidária do uso da transação penal, da colaboração premiada e das modalidades distintas de acordos penais, quer no PL 8.045/10 (sob o nome de *procedimento sumário*), no PLS 236/12 (com a alcunha *barganha*), ou nas Resoluções n. 181 e 183 do Conselho Nacional do Ministério Público (com o título de *acordos de não persecução penal*), entre outros.

Como acima referido, não são poucos os que defendem consubstanciar a barganha penal a expressão mais burilada do processo acusatório, em de-

---

233. Releva notar, a esse respeito, anotação de Antonio Pedro Melchior, com quem se concorda, de que "o âmago da democraticidade para o processo penal reside nos elementos do sistema destinados a conter e restringir o exercício do poder punitivo, por ser o próprio exercício do poder o núcleo inquebrantável de qualquer preocupação democrática" (MELCHIOR, Antonio Pedro. **O juiz e a prova**: o sinthoma político do processo penal. Curitiba: Juruá, 2013. p. 146). Ora, a barganha desrespeita frontalmente os elementos do sistema (acusatório) destinados a contenção do poder, visto que vem a ser forma de incremento da volúpia punitiva do Estado. O processo penal, como filtro para uma condenação justa no marco de um Estado democrático de direito, dá lugar a procedimentos sumários, tudo de forma a antecipar (e maximizar) a intervenção estatal.

234. VASCONCELLOS, Vinícius. Barganha no processo penal e o autoritarismo "consensual" nos sistemas processuais: a justiça negocial entre a patologização do acusatório e o contragolpe inquisitivo. **Revista dos Tribunais**, v. 953, março de 2015. pp. 261-279.

235. Nesse tocante, precisa a lição de Jenia Turner de que "qualquer discussão a respeito do avanço internacional da plea bargaining deve partir do exame do modelo norte-americano". (TURNER, Jenia. **Plea bargaining across borders**. op. cit., p. 2).

corrência das suas raízes no sistema de justiça criminal dos Estados Unidos da América - reputado como adversarial, conquanto haja controvérsia acerca desta classificação - e pela consagração de um suposto processo de partes, no qual vigente o respeito à imparcialidade do julgador e à paridade de armas entre acusação e defesa. Demais disso, afirmam que a barganha permitiria uma maior aproximação à verdade dos fatos, porquanto a colaboração do próprio autor do delito, de maneira consensual, tornaria mais exequível a desejada adequação entre sanção e verdade.

Não à toa, prestigiados autores entendem que a barganha esteja inscrita no arco do sistema acusatório. Deveras, a depender da significação que se atribui a inquisitório e acusatório - e aí reside a *crucialidade da atividade demarcatória* -, a negociação penal poderá ser interpretada como corolário do modelo de partes. Partes estas que solucionariam consensualmente o litígio, dispondo, cada qual, de uma fração de seus direitos em troca de outras vantagens.

Nesse sentido, Rosimeire Leite[236] afirmará ser a justiça negocial um "modelo de processo penal que atribui maior relevância à manifestação de vontade dos envolvidos (...) de modo que a convergência de desígnios entre eles tenha papel decisivo para o pronunciamento judicial que marca o desfecho do processo ou do procedimento".

Na mesma toada, Richard Vogler[237] descreverá o modelo de consenso como "o coração ideológico de um sistema que trata o acusado como um participante ativo, mais que como um objeto passivo". Por essa ótica, a emergência de um processo penal consensual servirá para "aproximar os sujeitos processuais para, em conjunto, encontrarem a melhor solução legal para pacificar a tensão causada pelos seus interesses diversos surgidos pelo conflito..."[238].

De sua parte, assinalarão outros doutrinadores de quilate que o princípio dispositivo[239] contemplaria a faculdade de disposição, por parte dos

236. LEITE, Rosimeire Ventura. **Justiça consensual e efetividade do processo penal**. Belo Horizonte: Del Rey, 2013. p. 23.

237. VOGLER, Richard. Justiça consensual e processo penal. In: CHOUKR, Fauzi Hassan; AMBOS, Kai (coord.). **Processo penal e Estado de direito**. Campinas: Edicamp, 2002, p. 306.

238. OLIVEIRA, Rafael Serra. **Consenso no processo penal**: uma alternativa para a crise do sistema criminal. Tese de mestrado em ciências criminais: Coimbra, 2013. pp. 61/62.

239. O entendimento acerca da impossibilidade de se tomar o princípio dispositivo como o regente do sistema processual de feição acusatória é exposto no tópico 2.2, salientando-se a maior denominação da ideia reitora como princípio acusatório.

envolvidos na contenda, do objeto em litígio, assomando a barganha como um mecanismo inerente à estrutura do processo penal adversarial. Indicarão, também, que a passividade do julgador diante da disputa entre as partes atuaria no sentido de consagrar a sua imparcialidade, em um característico modelo de partes. Não é outra a percepção de Máximo Langer[240], no multicitado ensaio a propósito do transplante de categorias jurídicas:

> Há poucos mecanismos e institutos mais característicos do sistema adversarial estadunidense e mais especificamente do modelo de disputa. **O *plea bargaining* estadunidense, por definição, presume uma concepção adversarial do processo penal como uma disputa entre duas partes diante de um julgador passivo. Faz sentido que em um modelo de disputa as partes sejam autorizadas a entrar em acordo sobre um *plea bargain*.** Isto é, as partes podem negociar a fim de chegar a um acordo e se as partes acordarem sobre o fim da disputa, o julgador não deveria ter qualquer poder (ou tão somente um poder formal e relativamente menor) de rejeitar esta decisão.
>
> Além disso, as características do modelo de disputa são condições que permitem a possibilidade de desenvolvimento do plea bargaining. **Por exemplo, o guilty plea que permite ao acusado colocar um fim na determinação da culpa ou da inocência, concedeu à defesa uma ferramenta negocial em seus acordos com a acusação.** Ademais, o fato de que o juiz, como um julgador passivo, normalmente aceitar o acordo estabelecido pelas partes (os verdadeiros donos do processo) também oferece um estímulo para o desenvolvimento de tais práticas. (grifos nossos)

Em um tom acentuadamente crítico, Vinicius Vasconcellos[241] chama a atenção para um argumento esgrimido por essa corrente doutrinária, quando esta enfatiza que, "em decorrência da postura reativa do julgador e da primazia das partes na condução do processo, a elas seria autorizado um poder de disposição plena sobre o objeto do processo", de sorte que tornar-se-ia plausível "concluir que o modelo acusatório se define pela possibilidade de

---

240. LANGER, Máximo. **Dos transplantes jurídicos às traduções jurídicas**: a globalização do plea bargaining e a tese da americanização do processo penal. op. cit., p. 73-74.

241. VASCONCELLOS, Vinícius. Barganha no processo penal e o autoritarismo "consensual" nos sistemas processuais: a justiça negocial entre a patologização do acusatório e o contragolpe inquisitivo. **Revista dos Tribunais**, op. cit., p. 268.

que acusação e defesa disponham (controlem, renunciem) do processo, nesses termos legitimando os acordos para imposição de punições negociadas".

É precisamente esta a avaliação de Gerard Lynch[242], ao atestar que a *bargain* "deriva diretamente da noção acusatória de que as partes se apresentam como adversários autônomos e iguais diante do tribunal". Não difere muito do entendimento, entre nós, de Jacinto Coutinho[243], embora ambos – Lynch e Coutinho – façam inúmeras ressalvas ao emprego quotidiano de tais mecanismos negociados.

Com efeito, a noção de que a justiça negociada restaria inserida no círculo acusatório será adiante criticada, exibindo-se os seus défices e as premissas incorretas sobre as quais esta tese se alicerça. Desde logo, contudo, importará destacar a advertência de Ferrajoli a respeito das impropriedades de se considerar os acordos penais como decorrência do "método acusatório":

> **A tese partilhada pela doutrina, e que logo se tomou um lugar-comum, de que os dois acordos ou transações são uma decorrência lógica do "método acusatório" e do "processo de partes" é totalmente ideológica e mistificadora.** (...), uma tese como esta, amparada na experiência do processo acusatório americano e, particularmente, do plea bargaining, é fruto de uma **confusão entre um modelo teórico acusatório – que consiste unicamente na separação entre juízo e acusação, na paridade entre acusação e defesa, na moralidade e na publicidade do juízo – e os concretos caracteres do processo acusatório estadunidense**, dos quais alguns, como a discricionariedade da ação penal e o acordo, não têm com o modelo teórico qualquer nexo lógico. (...)
>
> O mesmo se diga da fórmula "processo de partes", cujo uso com referência aos acordos ou transações é também impróprio e destorcido. **A negociação entre acusação e defesa é exatamente o oposto**

242. LYNCH, Gerrard. ***Plea bargaining***: el sistema no contradictorio de justicia penal en Estados Unidos. Revista Nueva Doctrina Penal. Buenos Aires, 1998. p. 297-8.

243. Aduz Jacinto Nelson de Miranda Coutinho: "No caso do *plea bargaining* não é diferente. Falar dele é falar de um *instituto* (na falta de palavra melhor) tipicamente do *sistema acusatório*, mormente daquele norte-americano. Além disso – diga-se desde logo –, é falar de um instituto incompatível com um *sistema inquisitório* como o brasileiro atual". E conclui, em posição que se discorda: "Ter o *plea bargaining* é inevitável se o processo penal brasileiro vier a ser acusatório. Mas para isso é preciso, antes, importar o sistema todo, com ônus e bônus". In: COUTINHO, Jacinto Nelson de Miranda. *Plea bargaining* no projeto anticrime: crônica de um desastre anunciado. **Boletim IBBCRIM**, ano 27, nº 317, Edição Especial, abril/2019. p. 2-5.

> **do contraditório, que é próprio do método acusatório, e reclama acima de tudo práticas persuasórias consentidas pelo segredo, na relação ímpar que é própria da inquisição.**[244] (grifos nossos)

Recuperemos, aqui, a apresentação dos discursos confeccionados pela doutrina adepta ao modelo consensual. Uma parcela de seus fautores, talvez mais cínicos, postulam que o réu não confessaria não fosse ele o autor do delito, irrompendo a barganha como forma de beneficiar aquele que reconhece a sua culpabilidade; parecem se olvidar de que o processo penal é, em si, causa de sofrimento psíquico e que "a ameaça de sanção inerente a todo processo acusatório é (...) um elemento de coação que desequilibra a posição jurídica dos contratantes e tende a ser tomado como limitador do consenso como livre manifestação da vontade"[245].

Este alerta de Prado concorre para desmistificar a ideia da barganha como um *contrato firmado entre partes livres e iguais*, posto que a disparidade entre acusação e defesa não abona tal afirmação, máxime quando se está diante da disposição de direitos fundamentais. Pelo que não só seria ilegítimo o contrato, ante a ausência de liberdade e igualdade negocial, como sequer seria lícito o objeto do negócio: liberdades públicas não são mercadorias a serem barganhadas.

Um outro argumento requestado pelas correntes partidárias ao uso da barganha, com base em teorias criminológicas - com destaque para o *labelling approach* - e sobre a função da pena - teoria da prevenção positiva -, é o de que o réu-colaborador estaria em estágio mais avançado de ressocialização, em face da sua aceitação espontânea do cometimento da infração e de seu remorso pelo crime. Um dos entusiastas da incorporação dos acordos penais ao Brasil, Queirós Campos[246] assevera que a teoria do *labelling approach* "vislumbra na justiça consensual a busca de soluções alternativas com vista a evitar o efeito estigmatizante do sistema formal de justiça penal", bem como que ao consenso é válido admitir "o uso voluntariamente limitado de certos direitos e garantias fundamentais, tais como o da presunção de inocência, o da ampla defesa e o do contraditório". À vista disso, referido autor concluirá ser a negociação penal uma "medida benéfica ao acusado, por redundar na

244. FERRAJOLI, Luigi. **Direito e Razão**: teoria do garantismo penal. São Paulo: Revista dos Tribunais, 2002, p. 600.

245. PRADO, Geraldo. **Transação penal**. op. cit., p. 329.

246. CAMPOS, Gabriel Silveira Queirós. Plea Bargaining e Justiça Criminal Consensual: entre os ideais de funcionalidade e garantismo, **Revista Custos Legis**, v. 4, 2012. p. 11-13.

aplicação da sanção no mínimo legal ou até mesmo abaixo de tal patamar"[247], alegando, ainda, ficar a imposição da pena privativa de liberdade plenamente justificada, pois a culpa estará confessada pelo próprio réu.

Na mesma vereda, Sales Silva[248] aduz que "a prática negocial consolida uma perspectiva mais benéfica ao cidadão", visto que, "ao se submeter a menor sanção (política premial), o réu minimiza os aspectos deletérios da pena severa que lhe poderia ser imposta". O autor destaca, ademais, que "sobrevivem todos os valores constitucionais (ampla defesa, devido processo legal, etc.), dando-se prevalência ao direito de maior valor (liberdade)". Em trecho posterior, sustenta inexistir violação ao devido processo legal, pois "se a Lei contemplar a possibilidade de julgamento antecipado da lide, em acordo sobre sentença, essa passará a ser a nova configuração do processo penal, e portanto, a ser representativa do devido processo legal (...) concentrando-se a dialética no ato de adesão ao acordo sobre sentença".

Luiz Flávio Gomes[249] alerta estar o espaço de consenso "voltado primordialmente para a ressocialização do autor do fato e pode implicar, para respeitar o princípio da autonomia da vontade, o 'recuo' (leia-se uso voluntariamente limitado) de certos direitos e garantias fundamentais assegurados pelo Estado Constitucional e Democrático de Direito". Por seu turno, Tavares de Paula[250] acentua que "os acordos criminais, ao permitirem uma adesão por parte de todos os sujeitos processuais, diminuem, ao contrário do que ocorre nos modelos que não de consenso, o perigo de eventuais litígios futuros, uma vez que a solução foi atingida de forma consensual".

Não é preciso mais do que correr os olhos sobre o Manual dos Inquisidores de Eymerich – e mirar, de relance, o funcionamento da justiça criminal brasileira e estadunidense – para que neguemos categoricamente a validade deste acervo discursivo; de fato, os métodos de extração da confissão do acusado, por um promotor ou um juiz-inquisidor (ou pelo conluio entre as duas personagens) sedento por condenações, são conhecidos desde há

---

247. Idem, p. 21.

248. SILVA, Danni Sales. **Justiça Penal Negociada**. Dissertação de Mestrado apresentada no âmbito do programa de pós-graduação em Ciências Jurídico-Criminais da Faculdade de Direito de Lisboa. Lisboa, 2016. pp. 71-75.

249. GOMES, Luiz Flávio. **Criminologia**. 8. ed. São Paulo: Editora Revista dos Tribunais, 2012. p. 486.

250. PAULA, Renato Tavares de. A justiça criminal negocial nos crimes de média gravidade no Brasil. Reforço efetivo da política criminal e incremento funcional da eficiência do processo. **Boletim IBCCRIM**, Ano 26, Nº 312, Janeiro/2019, p. 9.

muito, e as estatísticas atuais e exemplos históricos de aplicação de penas gravosas a inocentes[251] desmentem a **autonomia da vontade**, a **liberdade contratual**, a **adesão espontânea** e a **perspectiva mais benéfica ao cidadão**.

Inclusive, no caso do paradigmático *bargaining* estadunidense, as cognominadas *Alford Pleas*, isto é, negociações penais em que o acusado aceita a barganha, mas se declara inocente, só fazem evidenciar o caráter pernicioso dos acordos penais. A ausência de um lastro probatório suficiente, em vez de encaminhar o caso para o julgamento conforme o devido processo legal, acaba por intensificar as pressões para a obtenção da confissão do réu; a lógica, aqui, fica às avessas: quanto menos elementos probatórios coligidos pelo acusador, maior será a coação sobre o investigado – não raro inocente, que assumirá a culpa para evitar o **risco do processo**.

De sorte que, à guisa de um Tribunal da Inquisição, as modernas negociações penais se contentam com a mera confissão do réu, ensejando o agravamento das pressões existentes para o firmamento do acordo. A semelhança com o *modus operandi* da clássica Inquisição é notória: em Francisco de La Peña, um dos mais duros inquisidores do medievo, já se verifica que o "crime (de heresia) é concebido no cérebro e fica escondido na alma; portanto, é evidente que nada prova mais do que a confissão do réu"[252].

---

251. Sobre o problema da *plea bargaining* no caso de inocentes veja-se, na literatura estadunidense: HESSICK, Andrew; SAUJANI, Reshma. Plea Bargaining and Convicting the Innocent: The Role of the Prosecutor, the Defense Counsel, and the Judge. **Brigham Young University Journal of Public Law**, v. 16, p. 189-242, 2002; DERVAN, Lucian E. The Surprising Lessons from Plea Bargaining in the Shadow of Terror, **Georgia State University Law Review**, v. 27, n. 2, p. 239-298, fev./2011; DERVAN, Lucian E; EDKINS, Vanessa. The Innocent Defendant's Dilemma: An Innovative Empirical Study of Plea Bargaining's Innocence Problem. **Journal of Criminal Law and Criminology**, v. 103, n. 1, p. 01-48, mai./2012.

252. EYMERICH, Nicolau. **Manual dos Inquisidores** – com comentários de Francisco de la Peña. Trad. Maria José Lopez da Silva. op. cit., p. 138. Destaca-se trecho de comentário de Peña: "Diante do Tribunal da Inquisição, basta a confissão do réu para condená-lo. O crime de heresia é concebido no cérebro e fica escondido na alma: portanto, é evidente que nada prova mais do que a confissão do réu. Eymerich tem absoluta razão quando fala da total inutilidade da defesa". E prossegue: "Se o réu confessar, não há necessidade de um advogado para defendê-lo. Se não quiser confessar, receberá ordens de fazê-lo por três vezes. Depois, se continuar negando, o inquisidor lhe atribuirá, automaticamente, um advogado juramentado no seu tribunal. O réu comunicar-se-á com ele na presença do inquisidor. Quanto ao advogado, prestará juramento – embora já seja juramentado – ao inquisidor de defender bem o réu e guardar segredo sobre tudo o que vir e ouvir. O papel do advogado é fazer o réu confessar logo e se arrepender, além de pedi a pena para o crime cometido" (Idem, p. 139).

Os pontos de toque entre a tortura e o *plea bargaining*, desnudados por John Langbein[253], revelam conformar a finalidade precípua de ambos (tortura e barganha) a extração da confissão do réu. Esta convergência nefasta de interesses, violadora dos mais basilares direitos e garantias do acusado, será alvo de exame adiante; por ora, convém fazer remissão ao ensinamento de Vinícius Vasconcellos acerca da coerção da proposta e a consequente mácula da voluntariedade nos acordos:

> Como já exposto, John Langbein aponta semelhanças, embora com diferença de intensidade, entre a intimidação exercida pela tortura medieval e aquela empreendida pelos mecanismos negociais contemporâneos, a partir de ameaças de punições mais severas em caso de exercício do direito ao julgamento. **Desse modo, afirma-se a "injustiça intrínseca do sistema", já que os réus que recusam o consenso são considerados "incómodos e perturbadores, e acabam por ser punidos mais pesadamente", podendo implicar na condenação de inocentes.**
>
> Assim, o argumento de que ninguém é obrigado a se autoincriminar, em razão do direito de não produzir prova contra si mesmo, torna-se letra morta se há a promessa de uma premiação com redução da sanção penal e, a *contrario sensu*, um agravamento na situação de quem não o fizer. Portanto, **o requisito da voluntariedade na aceitação da barganha é falacioso, pois o funcionamento dos mecanismos se dá por ameaça, que causa a impossibilidade de qualquer escolha livre da defesa...**[254] (grifos nossos)

---

253. LANGBEIN, John. Tortura e plea bargaining. In: GLOECKNER, Ricardo (org.). **Sistemas processuais penais**. Florianópolis: Empório do Direito, 2017. pp. 133-150.

254. VASCONCELLOS, Vinícius. **Barganha e Justiça Criminal Negocial**: análise das tendências de expansão dos espaços de consenso no processo penal brasileiro. 2ª ed. Belo Horizonte: D'Plácido, 2018. p. 164.

A estética confessional e o esteio em uma **verdade da evidência** (Martins[255]) são fatores determinantes para a validade do asserto de que o expediente da barganha coaduna-se com um modelo inquisitivo de processo penal, no qual a vulneração sistemática às garantias e aos direitos do acusado justifica-se pela necessária *eficiência punitiva*. A dita **injustiça intrínseca do sistema** é imunizada pela ideia falaciosa de consenso, logrando, com isso, implementar um método de ameaças veladas.

Ademais, contrariamente àqueles citados defensores da barganha, considero teratológica a noção de um tal "devido processo legal da barganha". Parafraseando Prado[256], os instrumentos negociados consistem, fundamentalmente, na renúncia a um processo legal e devido; afinal, "as técnicas de sumarização dos procedimentos vieram para queimar etapas e permitir que o titular do direito material não tivesse de aguardar o decurso sempre demorado de um processo com plena atividade cognitiva para alcançar a providência de direito material objeto de sua pretensão"[257]. A abertura a um horizonte negocial, pouco afeito às etapas do processo e desejoso por preenchimentos céleres do direito material, em nada concilia com o mandamento da estrita jurisdicionalidade da pena, insculpido no axioma *nullum poena sine iudicio* (Ferrajoli).

Deveras, um procedimento sem cognição, sem dilação probatória suficiente para romper com o estado inicial de inocência que deve presidir um processo acusatório – a barganha tem o efeito prático de fazer recair sobre o réu uma presunção de culpabilidade –, e no qual se obriga o acusado a renunciar ao seu direito de defesa em troca de "prêmios", pouco remete ao devido processo legal. Todo pelo contrário: a configuração de um devido processo, em sede penal, vindica atividade do Ministério Público, na condição de acusador oficial, com o fito de produzir lastro probatório robusto, de modo que o juiz – imparcial e pré-ocupando a região da inocência –

255. O termo verdade da evidência é usado por Rui Cunha Martins como o oposto da verdade da prova. Salienta o autor português que "admitindo-se (conforme autorizam estudos prévios em torno da noção de verdade) a existência simultânea de uma verdade da evidência e uma verdade da prova, admissível se torna que a verdade da evidência seja alheia à ideia de processo, enquanto que a verdade da prova não o deverá ser. Eis o motivo: diferentemente da prova, a evidência não remete para dispositivos exteriores de avaliação, porque ela constitui um desdobramento do sentido na indicação da sua própria verdade, pondo-se por si, quer dizer, *alucinando*". MARTINS, Rui Cunha. **O ponto cego do direito**: the brazilian lessons. op. cit., p. 3.

256. PRADO, Geraldo. **Transação Penal**. op. cit., p. 356.

257. Idem, p. 341.

esteja autorizado, observados o contraditório e a plena defesa, a decidir o caso penal por meio de uma sentença obrigatoriamente fundamentada[258]. Reúnem-se, aqui, as tarefas processuais cometidas a cada um dos atores, que foram detidamente analisadas no item 2.2.

Não sobeja lembrar que uma sentença infundada é apanágio do *decisionismo processual*, e este, atributo duma epistemologia autoritária, que divisa o processo não como instrumento de contenção do poder (o devido processo no marco dum estado de direito), mas, isto sim, de uma realização descontrolada da potestade punitiva[259]. Desde esta perspectiva, insisto que o modelo negociado assenta em terreno autoritário e, no específico ponto da carência de fundamentação da decisão penal, constato que o controle judicial *ex post* ao acordo entre as partes não passa de ato homologatório,

---

258. Acerca da imperatividade da fundamentação da sentença judicial, FERRAJOLI assinala: "Compreende-se, após tudo quanto foi dito até aqui, o valor fundamental desse princípio. Ele exprime e ao mesmo tempo garante a natureza cognitiva em vez da natureza potestativa do juízo, vinculando-o, em direito, à *estrita legalidade*, e, de fato, à *prova* das hipóteses acusatórias. E por força da motivação que as decisões judiciárias resultam apoiadas, e, portanto, legitimadas, por asserções, enquanto tais verificáveis e falsificáveis ainda que de forma aproximada; que a 'validade' das sentenças resulta condicionada à 'verdade', ainda que relativa, de seus argumentos; que, por fim, o poder jurisdicional não é o 'poder desumano' puramente potestativo da *justiça de cádi*, mas é fundado no 'saber', ainda que só opinativo e provável, mas exatamente por isso refutável e controlável tanto pelo imputado e sua defesa como pela sociedade. Precisamente, a motivação permite a fundação e o controle das decisões seja *de direito*, por violação de lei ou defeito de interpretação ou subsunção, seja *de fato*, por defeito ou insuficiência de provas ou por explicação inadequada do nexo entre convencimento e provas". FERRAJOLI, Luigi. **Direito e Razão**: teoria do garantismo penal. São Paulo: Revista dos Tribunais, 2002. p. 497-498.

259. A respeito do decisionismo processual, merece atenção as lições ferrajolianas: "O segundo elemento da epistemologia antigarantista é o decisionismo processual, quer dizer, o caráter não cognitivo, mas potestativo do juízo e da irrogação da pena. O decisionismo é o efeito da falta de fundamentos empíricos precisos e da conseqüente subjetividade dos pressupostos da sanção nas aproximações substancialistas e nas técnicas conexas de prevenção e de defesa social. (...) E o juízo penal, da mesma forma que o ético ou o estético, degenera em juízo 'sem verdade': não motivado por juízos de fato, isto é, por inserções verificáveis ou refutáveis, mas por juízos de valor, não verificáveis nem refutáveis porque, por sua natureza, não são verdadeiros nem falsos; não baseado em procedimentos cognitivos, pelo menos tendencialmente, e, por isso, expostos a controles objetivos e racionais, senão em decisões potestativas; não realizado mediante regras de jogo – como o ônus da prova e o direito à defesa – que garantam a 'verdade processual', mas confiado à sabedoria dos juízes e à 'verdade substancial' que eles possuem". Idem, p. 36-37.

chancela do julgador a um trato firmado, via de regra, entre portas cerradas. Nenhum sinal, por aqui também, de fundamentação da sentença, quando defronte aos acordos penais.

Dessarte, não há o efetivo processo legal e devido, menos ainda o exercício da jurisdição penal amparada em material probatório produzido pelas partes em contraditório judicial e conducente a uma decisão penal fundamentada; o que, sim, há, quando a se falar de soluções negociadas, é um **acordo de uma parte só**, em que o acusador público se vale de sua posição mais vantajosa para apenar o acusado - julgado, desde o início das tratativas, como culpado -, avocando o poder jurisdicional para si. Um tal quadro de aglomeração de poderes que em nada rememora o devido processo legal.

Embora absolutamente reprochável, creio seja muito mais honesto, até do ponto de vista intelectual, fazer como o relator da comissão do Projeto de Lei do Senado nº 236/2012 - a tal reforma global do Código Penal - e assumir, de pronto, que "estamos rompendo com o devido processo legal"[260]. Ao menos, assim não há o ocultamento do real objetivo das reformas penais, aqui e alhures, tendentes à incorporação da barganha, vale dizer, o de deixar para trás a histórica conquista do devido processo legal em favor do neoprojeto de *quick justice*.

Sem embargo deste quadro indutor de perplexidade, a sordidez do repertório argumental dos defensores da ampliação dos espaços negociais vai ainda mais longe; chega-se a afirmar, a respeito da delação premiada, que

> **quando um investigado preso, ou seu defensor, procura o Ministério Público para uma Colaboração Premiada ele não o faz movido por coação decorrente da prisão. O que se busca não é a liberdade** (...) Visa o Investigado e seu advogado estabelecer a estratégia de defesa mais eficiente para evitar uma condenação mais severa. Por isso, para que não se alegue que a prisão foi apenas um meio para se alcançar uma Colaboração, deve se aguardar a iniciativa sempre do Investigado, anotando-se no Termo de Acordo ou nas Declarações ter sido a proposta feita, em primeiro lugar, pelo próprio interessado.[261] (grifo nosso)

260. Declaração do relator da comissão de redação do PLS 236/12 concedida em entrevista: "Estamos pela primeira vez rompendo com o devido processo legal. Este instituto é revolucionário". STJ, Superior Tribunal de Justiça. **Novo CP**: instituto da barganha vai permitir acordo com processo em curso para réu que confessar crime. Jus, 2013.

261. LEMOS JR., Arthur Pinto de. **Colaboração (delação) Premiada**: passo a passo. Artigo publicado no Jornal Carta Forense, 2016.

Ora, é de uma torpeza intelectual maiúscula afirmar que a colaboração dum acusado preso não seja motivada, em larga medida, pela coação decorrente do cárcere. Com vistas a constatar o total descolamento da realidade deste discurso, é o bastante a leitura do parecer do Ministério Público Federal[262] e da entrevista do Procurador da República, Sr. Manoel Pastrana, fartamente divulgada nos meios de comunicação[263], na qual abertamente reconhece ter sido usada a prisão cautelar visando a forçar os investigados a colaborarem com a investigação criminal. Afinal de contas, nos termos do citado membro do *Parquet*, "o passarinho para cantar precisa estar preso", revelando-se conveniente à instrução criminal a segregação dos réus, de modo a "influenciá-los na vontade de colaborar na apuração de responsabilidade, o que tem se mostrado bastante fértil nos últimos tempos".

Neste ambiente de máxima coação – aquela inerente à barganha somada a exercida por procuradores e juízes sequiosos pela confissão –, a acusação se transforma em instrumento de pressão, inclusive com os abjetos expedientes de fabricar imputações (sabidamente falsas) com o propósito exclusivo de obter a colaboração/confissão e de requerer a aplicação de penas mais severas com o fito de dissuadir o réu do seu direito a um processo justo e contraditório.

A meu ver, bem mais certeiro é o diagnóstico de Prado[264] no sentido de que "não há nada na delação premiada que possa, sequer timidamente, associá-lo ao modelo acusatório de processo penal. Pelo contrário, os antecedentes menos remotos deste instituto podem ser pesquisados no *Manual dos Inquisidores*". Com efeito, "[j]ogar o peso da pesquisa dos fatos nos ombros de suspeitos e cancelar, arbitrariamente, a condição que todas as pessoas têm, sem exceção, de serem titulares de direitos fundamentais, é trilhar o caminho de volta à Inquisição".

O percuciente exame do jurista fluminense presta-se não só ao instituto da colaboração premiada, mas a todas as formas negociadas de resolução do caso penal, porquanto possibilitam (ou, mesmo, fomentam), elas todas, o uso da coerção sobre o investigado/acusado, de maneira a extrair dele uma confissão e/ou delação. Da inquisição clássica, é bem se ver, muda somente a roupagem: se, antes, a justificação para as torturas consistia na purgação

262. MPF, Ministério Público Federal. **Parecer do Ministério Público Federal no Habeas Corpus nº 5029050-46.2014.404.0000.** Conjur, 2014.

263. CANÁRIO, Pedro. **Em parecer, MPF defende prisões preventivas para forçar réus a confessar.** Conjur, 2014.

264. PRADO, Geraldo. Da delação premiada: aspectos de direito processual. **Boletim IBCCRIM**, São Paulo, v. 13, nº 159, p. 10-12.

na alma do confitente dos pecados de heresia, o atual móbil é fazer os "passarinhos engaiolados cantarem".

A confissão, lá e cá, permanece como a forma privilegiada – quiçá exclusiva – de alcançar a Verdade real, fundamentando quaisquer intervenções (prisão, tortura, devassa a garantias) sobre o corpo do investigado, que nada mais é que um mero objeto à disposição do inquisidor. No ponto, de se ter em mente que as relações entre verdade e confissão se encontram no cerne de um modelo de arbitramento de castigos fundado no século XIII, e que perpassou incólume por toda a história das práticas punitivas inquisitoriais, atualizando-se incessantemente, mas essencialmente conservando-se como regra. Relativamente ao imbricamento entre a confissão e os regimes de veridição, merece a pena colacionar o trecho de Gloeckner e Jobim do Amaral:

> Essa confissão se trata de uma forma do dizer verdadeiro, posto que se a confissão é falsa, deixa de ser uma confissão. É, portanto, um modo de veridição. Contudo, uma veridição de si mesmo, uma hermenêutica de si, a obrigação de alguém dizer a verdade. Eis como a confissão pode ser apresentada no Ocidente.
>
> **Como afirma Foucault, o problema da instalação da confissão como um modo de se produzir a verdade está intimamente ligado à maneira como o sistema inquisitório substitui o acusatório (a partir do Estado soberano).** Evidentemente, já não se trata de se produzir a verdade através da contenda entre dois competidores. Mas operar-se-á a instalação de um dispositivo em que a resolução do conflito se dá através de uma decisão do soberano ou de seu representante. **Uma vez que o estabelecimento da verdade se torna absolutamente necessária, aquela emanada do próprio acusado se transformará em elemento essencial, em elemento primordial. A confissão retorna (não se deve esquecer os cânones romanos) como a manifestação da verdade por parte daquele que cometeu o delito. Temos a justaposição entre a externalização da verdade (o confitente como meio de prova) e o sujeito sobre o qual deverá recair a punição.** Este sistema híbrido permitirá que ao mesmo tempo, o confidente ratifique, homologue uma acusação, através da corroboração da acusação, garantindo o testemunho sobre si mesmo.[265] (grifos nossos)

265. AMARAL, Augusto Jobim do; GLOECKNER, Ricardo. A delação nos sistemas punitivos contemporâneos. **Revista Brasileira de Ciências Criminais**. Vol. 128, p. 65-89, Fev./2017.

Noutra oportunidade, os mesmos autores sublinharão que "a extorsão da confissão, pelo interrogatório, institui o magistrado [acrescento: o promotor e a autoridade policial] num saber que se encontra para além do fato. É daí que se torna possível conhecer a verdade plena, o ser delinquente, suas intenções, razões, motivos, sua vida, enfim"[266]. Através desse rito purificador, o confitente devém apto ao ingresso no reino dos céus, ainda que o delito cometido por ele repugne a sociedade e lhe seja reservada, por isso, a fogueira da Inquisição[267].

Nessa altercação, convém agora recuperar as alegações dos partidários da barganha. Estes aduzirão, na contramão da tese acima delineada, ser o mecanismo negociado um dispositivo promotor da dignidade do acusado[268], em razão de possibilitar uma maior participação do réu no processo de tomada de decisão, bem como de valorizar sua liberdade de escolha. Vinícius Vasconcellos[269], com o rigor de praxe, descortinará tal argumento, atestando que "não há que se falar em uma real participação no acordo, que, na maioria dos casos, é imposto ao acusado em razão de penas maiores em caso de julgamento; e, além disso, de qualquer modo sua atuação se mostraria muito mais importante no decorrer do processo normal". É certo que assim sucederia.

---

266. GLOECKNER, Ricardo; AMARAL, Augusto Jobim do. **Criminologia e(m) crítica**. Curitiba: Ed. Champagnat, 2013. p. 338.

267. Jobim do Amaral e Gloeckner, seguindo análise de Foucault, afirmarão haver três fundamentos sobre a relevância da confissão nos sistemas jurídicos contemporâneos, a saber: como interiorização (inscrição no simbólico) do pacto fundante da sociedade, "a confissão será um rito de soberania onde o culpado concede aos juízes os fundamentos jurídicos e políticos para a condenação", visto que infligiu à uma regra de convivência social elementar; como expressão de uma verdade inquestionável, inserida no regime epistêmico da evidência, mediante a qual "não será mais necessário ao órgão decisório recolher os fragmentos de verdade, as pequenas narrativas, nem tampouco decifrar as entrelinhas do caso"; por fim, como aderência subjetiva à pena, a confissão demonstra um primeiro passo rumo à reintegração do confitente. (AMARAL, Augusto Jobim do; GLOECKNER, Ricardo. A delação nos sistemas punitivos contemporâneos. **Revista Brasileira de Ciências Criminais**. Vol. 128, p. 65-89, Fev./2017).

268. SILVA, Danni Sales. **Justiça Penal Negociada**. op. cit., pp. 54-58 e pp. 69-73. Nos seus próprios termos: "A ampliação das margens de consenso no processo penal brasileiro preserva o núcleo axiológico do nosso sistema jurídico: o respeito à dignidade da pessoa humana. Testemunharemos o triunfo do negócio penal, exatamente por que ele não se esvazia, mas sim dinamiza a coexistência dos direitos e garantias individuais" (p. 72-3).

269. VASCONCELLOS, Vinícius. **Barganha e Justiça Criminal Negocial**. op. cit., p. 80-81.

Ademais, o citado autor traz à colação um importante ensinamento de Alschuler[270] sobre o estado de coisas do *plea bargaining* nos Estados Unidos da América, de que "distante de aumentar a percepção do acusado sobre a justiça do processo, sua participação desse modo iria persuadi-lo da irracionalidade do sistema. Longe de promover sua sensação de dignidade pessoal, ela confirmaria seu sentimento de confusão e injustiça...". A dignidade do acusado, nos acordos penais, é menoscabada, a sua participação é meramente pro forma e a liberdade de escolha é uma quimera; tudo às avessas do que defende a tese favorável à barganha.

Em seu repertório, contudo, ainda há o argumento de que a barganha consistiria em um instrumento fomentador da individualização da pena[271]. O discurso é facilmente refutado, e por duas ordens de fatores: uma, pois as soluções negociadas aparecem amiúde como "contratos de adesão"[272], em que o acusado é obrigado a aderir a uma proposta previamente estipulada pelo órgão acusador; a outra, pois a discricionariedade negocial do Ministério Público pode resultar, como já tem ocorrido no Brasil, no âmbito dos acordos de delação, na elaboração de pactos à margem de qualquer legalidade. A perversidade, aqui, reside na ausência de limites negociais (tudo pode ser objeto de negócio), o que não raro acarreta em penas e regimes de cumprimento *sui generis*, a exemplo do regime aberto diferenciado, da prisão domiciliar em hipóteses não previstas em lei, do regime fechado com recolhimento domiciliar, dentre outras aberrações.

Em ambos os fatores acima descritos, não apenas o acusador procede como se juiz fosse (havendo o rompimento com uma estrutura acusatória de processo, ante do acúmulo de tarefas), mas também inexiste nexo entre pena e crime – ficando a cargo do acusador público a definição da culpabilidade do acusado. E, acerca da devastação do sistema de garantias promovida pela barganha, Luigi Ferrajoli[273] observa precisamente a vulneração ao "nexo causal e proporcional entre a pena e o crime, dado que a medida da primeira dependerá, muito mais do que da gravidade do segundo, da habilidade negociadora da defesa, do espírito de aventura do imputado e da discricionariedade da acusação"; e similar violação aos "princípios da

---

270. ALSCHULER, Albert W. The changing plea bargaining debate. California Law Review, n. 69, 1981, p. 668-669 apud VASCONCELLOS, Vinícius. **Barganha e Justiça Criminal Negocial**. op. cit., p. 81.

271. SILVA, Danni Sales. **Justiça Penal Negociada**. op. cit., pp. 84-89.

272. PRADO, Geraldo. **Transação Penal**. op. cit., p. 316.

273. FERRAJOLI, Luigi. **Direito e Razão**, op. cit., p. 601.

igualdade, da certeza e da legalidade penais, não existindo qualquer critério legal que condicione a severidade ou a indulgência do Ministério Público, e que discipline o seu engajamento com o imputado".

A ideia de **consenso**, é bem se ver, desponta como fio condutor de todos os argumentos em prol da barganha, sendo estrategicamente requestado pelo séquito de apoiadores a fim de imunizá-la (a barganha) de qualquer crítica mais incisiva ao seu implemento. A legitimação dos acordos penais, nesse pensar, se fulcra no mito da consensualidade: afinal, eles perfazem um negócio jurídico bilateral, de natureza contratual, entre partes livres e iguais que escolhem, de modo voluntário, abrir mão de parcela de seus direitos em troca de benefícios ofertados por seu adversário. Nesta descrição, presentes autonomia da vontade e paridade de armas, será natural conceber a barganha como mecanismo inscrito no arcabouço do painel acusatório; com efeito, narrativa desse jaez torna as soluções negociadas decorrência lógica do modelo adversarial, em que as duas partes contendoras poderão acordar, em um processo judicial, quanto ao seguimento ou à consumação antecipada da *lide penal*.

Contudo, as distorções acarretadas pelo uso desenfreado da barganha são patentes[274]. O emprego da prisão cautelar e o expediente ardiloso das medidas intimidatórias (*overcharging*), com ameaças dirigidas, inclusive,

---

274. Gabriel Anitua, descrevendo o cenário de desigualdade entre acusação e defesa, salienta que a barganha tem um potencial maximizador das iniquidades já existentes, *ipsis litteris*: "As desigualdades que se verificam em um acordo entre o Estado com sua vontade punitiva – e que não tem nada a 'perder' – e o acusado de um delito são, evidentemente, de tipo material. A polícia, o Ministério Público e os juízes de investigação, salvo casos pouco habituais, contam com mais e melhores meios que os particulares acusados. Ademais, esta desigualdade se reforça com a utilização de mecanismos processuais que se opõem ao modelo constitucional e garantista de processo penal. É assim que a prisão provisória, além de ser utilizada por si só como um adiantamento do castigo e como uma ferramenta de controle penal ilegítimo – quando se sabe que não se poderá impor uma pena judicialmente –, faz as vezes de máquina de tortura para obrigar o imputado a reconhecer uma culpa que o permita sair em liberdade – por cumprimento da pena –, ou saber com certeza quando poderá fazê-lo". (ANITUA, Gabriel I. A importação de mecanismos consensuais do processo estadunidense nas reformas processuais latino-americanas. In: GLOECKNER, Ricardo (org.). **Sistemas processuais penais.** 1ª ed. Florianópolis: Empório do Direito, 2017. p. 371). FERRAJOLI salienta, na mesma linha, que "De outra parte, o gigantismo processual representou, por sua vez, um terreno próprio a todo tipo possível de abuso. É sobretudo graças a ele que se pode desenvolver um conúbio perverso entre encarceramento preventivo e colaboração premiada com a acusação: o primeiro utilizado como meio de pressão sobre os imputados para obter deles a segunda, e esta como instrumento de ratifica-

a familiares do "colaborador", só evidenciam as ingentes pressões que os mecanismos de antecipação do poder punitivo estatal exercem sobre o acusado, a fim de que ele adira, o mais rápido possível, ao contrato negocial. O estado da arte da delação premiada em solo brasileiro, por exemplo, só faz ratificar a denúncia de que os tais espaços de consenso têm se revelado, paradoxalmente, não consensuais (ou coercitivos).

A propósito do que intitulo o **paradoxo do consenso**, Aury Lopes Jr. e Alexandre Morais da Rosa[275] fazem importante advertência para o fato de que a pena privativa de liberdade, em contexto de acordos penais, assume uma nova função: a de "prevenção negocial". O recado a ser dado aos envolvidos é o seguinte: quem se dispõe a colaborar com a acusação e a aderir ao contrato poderá gozar de penas mais brandas (apesar de esse benefício, no mais das vezes, ser meramente figurativo, com uma redução ínfima da pena, considerado o *overcharging*); por seu turno, aquele que se recusa a confessar a prática do crime e a colaborar com a persecução penal, e, demais, tem a audácia de optar pelo curso do devido processo legal, verá o seu processo "transformar-se em uma complexa e burocrática guerra"[276], na qual "as práticas do blefe, do trunfo, da ameaça e das táticas de convencimento (real, simbólico, midiático, etc.) ganham nova dimensão"[277].

No ponto, de se notar que o já citado alerta de John Langbein[278] acerca das intimidações do modelo do *plea bargaining* é mais atual do que nunca

---

ção da acusação às vezes além de toda a verificação e inclusive dos confrontos com a chamada do co-réu". (FERRAJOLI, Luigi. **Direito e Razão**. op. cit., p. 662).

275. LOPES JR., Aury; ROSA, Alexandre Morais da. Qual é a proposta indecente que torna viável a delação premiada? In: LOPES JR. Aury; ROSA, Alexandre Morais da; COUTINHO, Jacinto Nelson de Miranda. **Delação premiada no limite**: a controvertida justiça negocial made in Brazil. Florianópolis: EMais, 2018. p. 51.

276. Idem, p. 26.

277. Idem, p. 50.

278. LANGBEIN, John. Sobre el mito de las constituciones escritas: la desaparición del juicio penal por jurados. En **Revista Nueva Doctrina Penal**, Ed. Del Puerto, Buenos Aires, 1996. p. 47. Merece a pena colacionar o excerto completo: "Sin embargo, el juicio por jurados ya no caracteriza más a nuestro sistema. ¿Podemos encontrar un hipopótamo en el Bronx? Sí, pues hay uno en el zoológico del Bronx, pero su existencia no tiene relación alguna con la vida del Bronx: es una rareza. Lo mismo sucede, asombrosamente, con el juicio penal por jurados, que ha dejado de caracterizar a la justicia penal estadounidense. En la actualidad, el sistema de justicia penal virtualmente resuelve todos los casos penales de cierta gravedad sin juicio por jurados, a través de la práctica del plea bargaining. Este método, que evita la realización del juicio, se ha transformado en la instancia procesal ordinaria de la justicia penal estadounidense.

– e, mesmo por tal atualidade, aqui tem o maior valimento. O aviso é feito nos seguintes termos: "tu que estás sendo processado, tenhas muito cuidado com as tuas escolhas; se reivindicares por teu direito a um julgamento e fores condenado, serás castigado duas vezes: uma por teu delito e a outra por teres manifestado a temeridade de exercer o teu direito constitucional ao julgamento pelo júri".

Diante desse panorama, compreendo restarem fragilizados, em absoluto, os discursos da barganha como uma decorrência da liberdade da vontade ou voluntariedade do acusado. Tendo como norte a distinção feita por Prado entre autonomia e liberdade, será válido se inferir que "quando se postula um 'processo penal consensual' arbitrariamente se envereda pelo caminho da negação do conflito como situação da vida, ao passo que é afirmada a 'liberdade', muito embora ao preço da ausência da autonomia"[279] . Uma "liberdade", com enormes ressalvas, do acusado para renunciar aos seus direitos que está, além do mais, absolutamente descolada de um pano de fundo de massivas desigualdades sociais, da seletividade conata ao sistema penal e do cenário coercitivo do **negócio consensual**; uma "liberdade" não raro fomentadora dessas mesmas injustiças sistêmicas, sendo comum nos depararmos com acordos penais diferenciados aos *clientes vip*, enquanto a clientela tradicional do sistema de justiça criminal tem de acatar o rigor dos "acordos unilaterais".

Nesse toar, mister insistir na deformação dos sistemas de justiça criminal[280] que adotaram ou recepcionaram a barganha. O caso dos Estados

---

El sistema de justicia penal opera por intimidación. Los funcionarios que administran nuestro procedimiento sin juicio por jurados, en efecto, dicen al acusado: "¿Así que Ud. pretende ejercer su derecho constitucional a ser juzgado por jurados? Tiene todo el derecho de hacerlo. Pero tenga cuidado. Si Ud. reclama el ejercicio de este derecho y es condenado, lo castigaremos dos veces: una por su delito, otra por haber manifestado la temeridad de ejercer su derecho constitucional a un juicio por jurados". Nuestros funcionarios, por supuesto, son más circunspectos en sus afirmaciones: no necesitan presentar su amenaza en el lenguaje crudo en el que la hemos expresado antes. Sin embargo, no hay duda de que el plea bargaining opera, precisamente, de este modo" (p. 46-7).

279. PRADO, Geraldo. **Transação Penal**. op. cit., p. 299. Releva notar, por oportuno, a definição de Prado de autonomia pessoal como "a capacidade concreta de entender o modo de funcionamento da sociedade, as distinções arbitrárias e o dirigismo estatal e social, como sentido prático a ser dado às ações, visando por meio da compreensão adquirir o status de pessoa digna" (p. 297).

280. William J. Stuntz e Robert E. Scott assinalam que "a maioria dos casos é disposta por métodos que parecem escandalosamente casuais: uma conversa rápida no escritório

Unidos da América, a esse nível, é o padrão de referência, por ser o local pioneiro desse modelo e, pois, por ser onde as práticas negociais já estão mais sedimentadas: lá, a deturpação do processo penal acusatório, ocasionada pelo uso desenfreado dos *plea deals*, chegou a tal ponto que a doutrina aduz que a barganha "[n]ão é algum aparato da justiça criminal; ela é a justiça criminal". E, como adverte Jenia Turner[281], "em que pese o recente avanço do *plea bargaining* globalmente, a prática continua sendo questionada no país onde teve origem".

A patologização do sistema norte-americano, que estava em viés de consolidação de um modelo acusatório com as reformas do *adversarial system* no século XIX, é perceptível a olho nu. Com referência a isto, irretocável a conclusão de Vasconcellos[282] de que "o aperfeiçoamento do modelo adversarial estadunidense pautado pelo julgamento por jurados se concretizou na teoria de modo inversamente proporcional à sua realização prática", isto é, e cita Albergaria, "'ao incremento da acusatoriedade enquanto modelo normativo correspondeu uma degradação dela enquanto modelo histórico/concreto'".

Pelo que, sem embargo dos que afirmam ser a barganha a manifestação última do modelo de disputa entre as partes, vislumbro o seu surgimento histórico (item 1.3) e a sua permanência enquanto prática judiciária hegemônica como forma de responder às pressões por concretizar a desejada *eficiência punitiva*. Aqui, mais do que antes, a comparação entre o *plea bargaining* e as torturas medievais fica justificada, na medida em que ambos surgem para contornar as regras do júri (*adversarial system*) e as regras probatórias do medievo (sistema tarifário de provas), respectivamente. Nos dois casos, vale destacar, a tentativa de restringir a discricionariedade do julgador, com incremento de garantias processuais do acusado diante de acusações infundadas, acabou "saindo pela culatra": o sistema penal passou a operar no sentido de forçar confissões, (re)instituindo um regime de veridição assentado na palavra do acusado, de modo a obrigar o réu a abdicar, justamente, das

do promotor ou no corredor de um tribunal entre advogados familiarizados com o básico do caso, sem a presença de testemunhas, resultando em uma proposta que é então vendida ao acusado e ao juiz. Em larga parte, esse tipo de comércio de cavalos determina quem vai para a cadeia e por quanto tempo. É isso que é a barganha. Não é algum aparato da justiça criminal; é o sistema de justiça criminal" (tradução livre). SCOTT, Robert; STUNTZ, William. Plea Bargaining as Contract. 101 **Yale Law Journal** (1992). p. 1911-1912.

281. TURNER, Jenia. **Plea bargaining across borders**. New York, 2009, p. 1 (tradução livre).

282. VASCONCELLOS, Vinícius. **Barganha e Justiça Criminal Negocial**. op. cit., p. 77.

garantias processuais que o sistema visava a assegurar. No caso da tortura, a renúncia do herege à garantia das regras de tarifamento probatório; no da barganha, a abjuração às garantias do sistema adversarial[283]. Enfim, um tal curto-circuito no sistema que implicou a supressão daquilo que as reformas normativas pretendiam concretizar.

Persistindo nesse paralelo entre tortura e barganha, John Langbein retrata com fidelidade o cenário de desrespeito sistemático às garantias e aos direitos dos acusados; se a finalidade destes dispositivos era a de lograr extrair a confissão do investigado, não deveria existir um qualquer empecilho à obtenção deste venerável propósito. Os dois modelos processuais – o do continente europeu, durante o medievo, e o estadunidense, do século XIX em diante – revelam, ainda que de forma velada, esta lógica de supressão do processo através do recurso às declarações de culpa do acusado, inclusive com a paulatina criação de "garantias fictícias" aos confitentes. No ponto, em consonância com o pensamento do citado jurista americano[284], "o direito europeu tentou inventar garantias para o uso da tortura que se mostraram ilusórias; estas medidas carregavam uma estranha semelhança com as presumidas garantias do *plea bargaining* do direito americano". E prossegue o autor:

> **A principal entre as garantias ilusórias de ambos os sistemas é a preocupação doutrinária em caracterizar a confissão forçada como voluntária**. Os europeus fizeram a vítima da tortura repetir a sua confissão "voluntariamente", mas sob a ameaça de ser torturada novamente se ela se retratasse. A contrapartida americana é o artigo 11(d) das Leis Federais de Processo Penal, que proíbem o tribunal de aceitar um *guilty plea* sem primeiro "advertir o acusado pessoalmente em audiência, afirmando que a declaração

283. John Langbein, em obra de referência sobre os paralelos entre a barganha e o sistema medieval de tortura, assinala que "tanto as regras probatórias europeias quanto as regras do tribunal do júri anglo-americano foram dispostas para garantir o acusado mediante a limitação da discricionariedade do julgador na decisão penal. Os europeus medievais estavam tentando eliminar a discricionariedade do juiz profissional exigindo dele a aderência a critérios objetivos de prova. O sistema de julgamento anglo-americano foi pego, durante os dois últimos séculos, em um esforço para proteger o acusado contra os perigos do sistema do júri, no qual leigos ignorantes das normas jurídicas retornavam a um veredito de um ou duas palavras que eles não precisavam explicar ou justificar". LANGBEIN, John. Tortura e plea bargaining. In: GLOECKNER, Ricardo (org.). **Sistemas processuais penais**. 1ª ed. Florianópolis: Empório do Direito, 2017. p. 140.

284. Idem, p. 142-145.

> é voluntária e não é o resultado de emprego de força ou ameaça de promessas estranhas ao acordo". **É claro, o acordo é a fonte da coerção e já encarna a involuntariedade.**
>
> (...)
>
> **Nossas regras sobre o *plea bargaining* não apenas recapitularam muito da insensatez das regras sobre a tortura, completadas com as garantias da voluntariedade e da base fática que eu acabei de debater, mas também repetiu a principal tolice institucional das regras sobre a tortura. O *plea bargaining* concentra o efetivo controle do processo penal nas mãos de um único agente público.** Nosso formal direito ao julgamento prevê uma divisão de tarefas. Nós esperamos o promotor tomar a decisão sobre a imputação, o juiz e especialmente o júri para decidir, e o juiz para definir a sentença. **O *plea bargaining* faz desaparecer estas fases acusatórias, de determinação e sancionatórias do processo nas mãos do promotor.** [285] (grifos nossos)

Persistindo nesta senda, convirá examinar a jurisprudência estadunidense, que contempla casos emblemáticos, quando o assunto é o modelo negocial. Em *Brady v. USA* (1970), o réu Robert Brady foi acusado da prática do crime de sequestro. Vale ressaltar que, à época, vigia uma lei federal (Federal Kidnapping Act) que impunha a pena de morte em caso de condenação pelo júri. Por seu turno, se o acusado confessasse a sua culpa ou renunciasse ao julgamento pelo júri, a maior pena cominável seria a prisão perpétua. Vendo-se diante de uma escolha difícil, é dizer, de optar entre um arriscado processo penal e um acordo, Brady acabaria confessando e aceitando a pena perpétua. Todavia, anos depois, aquela lei viria a ser declarada inconstitucional (em *United States v. Jackson*), e Brady interporia pedido de revisão criminal, alegando que sua *guilty plea* estava inquinada por vícios, eis que o medo da pena capital havia maculado a sua voluntariedade[286].

Em decisão paradigmática, a Suprema Corte afirmou que o "acusado teve um advogado competente e plenas oportunidades para avaliar as vantagens e desvantagens de um julgamento pelo júri (...). Não havia provas de que o réu ficou com tanto medo da pena de morte que não poderia (...) ter

285. Idem, ibidem.

286. ALSCHULER, Albert. The Supreme Court, the Defense Attorney, and the Guilty Plea, 47 **University of Colorado Law Review** 1 (1975), p. 48-49 (tradução minha).

ponderado as vantagens de ir a julgamento"[287]. Embora reconhecida a **influência inconstitucional** da lei prévia, os julgadores proclamaram que "os réus que não aguentaram essa pressão não poderiam reclamar pelo alívio da pena. Somente os que suportaram à influência inconstitucional poderiam ter suas sentenças revistas"[288]. Assim, concluíram ter sido a confissão realizada voluntariamente por Brady, dando especial destaque ao aconselhamento técnico eficaz e à escolha livre e ponderada (*intelligently made*) de efetuar o acordo.

Um outro caso que chama a atenção para a perversidade da maquinaria negocial consiste no julgado *People v. Heirens* (1954). Neste, a Corte Superior de Illinois admitiu a confissão de William Heirens, obtida por meio do uso do psicoativo "sodium pentothal" - por aqui chamado "soro da verdade". A respeito deste caso, Alschuler salienta que "o procurador do Estado, sem o consentimento de Heirens ou de seus familiares, instruiu um psiquiatra a administrar o soro numa tentativa de descobrir se o suspeito estava mentindo. Sob a influência da droga, Heirens descreveu um número de casos"[289]. O autor americano, com isso, destaca "a possível relação entre a confissão e a aplicação ilegal do sodium pentothal, a possível relação entre a confissão e táticas coercitivas empregadas pelo próprio advogado de defesa para assegurar a confissão, e a relação clara entre a confissão e o senso de dever dos advogados de defesa". Esses aspectos, contudo, seriam desprezados pela Corte de Illinois, o que se depreende do fato de que "a decisão unânime da Suprema Corte de Illinois não visualizou nem um erro na condenação de Heirens"[290].

Em *Bordenkircher v. Hayes* (1978), também vislumbramos os abusos perpetrados pelo desempenho ignóbil dos órgãos de persecução criminal, considerada a barganha. No caso, Paul Hayes foi indiciado por emitir um cheque falso no montante de $88,30, delito que, conforme a lei vigente na ocasião, era apenado com a pena privativa de liberdade, pelo tempo de dois a dez anos. O promotor ofereceu uma sentença de cinco anos, em troca do reconhecimento de culpa por parte de Hayes, alertando que, caso este não

287. Idem, p. 49-50.

288. Idem, p. 51 (tradução livre). Denunciando o caráter pernicioso das *bargainings* feitas sob a ameaça de imposição de penas de morte: ALSCHULER, Albert. Plea Bargaining and the Death Penalty, 58 **DePaul Law Review** 671 (2008).

289. ALSCHULER, Albert. The Prosecutor's Role in Plea Bargaining. 36 **University of Chicago Law Review** 50 (1968), p. 72-73.

290. Idem, p. 74-75.

aceitasse o acordo, solicitaria a pena perpétua – por ser reincidente, o réu enquadrava-se na hipótese do *three strikes and out*. Hayes recusou a proposta de barganha, optando por exercer o seu direito constitucional a um juízo por jurados; ele foi condenado à prisão perpétua. Diante do absurdo, a defesa ingressou com *habeas corpus*, aduzindo ter o réu sido alvo de vingança pessoal do promotor (*prosecutorial vindictiveness*). A Corte, no entanto, manteve hígida a decisão judicial, sob o fundamento de que "condenar o uso de poderes acusatórios de induzir confissões 'iria contradizer as premissas básicas sobre as quais repousa o conceito de *plea bargaining*'"[291]. Este trecho é revelador da falácia dos critérios de verificação da legitimidade da barganha, ou, por outra, da falsidade da voluntariedade, da liberdade contratual e do consenso como motivadores do pacto[292].

---

291. ROSS, Stephen F. Bordenkircher v. Hayes: Ignoring Prosecutorial Abuses in Plea Bargaining, 66 **California Law Review.** 875 (1978). p. 875-876; 879.

292. Os notáveis casos *Parker v. North Carolina* (1970) e *North Carolina v. Alford* (1970) demonstram a coercibilidade ínsita a barganha. No primeiro, Parker foi indiciado por roubo em primeiro grau, ofensa punível com a pena de morte sob a lei da Carolina do Norte. O advogado contratado pelo peticionário discutiu a natureza e gravidade da acusação com o cliente e sua mãe. Ambos optaram por assinar um documento autorizando a confissão de culpabilidade (*guilty plea*), e o réu foi sentenciado com a prisão perpétua. Anos depois, contudo, Parker apresentou uma petição requerendo o alívio (relief) da sua condenação, argumentando ter sido a sua confissão resultado de coação, visto que membros da sua raça foram sistematicamente excluídos do *grand jury*. A Suprema Corte, reiterando o decidido em Brady v. US, manteve a decisão do tribunal a quo, assinalando que a guilty plea foi voluntária – visando limitar a pena máxima passível de ser imposta pelo júri – e inteligente – foi aconselhado por advogado. In.: SUPREME. U. S. Reports: ***Parker v. North Carolina***, 397 U.S. 790, 1970. Pp. 790-816. Por sua vez, em *North Carolina v. Alford*, o acusado aceitou uma confissão de culpa para evitar uma possível pena de morte. Naquela época, a lei da Carolina do Norte previa três hipóteses: caso aceita a confissão de assassinato em primeiro grau, a pena era de prisão perpétua; se fosse decidido pelo júri, poderia resultar a condenação em pena de morte; e, ainda, impunha-se uma pena de prisão, de dois a trinta anos por assassinato em segundo grau (second degree murder). Diante de fortes indícios de culpa e correndo o risco de ser condenado à pena capital, Alford realizou uma plea of guilty, declarando-se culpado do assassinato em segundo grau, embora afirmasse ser inocente. O medo da pena de morte fez com que ele aceitasse ser condenado a trinta anos. A Suprema Corte, instada a responder apelo em habeas corpus impetrado por Alford, decidiu pela manutenção da condenação em trinta anos, alegando, como em Brady v. US, ter sido a decisão de plea guilty voluntária, consciente e inteligente; e que, ainda que não esteja disposto a reconhecer a sua culpabilidade ou protestando por sua inocência, o acusado poderia firmar uma guilty plea se fosse de seu interesse. In.: LOC. U.S. Reports: **North Carolina v. Alford**, 400 U.S. 25, 1970.

E, nesse passo, impenderá salientar que se a barganha abre ensejo a polêmicas diversas em solo estadunidense, e os seus requisitos - voluntariedade, inteligência e base fática[293] - mais se prestam a legitimar o mecanismo do que a balizar as práticas judiciárias negociadas, imagine no Brasil, país de infeliz tradição inquisitória e de autoritarismos de vária ordem, especialmente em seara penal.

Com maior razão, ao se referir ao cenário de expansão dos espaços negociados no processo penal brasileiro, Ricardo Gloeckner[294] exporá as metástases inquisitoriais. É fato a se tomar nota: nos Estados Unidos da América, o modelo negocial já resultou um sem-número de arbitrariedades e fomentou maior disparidade entre acusação e defesa, com a abertura de um vasto flanco para a **aglomeração quântica de poderes** (Schunemann) nas mãos do promotor, em prejuízo da defesa: confirmamos esse diagnóstico com a alusão à doutrina e o recorte dos julgados acima examinados.

Mas, o panorama de introdução da justiça negociada no Brasil apresenta-se, à vista de sua cultura inquisitiva, ainda mais perturbador. Como assinala o citado autor, "a delação ingressa no Brasil, não como um contrafator adversarial em um regime inquisitorial. Antes o reforça, através de uma tendência a justapor eficiência em um sistema inquisitório" [295]. E prossegue:

> Se no sistema adversarial o *plea bargaining* já causou irreparáveis estragos ao funcionamento do sistema de justiça criminal norte-americano, **imagine-se o que poderá advir de um sistema inquisitório, em que a delação cumprirá a tarefa de se evitar processos, tudo centralizado nas mãos do juiz** [acrescento: do acusador, revestido de poderes decisórios]. (...)
>
> A forma de tratamento da delação se dá em meio ao protagonismo judicial [e ministerial] e à transformação do processo penal em mero apêndice pós-investigação preliminar (onde realmente tais acordos são feitos), cuja finalidade será a de homologar as versões dadas na fase preliminar, e se possível, obter novas confissões e delações.

---

293. Sobre os problemas dos requisitos da barganha, ver: DAVIS, Samuel M. **The Guilty Plea Process**: Exploring the Issues of Voluntariness and Accuracy, 6 Val. U. L. Rev. 111 (1972). pp. 111-134.

294. GLOECKNER, Ricardo. Metástases do Sistema Inquisitório. In: GLOECKNER, Ricardo (org.). **Sistemas processuais penais**. 1ª ed. Florianópolis: Empório do Direito, 2017. p. 11-30.

295. Idem, p. 27-28.

> **Este contrato de verdade que se estabelece como uma projeção da verdade confessada se integra ao universo inquisitório, sendo dele, uma metástase.** Uma confissão sem máculas (a jurisprudência de forma massiva nega os vícios na fase de investigação preliminar) e sem sujeição ao controle de validade (trata-se de um contrato de verdade derivado de coação obtida com a prisão, na maioria dos casos) somada a um testemunho irrebatível (reflexo projetivo da hermenêutica de si). [296] (grifos nossos)

Com vistas, igualmente, a denunciar o retrocesso autoritário provocado pela difusão da barganha no País, Vinícius Vasconcellos[297] adverte para a "aniquilação do réu como sujeito de direitos frente à persecução punitiva estatal", aliada ao retorno "da confissão como rainha das provas", à ausência de "controle acerca da motivação na decisão do promotor em barganhar" e ao "desaparecimento do contraditório", todos instituidores de um cenário de "fortalecimento da investigação preliminar" e das autoridades de prevenção - Ministério Público e polícia –, em detrimento da atuação da defesa.

Assim, a prática da *delação premiada à brasileira* está a demonstrar a piora substancial na situação, antes já calamitosa, do investigado, mediante imposição sistêmica de prisões e de ameaças várias, a fim de ver o réu abdicar de seus direitos à defesa e ao processo legal. Tudo de forma a corresponder às expectativas punitivas e a satisfazer a mandatória eficiência penal, melhor alcançada com a confissão da verdade real em um procedimento abreviado.

A propósito das expectativas punitivas, convirá recordar que são os argumentos de fundo eficientista-utilitarista os mais vigorosos, aí encontrando a barganha largo número de adeptos. Os partidários dessa tese fazem da eficiência seu *leitmotiv*: um ideal a ser perseguido a qualquer custo, ainda mais em tempos de "criminalidade desenfreada" (discurso), que suplicam por um direito penal máximo. De sorte que, ante tal discurso, os mecanismos negociados trariam muitos benefícios ao funcionamento do sistema de justiça

296. Idem, p. 27-28.

297. VASCONCELLOS, Vinicius. **Barganha e Justiça Criminal Negocial**. op. cit., p. 171-175. A semelhança com a passagem de SCHUNEMANN é de se registrar, quando o jurista alemão chama a atenção para o "reforço da "posición procesal de poder de las autoridades de prevención penal (Ministerio Fiscal y policía) a costa de la posición del inculpado y su defensa, como también del juez, quien, si bien dicta la sentencia decisiva formalmente y hacia el exterior aún sobre la base del juicio oral, de facto actúa frecuentemente sólo como órgano de ejécucion del Ministerio Fiscal" (SCHUNEMANN, Bernd. **La reforma del proceso penal.** Madrid: Editorial Dykinson, 2005. p. 43).

criminal[298], com a redução significativa dos gastos públicos e o incremento da celeridade se comparado ao processo penal tradicional.

Nesse sentido, um dos defensores da introdução da **justiça penal consensual** no Brasil, Flávio Andrade elenca as supostas vantagens desse modelo:

> a) favorecer o descongestionamento de unidades judiciárias; b) propiciar mais rapidez na resolução de casos relativos a uma criminalidade que não é alcançada pela transação penal nem pela suspensão condicional do processo; c) diminuir a estigmatização do acusado, que não ficará sujeito a um longo processo, além de poder participar da construção da decisão quanto a seu destino, o que favorece a reabilitação; d) reduzir significativamente o número de recursos; e) diminuir o grande número de prescrição nos feitos criminais; f) permitir que as autoridades competentes possam dedicar maior atenção a casos mais complexos e de maior relevância social, que não podem ser resolvidos de maneira simplificada pela via do consenso.[299]

Note-se onde assenta a validade do discurso: tirante o argumento contido na alínea 'c' (o mito da participação do acusado já foi desvelado anteriormente), as demais vantagens arroladas estão radicadas em um denominador comum: a busca por maior eficiência no sistema de justiça criminal. Para tirar a prova, basta verificar os termos usados pelo autor: descongestionar, maior rapidez, longo processo, reduzir, diminuir, melhor alocar recursos materiais e humanos.

Nessa vereda, Máximo Langer[300] observa que os motivos para a introdução das soluções negociadas em países do *civil law* "variam de uma jurisdição

---

298. A ressalva de Gloeckner à superação do debate em torno dos sistemas processuais pelo enfoque nas operações do sistema de justiça criminal tem aqui pertinência: "Ao se alargar o espectro de análise do sistema processual penal desde operações do sistema de justiça criminal, muitos elementos concernentes às categorias definitórias do próprio processo perdem espaço, não raras vezes aparecendo ou surgindo situações de inegável incapacidade estrutural do processo em suportá-las. Pense-se no desenvolvimento de categorias processuais penais *sui generis* ou anômalas, consistentes na tentativa de composição de ajustes entre sistemas distintos, como o adversarial e o continental". GLOECKNER, Ricardo. Metástases do sistemas inquisitório. In: GLOECKNER, Ricardo (org.). **Sistemas processuais penais**. op. cit., p. 12.

299. ANDRADE, Flávio da Silva. **Justiça Penal Consensual**: controvérsias e desafios. São Paulo: Juspodivm, 2018, p. 248-249.

300. LANGER, Máximo. Dos transplantes jurídicos às traduções jurídicas. **DELICTAE**. op. cit., p. 76.

para outra, mas uma razão em comum tem sido o aumento da criminalidade na maioria destes países nos últimos anos". E o jurista argentino prossegue:

> Esta situação produziu uma **sobrecarga nos seus processos penais, requerendo deles que tratem de mais casos criminais em menos tempo do que antes.** A obtenção do consentimento do acusado, portanto, através de negociações ou do oferecimento de benefícios, poderia tornar os procedimentos penais inquisitoriais regulares desnecessários ou oferecer uma justificativa para simplificar ou expressamente evitá-los. **Compreendido este contexto, a introdução de mecanismos de negociação consensual tem sido vista como uma maneira de tornar os rígidos sistemas inquisitoriais mais flexíveis.**[301] (grifos nossos)

Demais, acerca da aceitação vasta dos operadores jurídicos argentinos aos procedimentos negociados, por ocasião da reforma processual penal no país, o renomado comparatista assinala:

> En primer lugar, el procedimiento abreviado ha sido un instrumento para que tanto jueces, fiscales como defensores puedan disminuir su cantidad de trabajo. En segundo término, es posible que este amplio uso del nuevo mecanismo sea una respuesta que algunos jueces y fiscales intentan dar a las demandas de un importante sector de la opinion pública a la administración de justicia penal, para que sea más rápida y eficiente en la persecución y castigo de los delitos.[302]

No Brasil, o quadro tem sido semelhante. A recepção eufórica aos mecanismos negociais – da transação penal, no marco dos juizados especiais criminais, à delação premiada – dá-se não somente pela doutrina, mas, especialmente, por parte dos órgãos e das instituições jurídicas brasileiras. O posicionamento institucional de órgãos de classe de juízes e promotores, bem como a manifestação favorável da Defensoria Pública da União, aponta em uma só direção: a ênfase é dada aos potenciais ganhos em velocidade e eficiência na administração da justiça, em um contexto fomentador da

301. LANGER, Máximo. Dos transplantes jurídicos às traduções jurídicas. **DELICTAE.** op. cit., p. 76.

302. LANGER, Máximo. La dicotomía acusatorio-inquisitivo y la importación de mecanismos procesales de la tradición jurídica anglosajona. Algunas reflexiones a partir del procedimiente abreviado. In: MAIER, Julio B. J., y BOVINO, Alberto (comps.), **El procedimiento abreviado**, Buenos Aires, Del Puerto, 2001. p. 127.

redução de custos e míngua da impunidade. O recurso aos lemas da celeridade e da transparência parece confirmar o diagnóstico dado no item 1.4, da vontade de pelejar com a mídia nos campos do **consumo** e da **verdade**.

Em nota técnica sobre os projetos apresentados pelo então Ministro da Justiça, Sr. Sérgio Moro, a Associação dos Juízes Federais do Brasil tece loas ao novel mecanismo da barganha; as críticas constantes do pronunciamento oficial, quando muito, visam ao aumento dos poderes do magistrado no âmbito das negociações penais. A entidade assim descreve os benefícios que advêm do modelo do consenso:

> Um elevado percentual de casos penais pode ser satisfatoriamente resolvido por meio de um rito abreviado, permitindo-se que os recursos humanos e materiais do Poder Judiciário sejam melhor empregados naqueles casos em que há real conflito quanto à culpa do réu.
>
> O alcance de maior celeridade e eficiência no campo do Direito Processual Penal exige a adoção de ferramentas que, inspiradas no pragmatismo do modelo de justiça negociada dos Estados Unidos da América, permitam uma rápida solução consensual do caso quando houver confissão insuspeita e possibilidade de aplicação de penas substitutivas e de penas de prisão de curta ou média duração.[303]

O Fórum Nacional de Juízes Criminais (FONAJUC) se posicionou de similar maneira, afirmando "que as técnicas de Negociação no Direito Penal e Processual Penal são instrumentos relevantes e fundamentais para concretização de um Sistema de Justiça mais efetivo no país", considerando-se que "a ausência de efetividade/celeridade da Justiça Criminal contribui para insegurança jurídica e principalmente para a impunidade, que deve ser combatida"[304].

---

303. AJUFE, Associação dos Juízes Federais do Brasil. Nota Técnica 03/2019 da Associação dos Juízes Federais do Brasil (AJUFE) referente às propostas legislativas apresentadas pelo Ministro da Justiça e Segurança Pública, Sergio Fernando Moro. AJUFE, 2019, p. 26.

304. VASCONCELOS, Frederico. Juízes criminais apoiam proposta de Moro sobre acordo penal. Folha de São Paulo, 2019. E sobre a aprovação majoritária dos juízes criminais brasileiros à proposta do Ministro da Justiça, ver: MACEDO, Fausto. 90% dos juízes apoiam plea bargain de Moro. Estadão, 2019.

De seu turno, como de se esperar, as associações de membros do Ministério Público são as maiores partidárias da assimilação do *plea bargaining* ao Brasil, reputado o modelo negocial como ferramenta essencial à modernização da persecução criminal pelos mais diversos órgãos da classe. O Conselho Nacional de Procuradores-Gerais dos Ministérios Públicos dos Estados e da União, em entusiasmada nota de apoio ao projeto de alargamento dos espaços negociados, destaca que

> A Justiça Negocial aparece como alternativa legítima, cumprindo, de forma célere e segura, a função dirimente do conflito.
>
> O projeto do novo Código de Processo Penal em trâmite na Casa de Leis (...) traz no seu bojo instrumentos negociais que, a um só tempo, cumprem expectativas dos indivíduos e da sociedade, abreviando o tempo para a solução da lide, a fim de assegurar a garantia constitucional da razoável duração do processo.
>
> Inegavelmente, o "plea bargain" trará economia de tempo e recursos para que o sistema de justiça criminal exerça, com a atenção devida, uma tutela penal mais efetiva nos crimes que merecem esse tratamento.[305]

A calorosa acolhida à iniciativa legislativa[306] de ampliação dos espaços de consenso no processo penal se denota, igualmente, no Ministério Público Federal, que, em informe oficial, salientou os benefícios da utilização dos acordos penais:

---

305. MPRR. Nota Pública do Conselho Nacional de Procuradores-Gerais dos Ministérios Públicos dos Estados e da União. 2019, online.

306. Nesse sentido, também é de se anotar o artigo publicado pelo presidente da CONAMP (Associação Nacional dos Membros do Ministério Público) em defesa da incorporação do *plea bargain*: "Não é menos importante esclarecer à população – sempre ávida por soluções mais modernas e efetivas – que o acordo de condenação, a par de promover a efetividade perdida do sistema de justiça criminal, certamente representará um considerável ganho econômico, na medida em que propõe a simplificação do sistema judicial criminal. Além disso, permite a diminuição dos índices de congestionamento; garantindo mais tempo e estrutura para o processo e julgamento de casos de maior complexidade e contenciosidade, empregando recursos de forma mais eficiente; diminuindo os índices de impunidade; e, assegurando às vítimas a possibilidade de obter reparações mais rápidas e adequadas". Artigo disponível na íntegra em: AZEVEDO, Victor Hugo. Plea Bargain: sem medo de propor uma Justiça moderna, mais ágil e efetiva. CONAMP, 11 fev. 2019. Disponível em: https://www.conamp.org.br/publicacoes/artigos-juridicos/6500-plea-bargain-sem-medo-de-propor-uma-justica-moderna-mais-agil-e-efetiva-6500.html. Acesso em: 14 ago. 2023.

> (...) poupa-se tempo e os altos custos de um processo judicial; a defesa sabe desde logo a pena a que o réu será submetido, deixando de lado as incertezas e as delongas do processo judicial; a acusação economiza recursos que poderão ser direcionados para uma atuação mais dedicada e eficiente em casos que não comportarem resolução consensual. **Enfim, trata-se de uma importante ferramenta para a realização da justiça penal brasileira, pois, de um lado, garante mais eficiência à persecução penal e, de outro, mais previsibilidade do processo ao acusado.**
>
> Por isso, o acordo entre o Ministério Público (acusação) e o réu (defesa) traduz-se num importante instrumento para a consecução de uma justiça mais ágil, eficiente, moderna e desburocratizada, sem, contudo, afastar-se da perspectiva de garantia dos direitos fundamentais do cidadão[307]. (grifo nosso)

Particular relevo assume o posicionamento da Defensoria Pública da União[308], eis que a instituição discorda da reforma legislativa apresentada pelo Ministro da Justiça, que propõe a "simples importação isolada do instituto do 'plea bargain'" sem atinar para o potencial reforço ao matiz inquisitório do processo brasileiro, num cenário de "evidente desigualdade entre as partes e a impossibilidade de negociação"[309]. Entretanto, sem embargo da sua discordância, a Defensoria Pública assevera ser o "'plea bargain' uma necessidade inadiável do ordenamento jurídico brasileiro", posto que:

> a. aproxima o procedimento de conhecimento do sistema acusatório estabelecido pela Constituição de 1988.
>
> b. valoriza os princípios constitucionais do contraditório, da ampla defesa e do devido processo, a partir da técnica da oralidade e da imediaticidade do procedimento baseado em audiências.
>
> c. Enseja a economia processual, na medida em que uma parcela significativa de casos é solucionada pelo instituto do acordo e um

---

307. MPF. Nota Técnica Conjunta da Procuradoria Geral da República/Secretaria de Relações Institucionais, nº 105/2019. p. 6-7.

308. DPU. Nota Técnica da Defensoria Pública da União em face do pacote de sugestões legislativas apresentadas em 04 de fevereiro de 2019 pelo Ministério da Justiça e Segurança Pública. Conjur, 2019.

309. Idem, p. 2.

número pequeno de casos penais chega a efetivamente à audiência de instrução e julgamento.[310]

Com efeito, por mais bem-intencionadas sejam tais manifestações (e não se está, de modo algum, a pôr em dúvida o escopo dos agentes políticos que compõem estas instituições), não se pode acatar o discurso de se configurar a barganha uma alternativa viável para suprir os défices do sistema de justiça criminal. Muito menos se poderia admitir, ao menos na leitura proposta pela corrente obra, que a introjeção dos mecanismos consensuais ajudaria a compatibilizar o processo penal brasileiro com os desejáveis moldes acusatórios.

No ponto, uma avaliação dos vetores **eficiência** e **celeridade**, ambos reiteradamente invocados quando o assunto se trata de alargamento dos espaços negociados no processo penal brasileiro, aqui vem a calhar. Aliás, a apreciação destas *bandeiras* faz-se imprescindível para o propósito de descortinar a incompatibilidade do modelo consensual com um sistema processual que se diga acusatório.

Antecipo que a minha reprovação ao ingresso da barganha não decorre de algum apego passional à administração tradicional da justiça criminal. De forma alguma. Certamente, ela merece reformas profundas, e a sobrecarga do judiciário e os altíssimos custos com o sistema penal devem ser encarados com máxima seriedade, por representarem verdadeiros entraves ao funcionamento adequado da justiça criminal.

Não obstante, a crítica aos lemas da eficiência e da celeridade, supostamente alcançadas com a adoção da barganha, fulcra-se em seu caráter ilusório, enganoso: isto pois as soluções negociadas aparecem para dar cabo a um "problema" que se sabe, desde antes, não conseguirem resolver. Explico esta impossibilidade: a expansão desmesurada do direito penal, com a criação de novos tipos penais e de crimes de perigo, produz uma mais-valia de puníveis que não logra ser cooptada pela tática da negociação penal - ainda que em sua máxima *performance*. Restará, assim, um excedente infindável de sujeitos a serem capturados pelo sistema penal. Ouso dizer, indo mais além ainda, que nem sequer são esses objetivos - os de resolver a questão dos custos com a justiça criminal, da sobrecarga judiciária e da pressão daí resultante - os mais valorados pelos defensores do modelo da barganha.

Nesse passo, convirá rememorar a lição de Lucian Dervan, já colacionada em ocasião prévia, eis que reveladora do perverso conúbio - de

310. Idem, ibidem.

retroalimentação – entre o aumento do direito penal e a barganha. Nos dizeres do autor, "a barganha e a expansão do direito penal se perpetuam reciprocamente: a barganha protege a expansão do direito penal do questionamento e a expansão do direito penal cria incentivos para tornar a barganha tão persuasiva"[311]. Deveras, "a expansão do Direito Penal também depende e, de certo modo, é causada pela generalização da barganha, ao passo que por meio desta a justiça criminal consegue responder parte das demandas punitivistas sociais (sem o controle e a limitação do Judiciário)..."[312].

Infla-se, sobremaneira, o rol de condutas criminalizadas, em um cenário de direito penal máximo, para depois se proclamar a ineficiência deste mesmo sistema, sob o exato argumento de seu inchaço. E assim, alegando a necessidade impreterível de um enxugamento do sistema penal, irrompem os mecanismos de simplificação e os procedimentos abreviados para deslindar tal crise/insuficiência.

A lógica subjacente, se pode notar, é maldita. Não à toa se inscreve numa nova razão do mundo (epistemologia) neoliberal, que introduz a mentalidade

---

311. DERVAN, Lucian E. Overcriminalization 2.0: The symbiotic relationship between plea bargaining and overcriminalization. **Journal of Law, Economics and Policy**, Vol. 7, n. 4, 2011. p. 646. Vale a pena colacionar o trecho no qual o autor introduz a sua aproximação entre *plea bargainin* e *overcriminalization*: "To illustrate the co-dependent nature of plea bargaining and overcri-minalization, consider what it would mean if there were no plea bargaining. Novel legal theories and overly-broad statutes would no longer be tools merely for posturing during charge and sentence bargaining, but would have to be defended and affirmed both morally and legally at trial. Further, the significant costs of prosecuting individuals with creative, tenuous, and technical charges would not be an abstract possibility used in determining how great of an incentive to offer a defendant in return for pleading guilty. Instead, these costs would be a real consideration in determining whether justice is being served by bringing a prosecution at all. Similarly, consider the significant ramifications that would follow should there no longer be overcriminalization. The law would be refined and clear regarding conduct for which criminal liability may attach. Individual benefits, political pressure, and notoriety would not incentivize the invention of novel legal theories upon which to base liability where none otherwise exists, despite the already expansive size of the United States criminal code. Further, novel legal theories and overly-broad statutes would not be used to create staggering sentencing differentials that coerce defendants, even innocent ones, to falsely confess in return for leniency. As these hypothetical considerations demonstrate, plea bargaining and overcriminalization perpetuate each other, as plea bargaining shields over-criminalization from scrutiny and overcriminalization creates the incentives that make plea bargaining so pervasive" (p. 645-6).

312. VASCONCELLOS, Vinícius. **Barganha e Justiça Criminal Negocial**. op. cit., p. 152.

empresarial da **ação eficiente** nos mais variados terrenos, destacadamente em esfera penal (Coutinho). A preocupação, pois, jamais foi a de trilhar ao encontro de um juízo penal mais justo ou de reduzir a estigmatização do acusado, ao promover sua maior participação na conformação da decisão penal; menos ainda foi o de promover uma reforma com vistas à adequação dos sistemas processuais penais latino-americanos ao modelo acusatório (mesmo porque vimos a barganha não servir a tal desiderato). O intuito, desde o início, foi desviar o foco da perversidade do neoliberalismo, que tem em seu código genético um direito penal máximo, a fito de dar conta da sua imparável produção de excluídos, e que usa o direito penal e o processo penal como instrumentos de legitimação destas iniquidades.

Eis uma das incongruências, entre outras, dessa epistemologia: o dispositivo neoliberal opera a partir do pressuposto do Estado mínimo, visando a mitigar a ineficiência e o dispêndio de recursos da máquina burocrática; simultaneamente, contudo, estimula a máxima expansão do direito e do Estado penal, justamente para dar vazão àquele contingente de excluídos que o próprio dispositivo, em *devir-intenso*, não cessa de produzir.

Nessa esteira, com maior razão assinalará Gabriel Anitua[313] ao dizer que, ao contrário de cuidar das "ineficiências do sistema judicial, se busca paliativos em um método para se conseguir mais condenações com o menor custo. Ao iludir o julgamento em sentido estrito, se pretende iludir a aplicação das garantias do particular, e os limites que estas significam às pretensões punitivas". De sorte que não se ataca o problema - vale dizer, a criminalização excessiva, os fascismos punitivos, a ostentação midiática do horror: todos substanciais ao projeto neoliberal –, mas, antes, se estimula a sua constante (re)aparição, dilatando-se o campo de incidência do direito penal *pari passu* à expansão do uso da barganha.

Ademais, de se ter em linha de conta a advertência feita por Cunha Martins[314] de que os motes da celeridade e eficiência não soem comparecer sozinhos. Contíguo a eles costuma ser "bramido o argumento complementar do 'clamor público'". E aí, os meios de comunicação de massa, na condição de eficientes gestores das expectativas sociais (item 2.1), jogam papel de maior importância: ao fomentar e divulgar um imaginário de impunidade,

313. ANITUA, Gabriel I. A importação de mecanismos consensuais do processo estadunidense as reformas processuais latino-americanas. In: GLOECKNER, Ricardo (org.). **Sistemas processuais penais**. op. cit., p. 375.

314. MARTINS, Rui Cunha. **A hora dos cadáveres adiados**: corrupção, expectativa e processo penal. op. cit., p. 47.

bem como veicular diuturnamente, e de modo *espetacular*, as imagens de crimes em tempo real e dos criminosos à solta, acabam por incitar uma sensação de permanente insegurança na sociedade, a dar azo às medidas de endurecimento repressivo[315].

Estes ingredientes compõem a receita ideal para a adoção de ritos abreviados em sede processual penal. Com efeito, um *senso comum* informado pela mídia pressiona o direito, desde fora, exigindo-lhe que apresente respostas aos problemas da galopante criminalidade; o sistema jurídico-penal internaliza as pressões midiáticas através da criação de novos tipos penais, do aumento das penas privativas de liberdade, da concepção dos **crimes de perigo**. Por seu turno, concomitantemente à resposta penal às expectativas sociais, ao direito processual impõe-se que simplifique suas longas, burocráticas e onerosas fases, priorizando as reformas que dinamizem - leia-se, que tornem mais eficiente - a inchada justiça criminal.

Um cenário tal, há de se convir, absolutamente dissonante a um ideal de processo penal enquanto método limitador do arbítrio estatal. E, pois, um panorama que não concerta com um processo penal no marco do estado democrático de direito. Decerto, um processo penal que se queira democrático é, em tudo, "incompatível com anseios de 'celeridade' no sentido de se *condenar mais rápido* ou *se 'acalmar a sociedade'*, exatamente porque seu escopo é garantir que só se puna por meio de um *processo legal devido*, com a *observação do contraditório e dos direitos de defesa*". Por isso dizermos, com Coutinho, que "[f]alar apenas em *celeridade* como parâmetro de justificação

315. Rubens Casara chama atenção para o fato de que "o sistema de justiça criminal, sempre seletivo, torna-se cada vez mais objeto de atenção dos meios de comunicação de massa que, com objetivos políticos e econômicos manipulam as sensações de medo, insegurança e impunidade na sociedade. (...) A mídia constrói a criminalidade e conforma a persecução penal (...) a partir de uma trama simbólico-imaginária tecida com informações selecionadas, subinformação e desinformação, bem como com crenças e preconceitos que ajudam a construir a tradição em que os atores jurídicos (e o restante da sociedade) estão inseridos". Em outra passagem da mesma obra, o autor salienta que "O direito, então, passa a estar subordinado à lógica da hipercultura midiática-mercantil (...), da teatralização, do *show business*, que tem como característica principal 'implantar-se sob o signo hiperbólico da sedução, do espetáculo, da diversão da massa', mas que mistura as esferas do controle social, da economia, da cultura, da (des)informação, das artes, da moda, tudo a esconder interesses de grupos bem definidos". CASARA, Rubens. **Processo penal do espetáculo**: e outros ensaios. 2ª ed. Florianópolis: Tirant lo Blanch, 2018. p. 12; p. 30.

política neste caso é mais uma reafirmação do princípio da *eficiência* que pauta os sistemas penais em tempos de neoliberalismo"[316-317].

Não é, todavia, sequer ponto pacífico na doutrina este ganho de eficiência obtido por meio da introdução dos mecanismos negociados. Na esteira de Vasconcellos, quadra salientar que diversos "estados norte-americanos que aboliram de alguma forma tal mecanismo [...] conseguiram resultados positivos, ou, ao menos, não entraram em colapso, como boa parte da doutrina previa"[318]. Isto se deve, em parte, ao fato de que a barganha também pode se prolongar no tempo, não raro envolvendo blefes de lado a lado, a fim de amealhar condições melhores ao firmamento do acordo (especialmente nos casos em que o acusado-delator possui informações relevantes dos chamados "peixes graúdos", para negociar com a acusação).

Contudo, ainda que se admita a tese de a barganha ser uma potencial redutora de custos *processuais*, remanescerão em aberto os seguintes questionamentos: há um estudo sistemático sobre o impacto carcerário das ferramentas negociais, para que exista uma base mais sólida para a importação desse aparato ao Brasil[319]? As nossas prisões, já superlotadas, não sofrerão um colapso com a introdução do consenso? Não será, assim, necessário destinar mais verbas para a construção de novos presídios e aumentar a capacidade de encerrar mais detentos naqueles já existentes? Quais as repercussões financeiras, alfim, das condenações obtidas mais rapidamente com a barganha? E, nessa senda, não se estaria simplesmente a transferir a "questão dos custos" a um momento posterior, isto é, a meramente deslocá-lo para o já falido sistema carcerário?

---

316. COUTINHO, Jacinto Nelson de Miranda. **Observações sobre os sistemas processuais penais**. op. cit., p. 268-269.

317. Convém anotar, igualmente, lição de Rubens Casara: "Cumpre notar que o procedimento abreviado, que mira na formação do consenso, como toda forma de procedimentalismo, que se propõe a solucionar problemas substanciais, é contrafático: ignora a facticidade, a complexidade do ser-no-mundo, substituindo-a por um discurso de validade/justificação prévio. Nessa vertente argumentativa, pouco importa a inexistência de prova, ou mesmo que a confissão exigida revele-se no plano fático insustentável, vez que o procedimento sumário encontra-se 'justificado' em razão do 'acordo' entre as partes". CASARA, Rubens R. **Mitologia processual penal**. 1ª ed. São Paulo: Saraiva, 2015. p. 189.

318. VASCONCELLOS, Vinícius. **Barganha e Justiça Criminal Negocial**. op. cit., p. 72.

319. LOPES JR., Aury. Adoção do *plea bargaining* no projeto "anticrime": remédio ou veneno? Conjur, 2019.

Um exemplo concreto bem ilustra a relevância de tais indagações. Os Estados Unidos da América, expoentes globais do modelo negocial, também constam no primeiro lugar do ranking de população carcerária mundial, com mais de dois milhões de detentos; à vista disso, os custos com o sistema correcional - presos, cadeias, regime de *probation* - superam os 80 bilhões de dólares anuais[320]. Isso com a barganha sendo o coração do modelo americano de administração de justiça.

Mas, como querem os defensores do consenso, permaneçamos em terreno utilitarista, refutando, desde aí, a validade de seu argumental. Insistem os entusiastas desse modelo que a barganha configura medida benéfica a todos os atores envolvidos, posto que "o acusado evita gastos, inseguranças, prejuízos e atrasos do processo, além de obter uma suposta redução de pena por leniência; já seu defensor obtém um retorno financeiro de modo mais rápido e abranda suas responsabilidades". De igual sorte, se beneficiam "os promotores [,que] reduzem gastos e suas cargas de trabalho, além de obter condenações fáceis que ajudam no seu progresso profissional; de modo semelhante beneficiam-se os juízes, especialmente com a diminuição da carga processual..."[321].

Atinemos, por ora, ao caso do *plea bargaining*. Um dos seus mais notáveis apologistas, Frank Easterbrook, vislumbra a justiça criminal como um "sistema de mercado"[322], que deve alocar recursos escassos – grife-se: é patente a inspiração do autor nas premissas da escola do "law and economics" (item 1.4) –, e divisa o *plea bargaining* como um contrato similar ao de compra e venda, por meio do qual o acusado, "ao admitir a sua culpabilidade, venderia seus direitos ao promotor, recebendo em troca concessões consideradas mais benéficas do que o exercício desses direitos sacrificados"[323]. O professor da Universidade de Chicago prossegue, salientando as vantagens do **compromisso** entre defesa e acusação:

> Os acusados podem usar ou trocar os seus direitos, de acordo com seu melhor interesse. **Assim, a negociação ajuda os réus. Forçá-los a utilizar seus direitos no julgamento significa obrigá-los a cor-**

---

320. WAGNER, Peter; RABUY, Bernadette. Following the Money of Mass Incarceration. Prisionn Policy Initiative, 2017.

321. VASCONCELLOS, Vinícius. **Barganha e Justiça Criminal Negocial**. op. cit., p. 79-80.

322. EASTERBROOK, Frank H. Criminal procedure as a market system. **Journal of Legal Studies**, vol. XII, University of Chicago, 1983. p. 289.

323. EASTERBROOK, Frank H. Plea Bargaining as Compromise, **Yale Law Journal**, v. 101, 1992. p. 1975.

> **rer o risco de condenação ou absolvição**; pessoas com aversão ao risco costumam favorecer punições certas, mas menores, a correr o risco de ser punidos mais severamente. Os acusados ainda têm o processo terminado mais rapidamente, e os solventes economizam os custos do processo. **O compromisso também beneficia os promotores e a sociedade como um todo. Ao comprar direitos processuais em troca de sentenças mais baixas, promotores compram o mais valioso *commodity*, o tempo.** Com mais tempo, eles podem processar mais criminosos. (...) A proporção de processos (e condenações) por crimes seria extremamente baixa se os compromissos fossem proibidos.[324] (grifos nossos)

A posição sustentada por Easterbrook, data vênia, não merece acolhida. Primeiramente, sua tese, compartilhada por seus correligionários, padece de um vício encetativo: ao confundir o processo penal com um **sistema de mercado**, o autor não tem em consideração, a nosso ver, a função primeira do processo, qual seja, a de limitar a potestade punitiva estatal. Encarando o processo criminal como método de alocação de recursos escassos, se descuida do significado do devido processo legal (*due process of law*) no marco de um estado de direito, para sair em uma cega defesa às resoluções *privadas* do conflito. De sorte que, por meio de um contrato de compra e venda, licitamente firmado entre acusação e defesa, o réu estaria autorizado a alienar os seus direitos constitucionais ao promotor, em troca de um benefício qualquer.

Um tal estado de coisas que faz mais lembrar um processo penal pré-moderno, em que prevalecia a vingança privada, do que remete à imperativa jurisdicionalidade estrita do castigo, legitimado cognitivamente pelo material probatório produzido em contraditório. Ou, por outra, rememora um tempo em que a confissão era a "probatio probatissima", muito mais do que o faz com o axioma garantístico do *nullum poena sine iudicio*.

Em acerba crítica aos enunciados de Frank Easterbrook, John Langbein[325] assinala ter se "criado um glorioso mercado persa em lugar do que desenharam os constituintes". Registra, no ponto, que o "artigo de Easterbrook deixa de lado uma questão vital, que é, na verdade, o propósito que os constituintes atribuíram ao julgamento pelo júri: É válido entender que este direito possa ser vendido no mercado persa como qualquer outra mer-

324. Idem, ibidem.

325. LANGBEIN, John. Sobre el mito de las constituciones escritas. **Revista Nueva Doctrina Penal**. op. cit., p. 50.

cadoria?". A este nível, não causará surpresa a proclamação, minha como de Langbein, de que não há de se cogitar da venda de direitos, mormente daqueles estampados na Carta Maior; o disparate é ainda maior se considerarmos que o panorama negocial é essencialmente coercitivo.

Ademais, com acerto, Gabriel Anitua aduzirá que as "vantagens mútuas" apregoadas por parte da doutrina fautora do consenso não passam de quimera, visto que "as únicas vantagens estariam a favor da pretensão punitiva do Estado e daqueles que trabalham profissionalmente com os conflitos criminais, que terão menos trabalho"[326]. Com efeito, a pretensão punitiva se beneficia tremendamente, logrando alcançar "seu objetivo em maior número, a menor custo [os custos processuais, vez que o impacto orçamentário pode ser avassalador], mais rapidamente e sem ter que debater, nem internamente e nem em público, sobre a finalidade última da tarefa que realiza"[327].

Perseverando nessa senda, de se assentir com a observação de Langbein a propósito da prática do *plea bargaining* nos Estados Unidos, de que "a barganha derrotou a Constituição e o *Bill of Rights* pois os profissionais do direito - em especial os juízes, fiscais e advogados de defesa - preferiram a conveniência de realizar transações ao rigor de levar a cabo os juízos penais"[328]. A anotação, bem de se ver, é perfeitamente cabível à expansão dos espaços negociais em solo tupiniquim, o que vem a reforçar a tese esposada por Anitua de que os benefícios estão a favor, quase exclusivamente, dos que laboram com os conflitos criminais.

À derrota multímoda da Constituição sucede, portanto, uma desvirtuação das funções dos atores jurídico-penais. Conforme ensinamento de Vasconcellos, o mecanismo negocial opera a "indevida subordinação da justiça aos interesses pessoais dos atores do campo jurídico-penal", notadamente "daqueles que detém o poder na determinação da concretização do poder

326. ANITUA, Gabriel I. A importação de mecanismos consensuais do processo estadunidense as reformas processuais latino-americanas. In: GLOECKNER, Ricardo (org.). **Sistemas processuais penais**. op. cit., p. 366.

327. Idem, p. 374.

328. LANGBEIN, John. Sobre el mito de las constituciones escritas. **Revista Nueva Doctrina Penal**. op. cit., p. 51. Destaca-se o trecho, ipsis litteris: "La desaparición del juicio penal por jurados nos ofrece una lección muy instructiva sobre el mito de las constituciones escritas. Éstas requieren la adhesión y el apoyo tanto del orden social como del político, y tanto del sistema legal como de los profesionales del derecho. El *plea bargaining* ha derrotado a la Constitución y al *Bill of Rights* porque los profesionales del derecho -especialmente los jueces, los fiscales y los abogados defensores- han preferido la conveniencia de realizar transacciones al rigor de llevar a cabo los juicios".

punitivo estatal"[329]. Uma tal subalternidade que se configura em detrimento do exercício dos direitos do acusado, mesmo por ser consubstancial à lógica da barganha a renúncia a um processo legal e devido e a abdicação, como um todo, da defesa – entre outros, pela vulneração à presunção de inocência, ao contraditório, à paridade de armas, às regras probatórias, à imparcialidade do juiz, ao direito contra a autoincriminação; todas violações não aceites em um modelo acusatório de processo, mas inerentes ao desempenho do mecanismo negocial.

A **conveniência** dos personagens do processo penal em realizar a barganha, ao invés de seguir o "acidentado" caminho do processo, isto é, de um julgamento imparcial e contraditório, faz-se notável na prática judiciária. Quase todos seus atores findam, de uma forma ou doutra, beneficiados com o uso do modelo do consenso.

O julgador minora, consideravelmente, o seu volume de trabalho, aumenta os índices de condenações criminais (o que, em várias jurisdições, é critério para progressão funcional), e, ainda, alivia a carga psíquica imanente à atividade jurisdicional – aplaca o pesado fardo de decidir sobre um fato histórico do qual não possui conhecimento, não pode saber de antemão nem ir atrás dele, mas tem o dever de obtê-lo a partir, exclusivamente, da atividade probatória das partes, a fito de resolver o caso penal. Com a barganha, sua tarefa processual cinge-se a homologar um acordo já pronto e decorrente da "vontade livre e consciente" dos contratantes.

Merece a pena registrar, ainda, que, sendo o acusado detentor da Verdade real, inexistirá razão para o juiz desconfiar do conteúdo de sua confissão, eis que o reconhecimento da culpa perfará ato de revelação do verdadeiro. E, recuperando a incursão analítica promovida no item 2.2, relativamente à distribuição das tarefas processuais, convirá repisar a imersão psíquica do julgador, com essa tal "credulidade na verdade-da-confissão", em terreno do *evidente*[330].

329. VASCONCELLOS, Vinícius. **Barganha e Justiça Criminal Negocial**. op. cit., p. 157-159.

330. É bom recordar, com Rui Cunha Martins, que "diz-se *evidente* o que dispensa a prova. Simulacro de autorreferencialidade, pretensão de uma justificação centrada em si mesmo, a evidência corresponde a uma satisfação demasiado rápida perante indicadores de mera plausibilidade. De alguma maneira, a evidência instaura um *desamor do contraditório*". MARTINS, Rui Cunha. **O ponto cego do direito**: the brazilian lessons. op. cit., p. 2.

No ponto, relevará perceber que, em um processo penal como o brasileiro, no qual o juiz-inquisidor sempre esteve umbilicalmente ligado ao acusador, privilegiando, de regra, a hipótese acusatória, o funcionamento do aparato negocial só faz intensificar a ostensiva desigualdade já existente entre as partes, tornando mais periclitante a condição do acusado. Acresçamos a isto a transposição acrítica de categorias do processo civil ao processo penal, com a mixórdia entre Ministério Público e credor civil e réu e devedor, a invocação errônea às condições da ação e o recurso à pretensão punitiva, em vez de acusatória, para que atinjamos um resultado de nítida prevalência da asserção acusatória sobre a tese defensiva.

Insisto na matéria. É por todos consabido que numa configuração inquisitória do processo penal – e não se põe em dúvida que o sistema processual brasileiro esteja inscrito nesse modelo – juízes e promotores estão enlaçados. O casamento é de longa data (História). E nem por culpa dos atores em si, tomados individualmente; é, sim, como uma imposição sistêmica a existência de um conluio entre estas duas personagens. Ora, se a finalidade do sistema processual penal inquisitório, como fizemos consignar no item 2.2, é a concretização do poder punitivo estatal, e, nele, o processo é tão só instrumento para se ministrar o castigo, será natural que julgador e acusador, incumbidos de tarefas preventivas, tencionem à imposição da pena com o mínimo de constrangimento. E, como também assinalámos dantes, parece ser esta a "palavra de ordem" para a subsunção de um processo concreto a um dentre os sistemas: a sua capacidade de promover o constrangimento às práticas autoritárias, de tolher a presença da *evidência*, fá-lo-á se encaixar ao modelo acusatório; por sua vez, o estímulo ao arbítrio e à aparição da evidência o instalará na classe do modelo inquisitivo.

É que se a modalidade de verdade real pertence ao estatuto epistêmico da **evidência**, e se, no sistema inquisitório, já é presumido *ex ante* ser o acusado culpado, então os meios para se alcançar a ratificação da "verdade da evidência" (Martins, 2013) devem ser os mais eficientes e céleres possíveis. O processo deve ter, sobretudo, um fim rápido; com efeito, a pretensão dessa matriz processual será, pois, a de "comprimir a distância entre o expectável e o realizável", devindo o processo à guisa de "excrescência daquilo que se tem por óbvio e, por conseguinte, parcialmente dispensável"[331].

O problema maior, ao menos desde a ótica de um método de arbitramento racional de castigos em um estado democrático e de direito, consiste no fato de que o processo, a prova e o contraditório acabam por ceder lugar,

331. Idem, p. 10-11.

quando a se falar de soluções negociadas, à tentação voraz da evidência, não granjeando cumprir seus papéis ideais de constritores à sua aparição. Vejamos: sendo a evidência "simulacro de autorreferencialidade, pretensão de uma justificação centrada em si mesm[a]", cumprindo "uma satisfação demasiado rápida perante indicadores de mera plausibilidade", e instaurando, de certa forma, "um *desamor ao contraditório*"[332], não se fará admissível sua intromissão nos lindes do processo em um estado de direito, mormente se a se tratar de adjudicação de responsabilidade penal a alguém.

A filtragem às aparições da evidência se processará, idealmente, com o desempenho de operadores tais quais processo, prova e contraditório: essa tríade é, de fato, o motor acionado pelo dispositivo processual para lidar com os enunciados sobre fatos pretéritos (a base empírica do processo) de maneira *não alucinada*[333]. Ou seja, a dispensabilidade, por parte da evidência, de elementos externos de verificação – daí sua autorreferencialidade – e a sua disposição para convalidar qualquer discurso imediatamente conforme a sua pulsão – e aí reside a justificação centrada em si –, devem ser combatidas frontalmente; o modo de fazê-lo, eis a nossa tese, será **heterorreferenciando** e **descentrando** a plêiade de informações com as quais o processo penal deve trabalhar.

Nesse pórtico, temos por assente que a *prova* produzida em *contraditório judicial* em um devido *processo* penal equivalerá ao instrumento através do qual exequível a tarefa de aferir a veracidade desses enunciados sobre o fato histórico criminalmente relevante, justo por vindicar mais do que "indicadores de mera plausibilidade" para a condenação de um acusado *presumido* inocente. Ou, por outra: a trinca prova-contraditório-processo será o meio de legitimamente se conferir validade à imposição da sanção penal.

A confissão/delação não se ajusta ao quadro de mecanismos capazes de filtrar a evidência. Vou ainda mais longe: elas são a própria aparição

---

332. Idem, p. 2.

333. A respeito do caráter alucinatório da evidência, Rui Cunha Martins destaca: "Correto será, então, referir que (cita Fernando Gil) 'a evidência representa uma alucinação, mas não no sentido de um percepto do irreal *em vez* da percepção do existente: antes significa a transposição *da* percepção para outra coisa que não ela mesma. É uma operação alucinatória que, com a força irrecusável do real, converte em verdade a percepção e a significação'. Trata-se, muito precisamente, de um exercício de *ostensão*". E mais adiante: "É possível afirmar que, enquanto manifestação de ostensividade, a *alucinação* impõe, basicamente, um *processo de intensificação da matéria sensível*: o sensível converte-se em conceito e, uma vez feito conceito, converte-se, por seu turno, em realidade". Idem, p. 12-13.

do *evidente* em sítio processual. Não é mera coincidência o descarte ao *contraditório*, a vulneração à atividade *probatória* e a renúncia ao *processo* promovidos pela barganha; são estas condições intrínsecas a este modelo de resolução penal. Tampouco é mera casualidade que *transparência* e *celeridade*, bandeiras evocadas para a legitimação dos acordos penais, resultem em táticas incriminatórias lastreadas na coação e na obtenção da admissão de culpa: o processo, nesse sentido, revela-se supérfluo.

O pertencimento da barganha ao modelo inquisitivo de processo penal aqui se dá. No que concerne à distribuição de tarefas processuais (eis o critério identificativo do núcleo reitor dos sistemas processuais) aos distintos atores, teremos, da parte do julgador, a adesão psíquica à hipótese acusatória desde antes mesmo da instauração do processo, presumindo a culpabilidade do réu, e, assim, pervertendo a função de constrangimento que os operadores - prova, processo, contraditório - deveriam realizar.

O dispositivo processual fica desguarnecido, por assim dizer, dos mecanismos de contenção, fazendo-se um terreno disponível a insinuações de toda ordem da evidência; a prévia adesão do julgador à tese acusatória é, aí, a evidência já a palpitar. Do maior perigo será essa crença à versão acusatória, pois fará o julgador *pré-ocupar a zona de culpabilidade*, exatamente a região oposta a qual lhe era suposto ocupar (a da presunção de inocência).

De sorte que, em um quadro tal de adesão, resta ferida de morte a condição de mandatória imparcialidade do juiz. Isto pois, curvando-se à evidência, o magistrado finda por deslocar-se do centro - pressuposto ocupar - para um dos flancos, amiúde, o polo da acusação. E, nesse problemático deslocamento, apreciado pelos regimes inquisitoriais, o julgador passa a ocupar o lugar de parte, erradicando do processo a sua característica dialeticidade. Enfim, ao depositar sua crença sobre o modelo da barganha, o próprio processo advém dispensável, simples ritual.

Não por outra razão afirmar que a **verdade do consenso**, assim como a sua congênere Verdade real, consiste em uma expressão do regime epistêmico da evidência. Inexiste nela uma qualquer preocupação em embaraçar o *evidente*, o que só poderia ser alcançado pelo respeito a métodos racionais de aferição da verdade (epistemologia) dos enunciados sobre os fatos[334]. A

334. Aduz Geraldo Prado, a respeito da construção da verdade no processo penal em um estado de direito, que "[A] verdade perseguida no curso do processo penal como meta de ultrapassagem de um estado de incerteza para o de certeza não tem uma 'natureza ontológica', tampouco encontra-se acessível para, como em um passe de mágica, conduzir os sujeitos processuais a uma viagem no tempo, ao passado, para

barganha, ao contrário, é autocentrada, autorreferente, pelo que se contenta com a coincidência entre *aquele que fez* e *aquele que diz que fez*; o seu regime de veridição atua sobre a crença na Verdade externada pelo seu exclusivo detentor: o confitente.

E, se a função processual cometida ao juiz resta corrompida pelo desempenho da máquina negocial, ao menos desde as tarefas que lhe seriam atribuídas em um sistema acusatório, há de se admitir também que o estatuto da defesa fica cabalmente deteriorado. Em primeiro lugar, pois o conceito mesmo da barganha confirma a incompossibilidade da negociação penal com posturas de resistência à acusação, tida em conta a exigência de *conformidade* por parte do réu. Com efeito, é da essência do acordo penal o esvaziamento do conteúdo do direito de defesa (Binder[335]).

---

perceber os fatos como na realidade ocorreram. (...) Em um processo penal regulado pela presunção de inocência o fato – em realidade, o enunciado sobre o fato – deve ser definido pelo acusador e é este que tem interesse em demonstrar a sua existência. (...) Como sublinhou Alberto Binder, no texto citado, a tarefa de construção da verdade no processo penal, sob o estado de direito, está ordenada por meio de requisitos de verificação dos fatos da causa, conforme *standards* probatórios ('regras orientadoras fortes') que tenham a capacidade de limitar a discricionariedade...". PRADO, Geraldo. **Prova penal e sistema de controles epistêmicos**: a quebra da cadeia de custódia das provas obtidas por métodos ocultos. op. cit., p. 35-39.

335. Alberto Bovino disserta sobre a incompatibilidade da barganha com o direito de defesa, nos seguintes termos: "Por último, el 'juicio abreviado' elimina todo contenido posible del derecho de defensa, circunstancia que, en sí misma, permite cuestionar fundadamente la "certeza" a la que puede arribar el tribunal para dictar condena...". E mais adiante: "El Estado está obligado a garantizar el derecho de defensa en juicio. Ello no significa que el imputado no tenga derecho a confesar, si así lo desea. Pero la confesión del imputado, por su contenido autoincriminatorio, no es, ni podría ser, un acto defensivo. De allí la prohibición de toda confesión forzosa y la irrenunciabilidad de la defensa técnica. La defensa implica un mínimo de resistencia ante la imputación, y no colaboración con ella. De allí que se denomine al derecho a ser oído, base esencial del derecho a defenderse, como 'principio de contradicción'. El derecho de defensa del imputado comprende diversas facultades de intervención en el procedimiento penal 'para poner en evidencia la falta de fundamento de la potestad penal del Estado o cualquier circunstancia que la excluya o atenúe'. En síntesis, defenderse significa, sencillamente, presentar algún grado de resistencia a la actividad persecutoria. **En consecuencia, la admisión lisa y llana de la culpabilidad por el hecho descripto en la acusación, de su calificación legal y del monto de la pena merecida, esto es, la "conformidad" requerida por el art. 431 bis, inc. 2, del CPP Nación, no puede ser considerada una medida defensiva. El objeto de esa manifestación del imputado consiste en aceptar íntegramente la pretensión del acusador, esto es, precisamente, en lo opuesto a lo que significa defenderse.** La conformidad no puede ser considerada un acto de defensa del imputado por su contenido no contradictorio. Tampoco

Em um panorama de coerções de distintas laias – com ameaças de sanções mais gravosas, intimidações do acusador à revelia da lei penal, jogos mentais com acusados presos e, pois, mais vulneráveis a aceitar o acordo, etc. –, a liberdade para abdicar ao exercício do direito de defesa é muito mais ilusória do que real. Ora, basta ter em mente o risco de represálias do juiz e acusador, não raro agindo conjuntamente, com a ameaça de imposição de castigos mais graves ao réu que tenha a audácia de recusar o acordo e exercer seu direito constitucional ao julgamento penal. Quadro configurador de apenas uma alternativa à defesa: aceitar o prêmio sem reclamar, eis que o acusado não se pode dar ao luxo de resistir ao ímpeto persecutório e correr o risco de ter de suportar penas maiores[336].

Ainda no que pertine ao estatuto defensivo, Vinícius Vasconcellos chama a atenção para a "corrupção da relação entre o réu e seu advogado diante das negociações e das supostas vantagens de eventual acordo para reconhecimento de culpabilidade"[337]. Na barganha, existe, de fato, uma completa distorção da função do defensor técnico, que acaba se vendo obrigado a aconselhar seu cliente a firmar o acordo, seja por interesses pessoais escusos ou desonestidade, seja pelo legítimo temor de uma condenação mais grave ante uma recomendação equivocada. Assim, a desconfortável posição a que é submetido o defensor finda por agravar a pressão sobre o acusado para a realização do negócio penal; longe, portanto, de representar o pleno exercí-

---

puede ser considerada como una expresión del derecho de defensa porque se trata de un acto exigido legalmente, de manera obligatoria, como requisito de admisibilidad de un procedimiento que no sólo elimina toda posibilidad de defenderse en el juicio, sino que, además, elimina toda posibilidad efectiva de ejercer ese derecho en el procedimiento que reemplaza al juicio. **El 'juicio abreviado', además, afecta dos de las facultades más importantes del derecho de defensa: el control de la prueba de cargo y la producción de prueba de descargo. En efecto, la vía abreviada no admite la realización de ninguna actividad probatoria.** En consecuencia, el tribunal valorará los elementos de convicción recolectados en la etapa preliminar, obtenidos con escaso, cuando no inexistente, control de la defensa". BOVINO, Alberto. **Procedimiento abreviado y juicio por jurado.** Versión ampliada de la conferencia pronunciada en el "Seminario sobre juicio por jurados", en la Facultad de Derecho y Ciencias Sociales de la Universidad de Buenos Aires, el 20 de agosto de 1998.

336. Cumpre salientar, igualmente no tocante ao exercício da defesa, um enorme paradoxo, apenas a reforçar a perversidade da maquinaria negocial: o acusado que efetivamente infringiu a lei penal poderá ter "mais cartas na manga", e ao final gozar de mais benefícios, do que aquele que não cometeu crime qualquer; os últimos terão de escolher entre reconhecer a culpabilidade quando são inocentes ou enfrentar a volúpia do aparato punitivo, correndo perigo de penas excessivamente altas.

337. VASCONCELLOS, Vinícius. **Barganha e Justiça Criminal Negocial.** op. cit., p. 180.

cio do direito de defesa, o modelo do consenso substancia justamente a sua renúncia, tanto pela exigida conformidade do réu com a imputação penal (ainda que não condizente com os fatos ocorridos) como também em vista da absoluta desvirtuação da atuação do defensor técnico.

Outrossim, o acusador público resta "beneficiado" pela adoção da barganha. De um lado, há uma sensível redução em seu volume de trabalho, posto que as soluções negociadas lhe permitem se desincumbir do pesado ônus probatório que a ele originalmente compete, fazendo isso pela exigência sistemática de confissões. Insofismável que "a verdade dos fatos" relatada pelo próprio confitente, autor do crime, isenta o promotor de seu dever de comprovação legal da responsabilidade penal do imputado. A ocorrência de um fato típico, ilícito e culpável não fica mais a cargo da acusação oficial demonstrá-la, até porque a barganha faz recair sobre o réu, induzido pelo uso da coerção, o peso de "provar" a sua própria responsabilidade. É a dosimetria da pena que acaba por ficar nas mãos da promotoria, em uma conjuntura de nítida confusão de tarefas processuais.

Além do mais, em cenário de desmedida expansão do direito penal, a barganha surge para a acusação pública como a saída ideal. Autoriza, a um só tempo, a concentração dos esforços nos casos penais mais relevantes e a manutenção em níveis altos das estatísticas de condenações criminais. A receita, portanto, é singela: (i) coage-se o réu; (ii) temeroso por ir a julgamento e enfrentar sanções mais pesadas (e uma guerra burocrática), o investigado termina se dobrando à vontade punitiva estatal; (iii) assente com a confissão, renuncia à defesa e abdica do processo; (iv) desse modo, a promotoria obtém, simultaneamente, uma resposta penal dura e célere, bem como acalma – provisoriamente – os populismos punitivos midiaticamente estimulados.

De todo modo, a vulneração ao princípio acusatório – tomado a partir da distribuição das tarefas processuais – em razão da atuação do promotor nas soluções de consenso resta cristalina, diante da acumulação das funções acusatórias e decisórias em suas mãos. Conforme já exposto (item 2.2), se é certo que a mera separação das funções de acusar e julgar não garante, por si só, uma configuração acusatória de processo penal, também o é que a concentração de poderes processuais em uma só personagem implicará, necessariamente, um modelo inquisitivo. Justo o que sucede com a barganha: o acusador público concentra duas tarefas processuais a princípio inconciliáveis, vale dizer, a de acusar e a de decidir.

Bem vistas as coisas, teremos de convir que a barganha representa indevida intromissão do promotor em instância decisória, rompendo, em absoluto, com uma estrutura acusatória de processo (a dita tripartição das funções processuais em jurisdição, ação e defesa). Assim sendo, as soluções negociadas comprometem tanto as funções de defesa, por demandarem a renúncia do acusado ao seu direito de defesa e, em última instância, ao processo mesmo, mediante a sua *conformidade*; enreda as tarefas do julgador, em face do inelutável desrespeito da barganha à presunção de inocência e à imparcialidade, o que carece por aniquilar a função jurisdicional em um estado de direito; subverte, por fim, as do acusador público, que concentra em suas mãos as tarefas acusatórias e decisórias, num quadro conformador da citada aglomeração quântica, não à toa sendo o promotor frequentemente considerado um "juiz às portas do tribunal"[338].

Do contrário, ou seja, a respeito da compatibilidade das práticas judiciárias negociais com uma estrutura inquisitória de processo, John Langbein[339] grifa as semelhanças entre as tarefas desenvolvidas pelo hodierno promotor público e o inquisidor medieval, dando especial ênfase à acumulação de funções acusatórias e decisórias em ambos os casos:

> O *plea bargaining* concentra efetivo controle do processo penal nas mãos de um único agente público. Nosso formal direito ao julgamento prevê uma divisão de tarefas. (...) **O *plea bargaining* faz desaparecer estas fases acusatórias, de determinação e sancionatórias do processo nas mãos do promotor. Estudantes de história das regras sobre a tortura devem se lembrar de que a maior falácia psicológica do processo inquisitorial europeu daquela época era a que concentrava no magistrado inquisidor as funções de acusar, investigar, torturar e condenar.** O inquisidor que possuísse aqueles poderes necessitava daquilo que um historiador contemporâneo chamou de "capacidade sobre-humana [a fim de] ... se manter livre, em sua função decisória, das influências predispostas em sua própria investigação e atividade investigadora".
>
> **A versão dominante do *plea bargaining* americano faz exigências semelhantes: requer que o promotor usurpe as funções de determinação e de sentenciamento, com isso se tornando juiz de sua própria causa.** Eu não posso enfatizar tão fortemente o quanto

338. DIAS, Jorge Figueiredo; ANDRADE, Manuel da Costa. **Criminologia**: o homem delinquente e a sociedade criminógena. Coimbra: Ed. Coimbra, 1997. p. 484.

339. LANGBEIN, John. Tortura e plea bargaining. In: GLOECKNER, Ricardo (org.). **Sistemas processuais penais**. op. cit., p. 145-146.

> pode ser perigosa essa concentração dos poderes processuais.[340] (grifos nossos)

É circunstância a se tomar nota: os pontos de toque entre as figuras do acusador moderno e do inquisidor medieval são vastos; e os paralelos entre a atual barganha e as técnicas punitivas pré-modernas são assustadores, máxime se o *desejo* for, como parece-me cobiçável que seja, o de compatibilizar o processo penal com os mandamentos ("circularidade sistêmica") do estado de direito, em que a aferição de responsabilidade criminal de um sujeito só resultará legitimada, cognitiva, jurídica e eticamente, a partir de provas produzidas em contraditório judicial, que se revelem aptas (ou não) a desconstituir o estado inicial de inocência. Com efeito, a ausência, na barganha, de quaisquer dispositivos de fiscalização ou rastreio epistêmico (e ético) – vimos ser de sua natureza o desmonte aos mecanismos de constrangimento da evidência – abre vasto flanco ao exercício descontrolado da potestade punitiva[341].

Com uma concentração de poderes processuais desta monta, ensejador duma ainda maior disparidade entre os atores processuais[342], e incentivador

---

340. Idem, ibidem.

341. A respeito da legitimidade do exercício do poder punitivo, desde o esquema epistemológico garantista, Luigi Ferrajoli salienta: "O segundo elemento da epistemologia garantista, associado ao primeiro como sua condição de efetividade, mas freqüentemente descuidado, é o *cognitivismo processual* na determinação concreta do desvio punível. Este requisito afeta, naturalmente, aquela única parte dos pronunciamentos jurisdicionais que vem constituída por suas 'motivações', quer dizer, pelas razões de fato e de direito acolhidas para sua justificação. Tal requisito vem assegurado pelo que chamarei de *princípio de estrita jurisdicionariedade*, que, por sua vez, exige duas condições: a *verificabilidade* ou *refutabilidade* das hipóteses acusatórias, em virtude de seu caráter assertivo, e sua *comprovação empírica*, em virtude de procedimentos que permitem tanto a verificação como a refutação. (...) Para que estes mesmos princípios sejam satisfeitos é necessário, além disso, que não só a lei, senão também o juízo penal, careçam de caráter 'constitutivo' e tenham caráter 'recognitivo' das normas e 'cognitivo' dos fatos por elas regulados. (...) uma justiça penal não arbitrária deve ser em certa medida 'com verdade', quer dizer, baseada sobre juízos penais predominantemente cognitivos (de fato) e recognitivos (de direito), sujeitos como tais a verificação empírica. Esta concepção cognitiva da jurisdição, junto à convencionalista e empírica da legislação da qual é complementar, se dirige a assegurar outros dois resultados ético-políticos da cultura penal da ilustração". FERRAJOLI, Luigi. **Direito e Razão.** op. cit., p. 32-33.

342. Diogo Malan destaca que a barganha "sevicia mortalmente o núcleo essencial da garantia da paridade de armas, ao hipertrofiar os poderes do acusador; este último, na prática, substitui juiz e jurados, concentrando os poderes de *formular a acusação,*

de coerções tendentes à extração da confissão do acusado-objeto, não restarão dúvidas de que se está diante de uma configuração inquisitória de processo.

O princípio acusatório, ajuizado a partir das lentes empregues no item 2.2, ou seja, desde uma compreensão de que o centro irradiador dos sistemas processuais penais é a divisão ou concentração de tarefas entre os seus atores, competindo, no marco de um sistema acusatório, funções dissemelhantes à trinca juiz-acusador-defesa, não se coaduna com o modelo negocial. De modo oposto, será o princípio inquisitivo, consistente na acumulação de poderes processuais e na supressão às tarefas defensivas, que acabará sendo prestigiado no âmbito do *consenso*, eis que a barganha mina qualquer possibilidade de resistência defensiva e privilegia, noutra banda, a concentração das tarefas nas mãos de autoridades estatais; por aqui, há um *desejo* (inquisitivo) de realizar o direito penal material com o mínimo de embaraços.

Nada obstante, o mito da barganha[343] como um elemento pertencente ao arco acusatório, não raro tributário duma acepção equivocada do princípio dispositivo como o núcleo do sistema acusatório[344], ainda ilude respeitável parcela da doutrina, que acata o consenso como um passo necessário para a consolidação de um processo penal democrático, ou, mesmo, como efeito de

---

julgar a causa e fixar a pena". MALAN, Diogo. Sobre a condenação sem julgamento prevista no PLS 156/09. **Boletim IBCCRIM**, nº 207, São Paulo, fev. 2010.

343. A mitologia por detrás dos argumentos de legitimação dos acordos penais é descortinada por Rubens Casara, nos seguintes termos: "O caráter mitológico do consenso penal aparece com clareza quando se verifica que não há propriamente composição entre as partes na formulação de um acordo, pois o poder de coerção do Estado-Administração desequilibra a relação processual e compromete a livre manifestação de vontade do réu. Excluída, diante da estrutura do consenso penal, a possibilidade do verdadeiro acordo de vontades, o que assume relevância no 'consenso' para a imposição imediata de pena é a renúncia aos mecanismos de cognição. (...) O procedimento abreviado direcionado à formação do 'consenso', ao desconstruir garantias forjadas ao longo de vários anos, e que servem à legitimação/democratização da atividade estatal, revela o seu calcanhar de aquiles". CASARA, Rubens. **Mitologia processual penal**. op. cit., p. 193-194.

344. Convém recordar, na esteira do firmado por Prado, que "pensamos que, por princípio dispositivo, há de se entender aquele que permita a dispor sobre o objeto do processo em tramitação, não sendo caracteristicamente acusatório ou inquisitório", não sendo "impensável um procedimento inquisitorial, iniciado para apurar o cometimento, por alguém, de uma infração penal, que não se conclua por deliberação exclusiva do juiz-inquisidor, motivado por questões de política criminal". (PRADO, Geraldo. **Sistema Acusatório**. op. cit., p. 188).

uma inflexão acusatória[345]. Por isso veem, seus defensores, "na importação de mecanismos consensuais do modelo estadunidense pelas reformas processuais penais da latino américa"[346], uma chance de ouro de se conseguir, enfim, despir a inquisitoriedade dos processos penais do sistema do *civil law*, revestindo-os de uma roupagem acusatória e democrática.

Não por acaso que, justo em um contexto de transição democrática, com inarredáveis repercussões no âmbito da política criminal (vide as reformas acusatórias na América Latina), se tenha importado os mecanismos negociados: afinal, reputado os Estados Unidos da América como paradigma para a transformação, nada mais consentâneo do que se adotar um componente elementar de seu modelo de administração de justiça[347].

Sob esse ângulo, proclamam os seus fautores consistir o *plea bargaining* num verdadeiro "cavalo de Troia" do sistema acusatório, a surpreender os incautos inquisidores dos sistemas do *civil law*, no instante em que o tropel acusatório desembarcar do seu bojo oco. Será a partir dessa perspectiva que Langer, propondo distinção teórica entre as "adaptações transformativas" e as "não transformativas", e classificando o modelo consensual como um fator transformativo conducente a uma "revolução cultural" em Europa continental e Latinoamérica, fará consignar:

---

345. Parece se posicionar nesse sentido Jacinto Nelson de Miranda Coutinho, a quem se respeita profundamente – sem embargo de, no ponto específico, se discordar do nobre processualista. Em recente artigo publicado na Revista do IBCCRIM, Coutinho destaca que falar do *plea bargaining* "é falar de um instituto (na falta de palavra melhor) tipicamente do *sistema acusatório*, mormente daquele norte-americano", concluindo que "ter *plea bargaining* é inevitável se o processo penal brasileiro vier a ser acusatório" (COUTINHO, J. N. de M. Plea bargaining no projeto anticrime: crônica de um desastre anunciado. **Boletim IBCCRIM**, ano 27, nº 317, abril/2019. p. 3-4). Não obstante se concordar com a assertiva de que a introdução da barganha no sistema brasileiro viria a potencializar a estrutura inquisitória do processo penal pátrio, não há como admitir sua afirmação de que a barganha está inclusa no círculo acusatório; de todo o contrário, os acordos penais surgem justamente como um subterfúgio punitivo frente às garantias (demasiadas) do processo acusatório.

346. A referência é ao título do artigo de Gabriel Anitua: A importação de mecanismos consensuais do processo estadunidense nas reformas processuais latino-americanas. In: GLOECKNER, Ricardo (org.). **Sistemas processuais penais.** op. cit., p. 357.

347. Nessa esteira, Gabriel Anitua, com enfoque crítico à inserção dos acordos em Latino-américa, destaca que "estes tipos de mecanismos 'simplificadores' têm sido adotados por todos os Estados que, em meio a processos políticos de 'transição à democracia', quiseram construir justamente 'Estados de Direito'". Idem, p. 359.

> *Pero otras importaciones pueden ser, potencialmente, transformativas, en el sentido que pueden contribuir a poner en crisis el modelo de la investigación oficial y a introducir el modelo de la disputa en su lugar – u otras transformaciones de similar tenor.* ***La importación de mecanismos de negociación entre acusador y acusado puede tener este efecto. En otras palabras, los mecanismos como el procedimiento abreviado son verdaderos caballos de Troya que, al ingresar a los paises de la tradición continental-europea y latinoamericana, llevan en su vientre el modelo cultural de proceso penal propio de la tradición anglosajona – lo que he llamado antes el modelo de la disputa.*** *En otras palabras, la introducción de estos mecanismos de negociación puede significar o contribuir a una verdadera revolución cultural sobre el modo en que pensamos y percibimos el proceso penal.*[348] (grifos nossos)

O catedrático da Universidade da Califórnia (UCLA) e referência internacional em direito processual comparado, nitidamente inspirado na tipologia elaborada por Mirjan Damaška[349], proporá dois **tipos ideais descritivos** para o cotejo entre o processo penal anglo-americano e o processo penal europeu continental e latino-americano. Em substituição à parelha acusatório-inquisitivo, o autor argentino invoca os modelos de disputa e de investigação oficial, o primeiro vislumbrando "o processo penal como uma disputa entre duas partes desenvolvida diante dum terceiro – juiz ou árbitro – que se encontra em posição relativamente passiva"[350], ao passo que, para o segundo, "o processo penal é uma investigação realizada por um ou mais oficiais estatais, com o objetivo de estabelecer a verdade real dos fatos"[351].

A partir desse referencial teórico, Langer divisará os mecanismos de negociação como "perfeitamente ajustados a lógica ou dinâmica do modelo de disputa", eis que "se o processo penal é uma disputa entre duas partes,

---

348. LANGER, Máximo. La dicotomía acusatorio-inquisitivo y la importación de mecanismos procesales de la tradición anglosajona. Algunas reflexiones a partir del procedimiento abreviado. In: MAIER, Julio B.; BOVINO, Alberto (comps.). **El procedimiento abreviado**. op. cit., p. 124.

349. DAMAŠKA, Mirjan R. **The faces of justice and state authority**: a comparative approach to the legal process. Yale University Press, 1986. 247p.

350. LANGER, Máximo. La dicotomía acusatorio-inquisitivo y la importación de mecanismos procesales de la tradición anglosajona. Algunas reflexiones a partir del procedimiento abreviado. In: MAIER, Julio B.; BOVINO, Alberto (comps.). **El procedimiento abreviado**. op. cit., p. 115.

351. Idem, p. 117.

é natural que elas possam negociar sobre aquele, pondo-se total ou parcialmente de acordo sobre o objeto da controvérsia, ou, mesmo, sobre se existente alguma". O professor latino, ainda, anotará ser a compatibilidade entre a barganha e o modelo de disputa o motivo central pelo qual o *plea bargaining*, já em seus albores, logrou tamanha aceitação entre os operadores do sistema jurídico norte-americano, justo por haver "poucos mecanismos e institutos mais característicos do modelo adversarial estadunidense e mais especificamente do modelo de disputa"[352].

Conforme se pôde depreender da tese ora formulada, entrevejo a problemática em bases absolutamente distintas às firmadas por Langer. De início, recuso a invocação aos tipos ideais, por entendê-los categorias epistemologicamente incapazes de abranger a complexidade do tema dos sistemas processuais penais; trabalho, assim, com as categorias acusatório e inquisitório, examinando a dicotomia a nível prescritivo – normativo, político –, não descritivo ou histórico.

No ponto, convém atinar para o fato de que a diferença entre os vieses analíticos, ou seja, uma diversa atribuição de sentido aos termos **acusatório** e **inquisitivo** – modelos históricos, tipos ideais, mecanismos destinados a funções ou finalidades contrapostas, como princípios ou modelos normativos – conformará avaliações discrepantes acerca da inserção dos mecanismos negociados num ou noutro sistema. A propósito da "questão semântica" subjacente à temática, o próprio Langer reconhece que

> *los mecanismos de negociación como el procedimiento abreviado pueden ser considerados "acusatorios" como categoria histórica – apartado II. 1 –, en tanto elementos característicos de un proceso penal concreto que ha sido considerado "acusatorio" en este sentido conceptual: el proceso penal estadounidense. También, pueden ser considerados acusatorios porque es posible definir el contenido del tipo ideal acusatorio – en el sentido descripto en el apartado II. 2-, de modo tal que este contenga como uno de sus elementos naturales los mecanismos de negociación – como analizare en detalle en el próximo capitulo-.*
>
> ***Por otro lado, estos mismos mecanismos pueden ser considerados "inquisitivos" porque constituyen un mecanismo para obtener admisiones de culpabilidad de modo coercitivo – lo inquisitivo como mecanismo que curnple cierta función en el sistema proce-***

352. Idem, p. 121.

> ***sal-. Y/o porque no se ajustan al modelo normativo establecido por la Constitucion Nacional que establece que los juicios deben ser orales y publicos, etc. – lo acusatorio como modelo normativo-.*** *Y/o porque nose ajustan a ciertos definiciones de lo acusatorio como tipo puro o ideal que sólo lo conciben como una disputa formal entre acusador y acusado y, por lo tanto, no disponible por ellos.* ***Y/o porque reunirían en el papel del fiscal la función requirente y la decisoria, violando una de las definiciones de lo acusatorio como principio normativo – apartado II. 5.***[353] (grifos nossos)

Dessarte, afirmaremos que a identificação do processo penal estadunidense como inserido no sistema acusatório – ou pertencente ao modelo de disputa –, embora historicamente fundada, não encontra correspondência com o funcionamento concreto do sistema de justiça criminal do País. Não há se cogitar, a não ser por apego às origens históricas do processo judicial no âmbito da *Common Law tradition*, que o modelo estadunidense de administração da justiça criminal se encaixilhe ao moderno sistema acusatório.

Com efeito, tenho por assente que, atualmente, o modelo vigente nos Estados Unidos da América não guarda senão meros vestígios da sua celebrada acusatoriedade, na medida em que as consagradas regras do *adversarial system* e as garantias processuais do juízo por jurados são respeitadas em menos de dez por cento de seus casos criminais[354]. Trocando em miúdos, a cada dez casos, nove são resolvidos por meio de *plea deals* – admissão de culpa ou *nolo contendere* – e somente um se processa em consonância com os postulados de um sistema processual de fisionomia acusatória[355].

A partir desse panorama, julgo ser inverossímil, desde o marco teórico sobre o qual se desenvolveu a análise (vide itens 2.1 e 2.2), a existência de quaisquer traços acusatórios – a não ser, já o dizemos, pelo recurso a modelos históricos ou tipos ideais, ou pela premissa errônea de o princípio dispositivo

353. Idem, p. 111-112.

354. ALSCHULER, Albert. The prosecutor's role in plea bargaining. **University of Chicago Law Review**, vol. 36, 1968, p. 50.

355. Acerca da majoritária resolução dos casos penais pelo *plea bargaining*, Alberto Bovino salienta que "El sistema estadounidense establece el derecho del imputado a ser condenado sólo en un juicio oral, público, contradictorio y continuo, ante un jurado imparcial. Sin embargo, la etapa de juicio ha dejado de ser la fase central en el procedimiento y ha pasado a ocupar un lugar simbólico como método de atribución de responsabilidad penal. Ello pues cerca del 90 % de las condenas son impuestas sin realizar el juicio, por renuncia del imputado a ejercer ese derecho". BOVINO, Alberto. **Procedimiento abreviado y juicio por jurado**. op. cit., p. 4.

configurar o núcleo regente do sistema – nos mecanismos negociais, hoje método preponderante para o arbitramento de responsabilidades no sistema americano (e, mundo afora, já disseminado). De todo o oposto: insisto na tese de o *plea bargaining* constituir manifestação inquisitória em território no qual, à época de seu surgimento, estava a consolidar-se o modelo adversarial; considero que a instauração do *adversarial system* e o surgimento do *plea bargaining* são fenômenos mutuamente implicados, conquanto antagônicos: isto pois a barganha desponta como um revide dos órgãos de repressão contra as reformas processuais do século XIX (*due process revolution*).

Nessa senda, compreendo a institucionalização do *plea bargaining* como uma tentativa de contornar as recém-engendradas normas de exclusão probatória (*exclusionary rules*) e as melhorias no procedimento do juízo por jurados – criação dos standards probatórios, critérios de escolha de jurados, robustecimento da defesa do acusado, etc. –, aparecendo ao modo de um subterfúgio punitivo frente ao reformado processo adversarial.

Não por outra razão assinalar, mansamente, que barganha e modelo acusatório são "duas coisas que não comungam a mesma identidade, tampouco precisam do mesmo 'ar' para viver"[356]. Mais do que isso: autorizar negociações desse jaez não é sequer compaginável com um processo penal democrático, visto que as motivações da barganha assentam em uma política processual penal incitadora da realização "eficiente" do poder punitivo, o que implica o desrespeito sistemático às garantias processuais do acusado, com a eleição de um atalho menos tortuoso – a confissão enquanto externalização do verdadeiro[357] – do que o longo e oneroso caminho do processo penal[358].

---

356. PRADO, Geraldo. Campo jurídico e capital científico: o acordo sobre a pena e o modelo acusatório no Brasil – A transformação de um conceito. In: PRADO, Geraldo; MARTINS, Rui Cunha; CARVALHO, Luis Gustavo Grandinetti. **Decisão Judicial**: a cultura jurídica brasileira na transição para a democracia. São Paulo: Ed. Marcial Pons, 2012. p. 52.

357. Daí o caráter evidente da verdade negocial – pela dispensa de mecanismos exteriores de verificação/teste da percepção originária do sensível, que se converte em real sem constrangimento.

358. Nesse tocante, a semelhança com as regras sobre a tortura é cristalina. Convém recordar com John Langbein que se às reformas probatórias do medievo – com a adoção de critérios objetivos do tarifamento visava-se eliminar "a discricionariedade humana da determinação da culpa ou inocência" (LANGBEIN, Tortura e plea bargaining. op. cit., p. 134) – o poder punitivo respondeu com a regulamentação da tortura como expediente ideal para a superação, com a confissão, de um nível probatório exigido (mas demasiadamente alto), às reformas processuais do século XIX – com a efetiva criação do *adversarial system*, sofisticação do júri, as *exclusionary rules*, direito do

Pelo que, em face do exposto, não é válido compreender a barganha, independentemente da modalidade ou da jurisdição sob exame, como elemento constante do quadro configuracional do sistema acusatório. Tampouco será lícito assentir com a tese do *plea bargaining* enquanto "cavalo de Troia" do modelo de partes, um tal ginete que comportaria, em seu ventre, uma tropa capaz de promover uma revolução cultural nas jurisdições que admitissem o seu ingresso.

De outro modo, creio que a defesa da inserção de mecanismos de negociação penal em zona acusatória padece, por assim dizer, de uma dupla vertigem. A um, o recurso a tipos ideais descritivos e aos modelos históricos, em geral perspectivas analíticas que classificam o modelo de consenso inscrito no sistema acusatório, revela-se inadequado ao exame de configurações processuais modernas, visto serem indicadores frágeis da contração de poderes processuais[359]. Nesse passo, reputo mais adequada à investigação do estágio atual da dicotomia acusatório-inquisitivo, e ao consequente enquadramento de um processo penal concreto em um destes sistemas, a percepção de **funções e finalidades** destinadas a cada um dos modelos, visiva esta que permitirá enfocar os atores do processo - juiz, acusação e defesa - e a forma pela qual as tarefas processuais são alocadas a tais personagens.

Nada obstante, os partidários dos acordos penais acabam se apegando mais a fundamentos ilusórios - negociação como exercício da defesa, o mito da voluntariedade, a suposta igualdade negocial, etc. - do que contemplam o efetivo funcionamento dos sistemas de justiça criminal, seletivo e fundamentalmente desequilibrado. Consoante demonstrado na obra, a caracterização

acusado à representação - os órgãos de repressão penal responderam, igualmente, com pressões para a renúncia às garantias processuais e a obtenção da confissão do acusado pela via da *plea bargaining*.

359. Explico melhor: a análise dos sistemas processuais penais a partir de um "ideal puro acusatório" (passividade do julgador, processo em contraditório, separação nas funções de julgar e acusar, oralidade, publicidade...) e outro "ideal puro inquisitivo" (reunião das funções de acusar e julgar em uma pessoa, atividade probatória do julgador, sigilo e escritura...), com características diametralmente opostas, acaba por inviabilizar a detecção, por exemplo, das distorções inquisitivas em um sistema identificado, desde estas perspectivas tipológicas ou filiações históricas, como sendo acusatório. É este o caso da barganha, quando quer por motivos conceituais - aproximação maior ao ideal acusatório -, quer por seu nascedouro em um país historicamente filiado ao *common law*, resulta na inserção desta em terreno acusatório. Tais perspectivas, a meu ver, não conseguem detectar um enorme problema no âmbito dos processos penais contemporâneos, qual seja, **a concentração de poderes processuais nas mãos das autoridades de prevenção**, desequilíbrio que acaba por corroer o ideal acusatório.

do modelo estadunidense como acusatório, inscrito o *plea bargaining* em sua estrutura íntima, não compreende a real performance inquisitiva do seu sistema processual, mormente em vista do atual desempenho da maquinaria negocial[360].

A segunda vertigem: o pressuposto da adversarialidade das soluções negociadas cai por terra quando confrontado com a renúncia ao exercício da defesa e a concentração das tarefas de acusar e julgar nas mãos do promotor, inerentes ao negócio penal, mas sepultadoras de qualquer possibilidade de uma justa contenda. Com efeito, o consenso opera desvirtuando o processo de partes, não o impulsionando. Justo aí, reside o maior perigo: sua instalação dá-se no *limiar*, na *fronteira*. O mister de descortinar a barganha, assim, passa pela exposição de sua efetiva performance – investindo o acusador de poderes decisórios, deslocando o juiz da causa a um dos polos, tornando o acusado mero objeto (não mais sujeito ativo do processo) e fazendo do aparato punitivo uma máquina de obter confissões (alucinadas como Verdade real) – para muito além do caráter meramente descritivo de categorias históricas.

O contraditório[361], princípio elementar de um sistema acusatório – pois é a dialética entre a pretensão acusatória (não punitiva) e a resistência de-

---

360. A perspectiva analítica do *processo (penal) como um dispositivo* aqui tem absoluta prestabilidade, exatamente por permitir a captura do não-dito sobre o funcionamento real – desempenho inquisitivo – de um sistema tido por acusatório, como o é o estadunidense.

361. A respeito do contraditório, Luigi Ferrajoli assevera: "Ainda mais importante do que a necessidade da prova é a garantia do contraditório, isto é, a possibilidade da refutação ou da contraprova. Com efeito, se a verificação de uma hipótese é impossível, dado que sua verdade não pode ser demonstrada, senão apenas confirmada, é, ao contrário, possível sua refutação por *modus tollens*, segundo o esquema (*f*). (...) para que uma hipótese acusatória seja aceita como verdadeira, não basta que seja compatível com vários dados probatórios, mas que também é necessário que não seja contraditada por nenhum dos dados virtualmente disponíveis". E mais adiante, o autor destaca: "O ônus da prova a cargo da acusação comporta logicamente, por parte do imputado, o *direito de defesa*, expresso aqui com o axioma A10 *nulla probatio sine defensione*. Esta última garantia é o equivalente jurídico que identifiquei, no parágrafo 10.8, como a principal condição epistemológica da prova: a falsificação da hipótese acusatória experimentada pelo poder da parte interessada em refutá-la, de modo que nenhuma prova seja adequada sem que sejam infrutíferas todas as possíveis negações e contraprovas. A *defesa*, que por tendência não tem espaço no processo inquisitório, forma, portanto, o mais importante instrumento de solicitação e controle do método de prova acusatório, consistente precisamente no *contraditório* entre hipótese de acusação e hipótese de defesa e entre as respectivas provas e contraprovas. A epistemologia da falsificação

fensiva fundamental para a conformação de uma decisão judicial assentada em provas –, devém absolutamente menoscabado[362], diante da excessiva concentração de poderes em um dos polos, em detrimento do estatuto da defesa. Um tal cenário de amplo desequilíbrio entre as partes culminará, como sói acontecer, na impossibilidade do confronto justo entre acusação e defesa; em última instância, em nome da simplificação, finda-se por demitir ao processo sua função primeira – e seu fundamento de legitimidade – em um estado de direito, vale dizer, a de limitador das práticas punitivas.

Uma advertência final aos democratas: tenhamos, todos, muito cuidado com as soluções fáceis, como são as propostas de simplificação e abreviação do processo penal, para dar conta de fenômenos complexos, multiformes, pluridimensionais, como deve ser o caso de um método de arbitramento de responsabilidade penal justo e conforme com as regras do estado de direito. Afinal de contas, como rememora Alberto Binder[363], "um dos usos da expressão simplificação processual, em dados contextos concretos da discussão de política criminal, pode esconder uma visão profundamente autoritária do processo penal". Não permitamos que o *consenso* defraude a trilha acusatória nem que subverta o cerne da democraticidade.

---

que está na base desse método não permite de fato juízos potestativos, mas exige, em tutela da presunção de inocência, um processo de investigação baseado no conflito, ainda que regulado e ritualizado entre partes contrapostas". FERRAJOLI, Luigi. **Direito e Razão**. op. cit., p. 121; p. 490.

362. Rubens Casara salienta, acerca do desrespeito do consenso penal ao esquema de garantias preconizado pelo moderno estado de direito: "Nas soluções de consenso, as partes constroem a resposta estatal ao delito, o seu objeto de desejo, ao arrepio de garantias que, historicamente, serviram para legitimar a atuação do Estado. Na disciplina do consenso penal, mais do que nos outros procedimentos, há espaço para decisionismos, cognitivismos éticos, perversões e arbitrariedades... Note-se que, sob certo aspecto, o processo, nas soluções de consenso, deixa de ser 'um procedimento em contraditório'. Não há qualquer tentativa de verificação fática da imputação em juízo: inexiste a legitimação cognitivista da jurisdição. Diante desse quadro, a fundamentação da pena distancia-se do fato imputado (e também do preceito secundário do tipo penal) para assentar-se na vontade/bondade das partes". CASARA, Rubens. **Mitologia processual penal**. op. cit., p. 190.

363. BINDER, Alberto. Límites y possibilidades de la simplificación del proceso. **Justicia Penal y Estado de Derecho**. Buenos Aires: Ed. Ad Hoc, 1993. p. 67.

CONCLUSÃO

A tese que ora se finda visou a investigar a novel dispersão dos mecanismos negociados no processo penal contemporâneo, analisando a temática a partir de dois eixos: no primeiro, ao qual denomino dimensão cultural, o autor pretendeu dissecar as culturas jurídicas estadunidense e brasileira, exibindo as origens históricas das duas grandes famílias de direito – o *common law* e o *civil law* – e as repercussões destas linhagens distintas na formação das aludidas culturas. Sem fazer da "história dos institutos" tábula rasa, o autor tencionou demonstrar de que modo a trajetória da *Common Law tradition* propiciou o surgimento – e paulatina aceitação, inclusive com a chancela da Suprema Corte dos Estados Unidos da América – do modelo negociado de processo penal, bem como apurar os motivos pelos quais os ditos **espaços de consenso** têm se expandido drasticamente ao redor do globo, a ponto de tornar a justiça penal negociada vero paradigma, padrão de referência.

Releva notar que a precoce adesão à lei escrita, com notável influência dos textos romanos em um contexto de renascimento dos estudos do direito pelos glosadores, acabou por moldar o direito continental enquanto uma família de direitos – muito embora, vimos, a persistência ao recurso à família do *civil law* seja questionada, ante a existência de modelos jurídicos distintos (Taruffo). A lei como fonte primeira do direito, não obstante, configura inegável permanência do direito romano, sem prejuízo das particularidades de cada um dos ordenamentos jurídicos vinculados ao *civil law*.

Convém notar, também, no desenvolvimento da família romano-germânica de direitos, a ampla influência exercida pelo pensamento político de Hobbes, que, acrescido às contribuições teóricas de Montesquieu e Rousseau, engendraria as condições para a eclosão da Revolução Francesa; deveras, a ruptura com os fundamentos teológicos da ordem social (e, por inerência, os da ordem jurídica) conduziram à necessidade de uma nova justificação racional-científica do poder político: os contratualismos de vária ordem cumpriram o papel de suplantar a legitimação divina do poder.

A falar do liame que une a cultura jurídica brasileira à tradição romana, impende salientar que o fenômeno da recepção do direito romano em Portugal, com o posterior desenvolvimento do direito comum lusitano – com ênfase às suas Ordenações – e a expansão ultramarina daquele país, forjaram as condições ao que se cognominou **iluminismo luso-brasileiro**. A ascendência do direito pátrio na metrópole, e o assento deste último na tradição romana, revelam a pertença histórica do Brasil à família romano-germânica.

Sem embargo disso, cumpre destacar que, distante dum continuísmo histórico, a narrativa da inscrição do direito brasileiro nos quadros do sistema do *civil law* deve ter em linha de conta as peculiaridades da realidade social nacional; exemplo maior é o impacto da escravidão na modelagem das subjetividades dos cidadãos brasileiros, o que levou a antropologia cultural a salientar a relação dúbia, ambígua, de vigília permanente, com a "Lei-suposta-contrato social".

O escravismo colonial e as suas formas de reprodução contemporâneas – e, nesse átrio, o neoliberalismo não cessa de produzir excluídos – não podem ser escanteados quando a pretensão é examinar a formação (e transmutações) da nossa cultura jurídica, máxime quando, e é o caso do Brasil, se está em um país subdesenvolvido, no qual há em aberto, ainda, uma miríade de promessas da modernidade. O aparato ideológico, que visa a ocultar um estado de coisas no qual o excepcional devém normalidade, deve ser descortinado, a fim de que se possa compreender a fundo os alicerces e as incongruências do constitucionalismo brasileiro, e, mais especificamente, o modo de funcionamento do sistema de justiça criminal no País.

De modo distinto, conquanto não entendível em termos de mera oposição, sucedeu o desenvolvimento da família do *common law*. Essa tradição teve sua gênese no intitulado período anglo-saxônico, imediatamente após a expulsão dos romanos da ínsula britânica, e tomou corpo com a invasão dos normandos, ao ano de 1066. A formação do *common law* é muito tributária a este acontecimento histórico, eis que permitiu a unificação precoce do território e, por efeito disso, houve a estruturação do direito inglês. Diversamente do ocorrido no continente europeu, a fundação do direito comum (*common law*) radica no desenvolvimento das jurisdições reais, muito mais atentas ao processo do que ao direito material; as normas materiais eram delineadas a partir dos costumes locais, imemoriais. A um arranque diferente correspondeu, pois, a absoluta diversidade na acepção mesma do direito: na *Common Law tradition* os precedentes judiciários são firmados com assento nos costumes, não nas leis; e o direito é eminentemente jurisprudencial.

A propósito da cultura jurídica inglesa, é de se ter em mente, também, o caldo político de embates constantes entre as pretensões monárquicas e o Parlamento burguês, que culminaria na eclosão da Revolução Inglesa. Esse cenário turbulento coincidiu com a elaboração de teorias do contrato social, primeiro de Hobbes e, depois, de Locke. A teoria política lockeana terá impacto decisivo na modelagem das percepções que os ingleses, e, ao que convém aos nossos estudos, os estadunidenses terão do direito e do seu sistema legal; uma tal visão positiva do contrato social, fundador da ordem política, daria suporte à crença dos estadunidenses no funcionamento do seu sistema de justiça criminal e, pela adesão à noção de autonomia da vontade, encorajaria a aceitação dos mecanismos negociais.

No ponto, maior razão assistirá a Geraldo Prado ao advertir que "a ficção do contrato social produzirá no âmbito do Iluminismo a ideologia que dará sustentação a padrões de comportamento, em face das funções da lei, que por influência do liberalismo econômico e do utilitarismo repercutirão na subjetividade de ingleses e norte-americanos"[1]. De fato, a adesão ao contratualismo de Locke, por parte de ingleses e estadunidenses, servirá de mola propulsora a padrões de comportamento orientados pela segurança na sua administração de justiça, isso por fomentar no ideário popular "a confiança no caráter tutelar do sistema legal e em suas instituições, na impessoalidade na aplicação do direito e na capacidade de cada indivíduo, parte ativa na manutenção do contrato social, de aferir se seus próprios interesses estão melhor resguardados pela lei"[2].

Uma tal perspectiva do sistema judiciário – e do direito como decorrência do contrato social aderido por todos – possibilitará a criação do modelo negociado, como ferramenta a ser licitamente empregada no âmbito do processo penal, visto a maior aceitação dos cidadãos norte-americanos (tendo em linha de conta a sua crença no sistema legal) da disposição dos direitos individuais.

Assim é que, no território dos Estados Unidos da América, já nos alvores do século XIX, despontará o *plea bargaining*, método alternativo de resolução do conflito na seara penal por meio do *consenso*, da conformidade do acusado em reconhecer a sua culpabilidade. A despeito de uma inicial resistência, inclusive com um desestímulo dos tribunais locais ao emprego dessa prática judiciária, ela acabaria por prevalecer como uma forma quase exclusiva de arbitrar as responsabilidades penais, da virada do século XX em diante.

Uma miríade de fatores concorreu para tal predomínio, que, atualmente, chega a incríveis noventa por cento de todos os casos criminais do País. Além da conformidade com a tradição jurídica do *common law*, a complexidade do sistema de garantias decorrentes da reforma do *adversarial system* (regras sobre

1. PRADO, Geraldo. **Transação Penal**. op. cit., p. 157.
2. Idem, ibidem.

escolha de jurados, expansão de parâmetros a uma adequada defesa técnica, o desenvolvimento dos standards probatórios, etc.), o exponencial aumento do trabalho das Cortes inferiores conducente a um congelamento provisório do sistema de justiça criminal, bem como a discricionariedade quase ilimitada do *public prosecutor*, contribuiriam para a consolidação do *plea bargaining*.

Detectadas, com essa **empresa arqueológica**, algumas das permanências e das rupturas da cultura jurídica norte-americana com referência a sua ancestral inglesa, investindo contra os *escombros da Common Law tradition*, bem assim demonstradas as condições para a frutificação – e paulatina cristalização – do *plea bargaining* nos Estados Unidos da América, a tese estaria pronta para desvendar os motivos da recente expansão dos espaços negociais mundo afora.

A hipótese aventada, a partir da qual se lograria alcançar resultados convincentes, é a de que a **globalização de tipo neoliberal** serviu de arrimo, pelo desejo de eficiência, ao redesenho dos mais variados âmbitos da vida, dentre eles as reformas no sistema de justiça criminal de diversos países. A inspiração para essas reformas, como de se esperar, seria o modelo vigente nos Estados Unidos da América, por sua **hegemonia jurídica**, com ênfase no instituto do *plea bargaining*, método já predominante para a resolução dos casos penais acolá e exportado para variadas jurisdições ao redor do globo.

Desde essa nova razão eficientista, a barganha permitiria "solucionar" os problemas que acossavam os diversos modelos de administração da justiça criminal: o congestionamento e a sobrecarga do Judiciário seriam reduzidos drasticamente com a incorporação de um mecanismo simplificador, e os gastos também seriam atenuados; menos tempo dispendido, menores custos, tendo por resultado a satisfação das expectativas sociais punitivas. Com efeito, o consenso surge não só como ferramenta capaz de cumprir esses objetivos (declarados), como, também, é ele próprio reflexo da lógica de mercado aplicada ao processo penal, justamente por vislumbrar no rol de direitos individuais a possibilidade de sua disposição/venda como se mercadoria fossem. A partir de uma epistemologia neoliberal, que prestigia a ação eficiente, torna-se desejável a popularização da barganha mundo afora, inclusive com o seu transplante para culturas jurídicas não inscritas na tradição do *common law*.

O deslinde do primeiro eixo, o da historicidade, endossa a lição de Rui Cunha Martins[3] no sentido de que a dimensão da **processualidade** viabili-

3. MARTINS, Rui Cunha. **A hora dos cadáveres adiados**: corrupção, expectativa e processo penal. op. cit., p. 97-100.

zaria a oportunidade de romper com um estado de coisas vigente, de uma expansão do consenso no processo penal contemporâneo que se mostra irrefreável. Recuperando o ensinamento de Martins, anotaremos que será mesmo pelo reforço à categoria **processo** que se tornará possível operações tais quais a de contrastar, de diferir, defraudar expectativas punitivistas, cindir com um estado de coisas neoliberal que não se *constrange* com o sacrifício a princípios medulares do estado de direito.

A transição do primeiro ao segundo eixo se deu pela menção ao *processo* como um potencial frustrador a uns tantos mandamentos do neoliberalismo. A articulação entre os dois platôs, vale salientar, revelou-se possível com a requisição à categoria analítica do dispositivo. Como no pensamento foucaultiano, a introdução desta ferramenta ocorreu de forma estratégica, justo nas dobras entre uma dimensão cultural, de fundo político, como é o caso da circulação de conceitos e institutos entre culturas jurídicas díspares, e uma outra dimensão de cariz político-normativo, no qual se atribuiu especial destaque aos sistemas processuais penais.

Calha advertir que a solicitação dessa ferramenta estratégica autorizou, no primeiro plano, a decifração da proliferação imparável de dispositivos estimulada em contexto de capitalismo contemporâneo (Agamben), assomando o neoliberalismo, efetivamente, como "nova razão do mundo". Daí, pudemos entrever que os novos regimes de vida, pautados todos pela lógica da eficiência, também suscitaram reconfigurações no processo penal, notadamente com a expansão global das soluções de consenso. Por seu turno, no segundo plano, de feição política, normativa e epistêmica, o recurso ao dispositivo foucaultiano será, em meu sentir, medida necessária para a adequada compreensão da intrincada fenomenologia processual penal, visto que tal categoria permitirá trazer à lume, além do discursivo, o não linguístico; o dito e o não dito a respeito do desempenho da máquina processual. Os préstimos do uso da ferramenta, que são inúmeros, daí arrancam.

No segundo eixo, como espero ter feito notar, a obra visa a investigar a incompatibilidade dos mecanismos negociados com um modelo acusatório de processo penal, edificando a análise a partir de um viés político-normativo. Com tal aproximação, o autor pretendeu expor o caráter falacioso dos discursos que imputam à barganha a incumbência de realizar uma metamorfose no processo penal, ao modo de uma conversão democrática do dispositivo processual (aqui se inscreveria a metáfora do cavalo de Troia).

Está em jogo, nessa dimensão, a articulação de noções aparentemente desconectadas, mas creio ter feito justificado seu enlaçamento, tais quais **sistema, processo, princípio reitor, rizoma, fronteira, evidência, prova,**

contraditório, crença, presunção e **convicção**. Todos esses elementos, e outros tantos, a urdir uma teia, uma base de sustentação teórica ao propósito de examinar a labiríntica temática dos mecanismos negociais, mormente quando posicionados defronte à parelha acusatório-inquisitivo.

Com essa perspectiva, pudemos constatar a conveniência das personagens do processo penal em aderir ao modelo da barganha, em vez de seguir o alcantilado caminho do processo legal e devido, ou, por outra, de um julgamento imparcial e contraditório. Afinal, verificamos que praticamente todos os atores processuais quedam, de uma forma ou doutra, beneficiados com a implementação dessa prática judiciária (a exceção é o próprio acusado).

Desvelamos, nesse passo, o mito da barganha como um elemento consubstancial do arco acusatório, assentado em discursos de cunho pragmatista e numa acepção errônea do princípio dispositivo como âmago do sistema acusatório. A partir dessa revista, descortinamos a ideia de o consenso consistir em passo necessário à consolidação da máxima acusatoriedade ou como guinada a um processo penal democrático. Rejeitando a invocação aos tipos ideais, por entendê-los categorias epistemologicamente frágeis para lidar com a profundidade do tema dos sistemas processuais contemporâneos, tencionou se resgatar o binômio acusatório-inquisitivo em sua máxima complexidade, examinando a dicotomia a nível prescritivo – normativo, político – e não meramente descritivo ou enquanto tipo histórico estanque.

À vista disso, concluirá que as negociações penais não são nem mesmo compagináveis com um processo penal que se deseje democrático, porquanto as motivações da barganha estão radicadas em uma política criminal incitadora da realização eficiente do poder punitivo, o que acarreta desrespeito sistemático às garantias processuais do acusado. A eleição de uma senda menos tortuosa, com o exalçamento da confissão ao nível de centro desse regime de veridição, ocorre em detrimento ao processo penal, enquanto ente plurifásico, bipolar e aderente a um tipo de "verdade da prova", construída por seus atores em contraditório judicial.

Uma nota derradeira do autor: quero crer que a requisição a tal arsenal teórico-conceitual, enlaçadas todas estas categorias históricas, políticas, filosóficas, na *reseau* (rede) do dispositivo processual, configurou abordagem pertinente ao intuito de descodificar a inquisitoriedade das práticas punitivas inscritas no quadro configuracional da barganha. Jogar luz sobre o não dito da performance inquisitiva do aparato negocial, que desempenha de maneira assaz perversa em tempos de neoliberalismo mordaz, e que cumpre habilmente os tais desejos punitivos do sistema inquisitório: foi este o objetivo – espero que cumprido – da presente obra.

REFERÊNCIAS BIBLIOGRÁFICAS

AGAMBEN, Giorgio. *O que é o contemporâneo? e outros ensaios*. Trad. Vinícius Nicastro Honesko. Chapecó: Argos, 2009.

AJUFE, Associação dos Juízes Federais do Brasil. *Nota Técnica 03/2019 da Associação dos Juízes Federais do Brasil (AJUFE) referente às propostas legislativas apresentadas pelo Ministro da Justiça e Segurança Pública, Sergio Fernando Moro*. AJUFE, 2019, p. 26. Disponível em: http://ajufe.org.br/images/pdf/Nota_TAcnica_0319_AJUFE_-_PL_anticrime_com_Plean_Bargaining.pdf. Acesso em: 16 out. 2019.

ALBERGARIA, Pedro Soares de. *Plea bargaining*. Aproximação à justiça negociada nos EUA. Coimbra: Almedina, 2007.

ALSCHULER, Albert. *The Supreme Court, the Defense Attorney, and the Guilty Plea*, 47 University of Colorado Law Review 1. 1975.

ALSCHULER, Albert. *Plea bargaining and its history*. Law and Society Review, v. 13, 1979.

ALVES, J. C. M. *Panorama do direito civil brasileiro: das origens aos dias atuais*. Revista da Faculdade de Direito, Universidade de São Paulo, 88, 1993. p. 187. Disponível em http://www.revistas.usp.br/rfdusp/article/view/67220. Acesso em: 12 set. 2019.

AMARAL, Augusto Jobim do. *Política da prova e cultura punitiva: a governabilidade inquisitiva do processo penal brasileiro contemporâneo*. 1ª ed. São Paulo: Almedina, 2014.

AMARAL, A. J.; GLOECKNER, R. Direito de ação no processo penal: polêmicas e horizontes possíveis. *Revista Eletrônica do Curso de Direito da UFSM*. v. 13, n. 3, 2018.

AMARAL, Augusto Jobim do. Democraticidade e regimes de historicidade no processo penal. In: PRADO, Geraldo; CHOUKR, A. C. Ferigato; JAPIASSÚ, C. E. Adriano. *Processo penal e garantias:* estudos em homenagem ao professor Fauzi Hassan Choukr. 2ª ed. revista e ampliada. Florianópolis: Empório do Direito, 2016.

AMARAL, Augusto Jobim do; GLOECKNER, Ricardo. A delação nos sistemas punitivos contemporâneos. Revista Brasileira de Ciências Criminais. Vol. 128, p. 65-89, Fev/2017.

ANDERSON, Perry. Balanço do neoliberalismo. In: SADER, Emir & GENTILI, Pablo (orgs.) *Pós-neoliberalismo*: as políticas sociais e o Estado democrático. Rio de Janeiro: Paz e Terra, 1995.

ANDRADE, Manuel da Costa. *Sobre as proibições de prova no processo penal*. Coimbra, 2006.

ANDRADE, Flávio da Silva. *Justiça Penal Consensual*: controvérsias e desafios. Salvador: Juspodivm, 2018.

BABEUF, Gracchus. *Manifesto dos Iguais.* Fonte: Mundo do Socialismo. 2006. Disponível em: https://www.marxists.org/portugues/babeuf/1796/mes/manifesto.htm. Acesso em: 12 set. 2019.

BACHELARD, Gaston. *A Epistemologia.* 2ª ed. Coleção O saber da Filosofia – Vol. 1. São Paulo: Edições 70, 2006.

BADARÓ, Gustavo. Editorial dossiê "Prova penal: fundamentos epistemológicos e jurídicos". *Revista Brasileira de Direito Processual Penal*, Porto Alegre, vol. 4, n. 1, jan.-abr. 2018.

BARBOSA-FOHRMANN, Ana Paula. O Direito em busca de sua identidade em Simone Goyard-Fabre. *Revista de Estudos Constitucionais, Hermenêutica e Teoria do Direito (RECHTD).* 6(2):228-230, julho-setembro 2014.

BATISTA, Nilo. *Mídia e sistema penal no capitalismo tardio. Discursos sediciosos: crime, direito e sociedade,* Rio de Janeiro, ano 7, n. 12, p. 271 – 289, 2º semestre de 2002.

BERMAN, Harold J. *Direito e revolução*: a formação da tradição jurídica ocidental. São Leopoldo: Editora Unisinos, 2004.

BERTALLANFY, Ludwig von. *Teoria geral dos sistemas.* Trad. de Francisco M. Guimarães. 3ª ed. Petrópolis: Ed. Vozes, 1977.

BOLZE, S.; BUENO, R.; CREPALDI, M.; GOMES, L. As origens do pensamento sistêmico: das partes para o todo. *Revista Pensando Famílias,* 18(2), dez. 2014.

BOSI, Alfredo. *Dialética da colonização.* 4ª ed. São Paulo: Companhia das Letras, 2001.

BRASIL, *Lei de 16 de dezembro de 1830 – Código Criminal do Império do Brazil.* Disponível em: http://www.planalto.gov.br/ccivil_03/leis/lim/LIM-16-12-1830.htm. Acesso em: 12 set. 2019.

CAMPOS, Gabriel Silveira Queirós. Plea Bargaining e Justiça Criminal Consensual: entre os ideais de funcionalidade e garantismo, *Revista Custos Legis,* v. 4, 2012.

CANÁRIO, Pedro. *Em parecer, MPF defende prisões preventivas para forçar réus a confessar.* Conjur, 2014. Disponível em: https://www.conjur.com.br/2014-nov-27/parecer-mpf-defende-prisoes-preventivas-forcar-confissoes. Acesso em: 22 out. 2019.

CASARA, Rubens. *Processo penal do espetáculo: e outros ensaios.* 2ª ed. Florianópolis: Tirant lo Blanch, 2018.

CASARA, R.; MELCHIOR, A. P. Estado pós-democrático e delação premiada: crítica ao funcionamento concreto da justiça criminal negocial no Brasil. In: ESPIÑEIRA, Bruno; CALDEIRA, Felipe (ORGS.). *Delação Premiada:* Estudos em homenagem ao ministro Marco Aurélio de Mello. 2ª ed. Belo Horizonte: Editora D'Plácido, 2017.

CDN. U.S. Reports: *Shelton v. United States*, 356 U.S. 26, 1958. Disponível em: http://cdn.loc.gov/service/ll/usrep/usrep356/usrep356026/usrep356026.pdf. Acesso em: 22 out. 2019.

CHOUKR, Fauzi Hassan. *Processo Penal de Emergência.* Rio de Janeiro: Lumen Juris, 2002.

COUTINHO, Jacinto Nelson de Miranda. Por que sustentar a democracia do sistema processual penal brasileiro? In: *Observações sobre os sistemas processuais penais*: escritos do Prof. Jacinto Nelson de Miranda Coutinho. Vol. 1. Curitiba: Observatório da Mentalidade Inquisitória, 2018.

COUTINHO, Jacinto Nelson de Miranda. *Observações sobre os sistemas processuais penais:* escritos do Prof. Jacinto Nelson de Miranda Coutinho. Vol. 1. Curitiba: Observatório da Mentalidade Inquisitória, 2018.

COUTINHO, Jacinto Nelson de Miranda; CARVALHO, Edward Rocha de. *Acordos de delação premiada e o conteúdo ético mínimo do Estado.* Revista de Estudos Criminais, n. 22, ano VI, p. 75-84, São Paulo, abr.-jun. 2006.

DAMAŠKA, Mirjan R. *The faces of justice and state authority*: a comparative approach to the legal process. Yale University Press, 1986.

DARDOT, Pierre; LAVAL, Christian. *A nova razão do mundo*: ensaio sobre a sociedade neoliberal. Trad.: Mariana Echalar. 1ª ed. São Paulo: Boitempo, 2016.

DAVID, René. *Os Grandes Sistemas do Direito Contemporâneo.* Col. Justiça e Direito. 5ª ed. São Paulo: Martins Fontes, 2014.

DEBORD, Guy. *A sociedade do espetáculo.* Trad. Estela dos Santos Abreu. Rio de Janeiro: Contraponto, 1997.

DELEUZE, Gilles; GUATTARI, Félix. *Mil platôs*: capitalismo e esquizofrenia. Vol. 1. Trad. Ana Lúcia de Oliveira, Aurélio Guerra Neto e Celia Pinto Costa. São Paulo: Editora 34, 2011.

DELEUZE, Gilles. *¿Que és un dispositivo?* In: Michel Foucault, filósofo. Barcelona: Gedisa, 1990.

DERVAN, Lucian. Overcriminalization 2.0: the symbiotic relationship between plea bargaining and overcriminalization. *Journal of Law, Economics and Policy,* Vol. 7, No. 4, 2011.

DIAS, Jorge Figueiredo; ANDRADE, Manuel da Costa. *Criminologia*: o homem delinquente e a sociedade criminógena. Coimbra: Ed. Coimbra, 1997.

DPU. *Nota Técnica da Defensoria Pública da União em face do pacote de sugestões legislativas apresentadas em 04 de fevereiro de 2019 pelo Ministério da Justiça e Segurança Pública.* Conjur, 2019. Disponível em: https://www.conjur.com.br/dl/nota-tecnica-defensoria-publica-uniao.pdf. Acesso em: 22 out. 2019.

DUSSEL, Enrique. *Ética da Libertação*: na idade da globalização e da exclusão. 4ª ed. Petrópolis: Editora Vozes, 2012.

EASTERBROOK, Frank H. Criminal procedure as a market system. *Journal of Legal Studies*, vol. XII, University of Chicago, 1983.

FEELEY, Malcolm M. *Plea Bargaining and the Structure of the Criminal Process,* 7 Just. Sys. J. 338, 1982.

FERRAJOLI, Luigi. *Direito e Razão*: teoria do garantismo penal. São Paulo: Revista dos Tribunais, 2002.

FEYERABAND, Paul. *Contra o método.* 2ª ed. São Paulo: Unesp, 2011.

FOUCAULT, Michel. *Vigiar e Punir*: nascimento da prisão. 42ª ed. Rio de Janeiro: Vozes, 2013.

FOUCAULT, Michel. Sobre a história da sexualidade. In: *Microfísica do poder.* Rio de Janeiro: Graal, 2000.

FRIEDMAN, Lawrence M.; PERCIVAL, Robert. *The Roots of Justice*: Crime and Punishment in Alameda County, California, 1870-1910 (Studies in Legal History). University of North Carolina Press, 1981.

GARAPON, Antonie; PAPADOPOULOS, Ioannis. *Julgar nos Estados Unidos e na França:* cultura jurídica francesa e common law em uma perspectiva comparada. Rio de Janeiro: Lumen Juris, 2008.

GALEANO, Eduardo. *As Veias Abertas da América Latina.* 1ª ed. Porto Alegre: L&PM, 2010.

GAUER, Ruth Maria Chittó. A contribuição portuguesa para a construção da sociedade brasileira. *Revista de História das Ideias do Instituto de História e Teoria das Ideias.* Faculdade de Letras da Universidade de Coimbra. Vol. 19, 1998.

GAUER, Ruth Maria Chittó. Violência e medo na fundação do Estado-Nação. *Civitas – Revista de Ciências Sociais.* Ano 1, nº 2, dezembro de 2001.

DOTTI, René Ariel. O Processo Penal Constitucional – Alguns aspectos de relevo. *Gazeta do Povo*, 2015. Disponível em: https://www.gazetadopovo.com.br/vida-publica/justica-e-direito/colunistas/rene-ariel-dotti/o-processo-penal-constitucional---alguns-aspectos-de-relevo-dp37vc8cc3yr3v4vgz1oxdkgv/. Acesso em: 19 out. 2019.

GHISALBERTI, Alessandro. *Guilherme de Ockham.* Trad. Luís A. De Boni. Porto Alegre: EPIPUCRS, 1997.

GILISSEN, John. *Introdução histórica ao direito.* Trad. A. M. Hespanha e L. M. Macaísta Malheiros. 2ª edição. Lisboa: Calouste Gulbenkian.

GOMES, Luiz Flávio. *Criminologia.* 8. ed. São Paulo: Revista dos Tribunais, 2012.

GLOECKNER, Ricardo (Org.). *Sistemas Processuais Penais.* 1ª ed. Florianópolis: Empório do Direito, 2017.

GLOECKNER, Ricardo. Processo penal pós-acusatório? Ressignificações do autoritarismo no processo penal. *Revista da EMERJ*, Rio de Janeiro, v. 18, n. 67, p. 378-408, jan.-fev. 2015.

GLOECKNER, Ricardo. *Metástases do sistema inquisitório*. In: GLOECKNER, Ricardo (org.). Sistemas processuais penais. 1ª ed. Florianópolis: Empório do Direito, 2017.

HAZARD, Geoffrey; TARUFFO, Michele. *American civil procedure: an introduction*. Yale University Press, 1993.

HEISENBERG, Werner. *Física e filosofia*. 4ª ed. Trad. Jorge Leal Ferreira. Brasília: Editora Universidade de Brasília, 1999.

HEUMANN, Milton. *Plea bargaining: the experiences of prosecutors, judges, and defense attorneys*. Chicago: University of Chicago Press, 1981.

HESPANHA, António Manuel. *A Cultura Jurídica Europeia: síntese de um milénio*. Coimbra: Edições Almedina, 2012.

HILL, Christopher. *A Revolução Inglesa de 1640*. 2ª ed. Lisboa: Editorial Presença, 1983.

HOBBES, Thomas. *Leviatã ou matéria, forma e poder de um Estado eclesiástico e civil*. Trad. de João Paulo Monteiro e Maria Beatriz Nizza da Silva. p. 45-6. Disponível em: http://www.dhnet.org.br/direitos/anthist/marcos/hdh_thomas_hobbes_leviatan.pdf. Acesso em: 22 out. 2019.

HUME, David. *Historia de Inglaterra: desde la invasion de Julio César hasta el fin del reinado de Jacobo II (Año de J. C. 1689) – Tomo I*. Barcelona: Imprenta de Francisco Oliva, 1842.

KARNAL, Leandro et al. *História dos Estados Unidos: das origens ao século XXI*. São Paulo: Editora Contexto, 2007.

KANT, Immanuel. *Crítica da Razão Pura*. Trad. Manuela Pinto dos Santos e Alexandre Fradique Morujão. 5ª ed. Lisboa: Fundação Calouste Gulbenkian, 2001.

KHALED JR., Salah. A ambição de verdade e a permanência do autoritarismo processual penal. *Revista da EMERJ*, Rio de Janeiro, v. 18, n. 67, p. 340-355, jan.-fev. 2015.

KHALED JR., Salah. Windscheid & Muther: a polêmica sobre a actio e a invenção da ideia de autonomia do direito processual. Sistema Penal & Violência. *Revista eletrônica da faculdade de direito da PUC-RS*. Porto Alegre, vol. 2, nº 1, p. 97-109, jan.-jun. 2010.

KLEIN, Naomi. *A doutrina do choque*: a ascensão do capitalismo de desastre. Trad. Vania Cury. Rio de Janeiro: Nova Fronteira, 2008.

KUHN, Thomas. *A estrutura das revoluções científicas*. 5ª ed. São Paulo: Perspectiva, 1970.

KUNZ, Armindo Antonio. *História da Igreja: a Idade Nova (1303-1648)*. Taubaté: Instituto Teológico SCJ, 1978.

LANGER, Maximo. *Dos transplantes jurídicos às traduções jurídicas*: a globalização do plea bargaining e a tese da americanização do processo penal. Trad. Ricardo Jacobsen Gloeckner e Frederico C. M. Faria. DELICTAE, p. 19-115, vol. 2, nº 3, jul.-dez. 2017.

LANGER, Máximo. La dicotomía acusatorio-inquisitivo y la importación de mecanismos procesales de la tradición jurídica anglosajona. Algunas reflexiones a partir del procedimiento abreviado. In: MAIER, Julio B. J., y BOVINO, Alberto (comps.). *El procedimiento abreviado*, Buenos Aires, Del Puerto, 2001.

LANGBEIN, John. *Understanding the Short History of Plea Bargaining.* Faculty Scholarship Series. 544, 1979.

LANGBEIN, John. Sobre el mito de las constituciones escritas: la desaparición del juicio penal por jurados. Trad. Alberto Bovino e Christian Courtis. *Revista Nueva Doctrina Penal*, Ed. Del Puerto, Buenos Aires, t. 1996.

LEMOS JR., Arthur Pinto de. Colaboração (delação) Premiada: passo a passo. Artigo publicado no *Jornal Carta Forense*, 2016. Disponível em: http://www.cartaforense.com.br/conteudo/artigos/colaboracao-delacao-premiada-passo-a-passo/16399. Acesso em: 19 out. 2019.

LIMA, Roberto Kant de. Polícia, Justiça e Sociedade no Brasil: uma abordagem comparativa dos modelos de administração de conflitos no espaço público. *Revista de Sociologia e Política*, nº 13, 1999.

LIMONGI, Maria Isabel. O volume I da História da Inglaterra e o debate constitucional inglês: Hume contra a ideia de lei fundamental. *Cadernos de História e Filosofia Alemã*, vol. 20, n. 2, 2015.

LYNCH, Gerrard. Plea bargaining: el sistema no contradictorio de justicia penal en Estados Unidos. *Revista Nueva Doctrina Penal*. Buenos Aires, 1998.

LOC. U.S. *Reports: North Carolina v. Alford*, 400 U.S. 25, 1970. Disponível em: https://www.loc.gov/item/usrep400025/. Acesso em: 22 out. 2019.

LOCKE, John. *Segundo Tratado sobre o Governo Civil*. Editora Vozes. Distribuição pelo Clube do Livro Liberal.

LOPES JR., Aury. Sistemas processuais penais: ainda precisamos falar a respeito? In: GLOECKNER, Ricardo (org.). *Sistemas processuais penais*. 1ª ed. Florianópolis: Empório do Direito, 2017.

LOPES JR., Aury. *Adoção do plea bargaining no projeto "anticrime"*: remédio ou veneno? Conjur, 2019. Disponível em: https://www.conjur.com.br/2019-fev-22/limite-penal-adocao-plea-bargaining-projeto-anticrimeremedio-ou-veneno. Acesso em: 22 out. 2019.

LOSANO, Mario. *Os Grandes Sistemas Jurídicos*: introdução aos sistemas jurídicos europeus e extra-europeus. 1ª ed. São Paulo: Martins Fontes, 2007.

LUTERO, Martinho. *Do Cativeiro Babilônico da Igreja*. Trad. Martin N. Dreher. São Paulo: Martin Claret, 2007.

MACEDO, Fausto. 90% dos juízes apoiam plea bargain de Moro. *Estadão*, 2019. Disponível em: https://politica.estadao.com.br/blogs/fausto-macedo/90-dos-juizes-apoiam-plea-bargain-de-moro/. Acesso em: 22 out. 2019.

MARCELLINO JR., J. C. *O direito de acesso à justiça e a análise econômica da litigância*: a maximização do acesso na busca pela efetividade. Tese de Doutorado em Direito – Universidade Federal de Santa Catarina. Florianópolis, 2014.

MARTINS, Rui Cunha. *A hora dos cadáveres adiados*: corrupção, expectativa e processo penal. São Paulo: Atlas, 2013.

MARTINS, Rui Cunha. *O método da fronteira*: radiografia histórica de um dispositivo contemporâneo. Coimbra: Almedina, 2008.

MARTINS, Rui Cunha. *O ponto cego do direito*: the brazilian lessons. 3ª ed. São Paulo: Atlas, 2013.

MATTEI, Ugo. A Theory of Imperial Law: A Study on U.S. Hegemony and the Latin Resistance, *Indiana Journal of Global Legal Studies*: Vol. 10: Iss. 1, Article 14.

MENDES, Armindo. O Direito dos Estados Unidos da América e a construção do constitucionalismo norte-americano. *Ensayos sobre Derecho Comparado y Constitución*. Coord. BARNEY, Oscar; LOPES, Teresa da Cunha; PEGORARO, Lucio. Ed. CIJUS/ Facultad de Derecho, CAEC "Derecho, Estado y Sociedad Democrática", 2012.

MCCONVILLE, Mike; MIRSKY, Chester. *Jury Trials and Plea Bargaining*: a true history. Oregon: Hart Publishing, 2005.

MPF. Ministério Público Federal. *Parecer do Ministério Público Federal no HABEAS CORPUS nº 5029050-46.2014.404.0000*. Conjur, 2014. Disponível em: https://www.conjur.com.br/dl/lava-jato-parecer-mpf-prisao-forcar.pdf. Acesso em: 22 out. 2019.

MPF. *Nota Técnica Conjunta da Procuradoria Geral da República/Secretaria de Relações Institucionais, nº 105/2019*. p. 6-7. Disponível em: http://www.mpf.mp.br/pgr/documentos/NT1052019SRI.pdf. Acesso em: 22 out. 2019.

MPRR. *Nota Pública do Conselho Nacional de Procuradores-Gerais dos Ministérios Públicos dos Estados e da União*. 2019, online. Disponível em: https://www.mpro.mp.br/documents/296926/0/Nota+Pública+Plea+Bargain.pdf/77e39efa-406c-4376-aae2-35dbfb20e753. Acesso em: 22 out. 2019.

YAROCHEWSKY, Leonardo I. Direito à defesa técnica. *Migalhas*, 2015. Disponível em: https://www.migalhas.com.br/dePeso/16,MI217468,41046-Direito+a+defesa+tecnica . Acesso em: 14 out. 2019.

MORIN, Edgar. *Introduccion al pensamiento complejo*. Disponível em: http://grupal.reletran.org/wp-content/uploads/2013/09/MorinEdgar_Introduccion-al-pensamiento-complejo.pdf. Acesso em: 22 out. 2019.

NECKEL, K. J.; BOY, R. V. *A Inglaterra como construção e manutenção historiográfica na História Eclesiástica de Beda e na Crônica Anglo-Saxônica.* Anais do XVII Encontro Estadual de História da ANPUH-SC, 2018.

NEDER, Gizlene. *Iluminismo jurídico-penal luso-brasileiro*: obediência e submissão. Coleção Pensamento Criminológico nº 04, 2ª ed. Brasil: Editora Revan, 2007.

NEDER, Gizlene; CERQUEIRA FILHO, Gisálio. Formação Jurídica e História das Faculdades de Direito em Portugal e no Brasil. *Direito em Movimento,* Rio de Janeiro, v. 16 – n. 2, p. 106-136, 2º sem. 2018.

NEDER, Gizlene. Cultura, Poder e Violência. *Revista Latinoamericana de Psicopatologia Fundamental,* v.12, 2009.

NEDER, Gizlene; CERQUEIRA FILHO, Gisálio. Os filhos da lei. *Revista Brasileira de Ciências Sociais,* vol. 16, n. 45, 2001. p. 114. Disponível em: http://dx.doi.org/10.1590/S0102-69092001000100006. Acesso em: 23 out. 2019.

NEVES, Clarissa E.; NEVES, Fabrício M. O que há de complexo no mundo complexo? Niklas Luhmann e a Teoria dos Sistemas Sociais. *Sociologias,* ano 8, nº 15, Porto Alegre, jan.-jun. 2006.

NUNES, A. J. A. Neoliberalismo e direitos humanos. *Revista da Faculdade de Direito,* Universidade de São Paulo, v. 98, 1 jan. 2003.

NUNES, A. J. A. *A inevitabilidade da globalização é um mito; a tese de que não há alternativa é um embuste.* Disponível em: https://www.resistencia.cc/avela-nunes-a-inevitabilidade-da-globalizacao-neoliberal-e-um-mito-a-tese-de-que-nao-ha-alternativa-e-um-embuste/. Acesso em: 23 out. 2019.

OLIVEIRA, Rafael Serra. *Consenso no processo penal*: uma alternativa para a crise do sistema criminal. Tese de mestrado em ciências criminais: Coimbra, 2013.

OYEZ. "*Brady v. United States*". 1970. Oyez. Disponível em: www.oyez.org/cases/1969/270. Acesso em: 23 out. 2019.

OYEZ. "*Santobello v. New York.*" 1971. Oyez. Disponível em: www.oyez.org/cases/1971/70-98. Acesso em: 23 out. 2019.

PAULA, Renato Tavares de. A justiça criminal negocial nos crimes de média gravidade no Brasil. Reforço efetivo da política criminal e incremento funcional da eficiência do processo. *Boletim IBCCRIM,* Ano 26, Nº 312, Janeiro/2019.

PAULO NETTO, José. *Introdução ao estudo do método de Marx.* 1ª ed. São Paulo: Expressão Popular, 2011.

PASTRANA, Ángel Tinoco. *El sistema judicial penal en el Common Law y el principio de oportunidade.* Tese doutoral apresentada ao departamento de direito penal e processual da Faculdade de Direito da Universidade de Sevilla.

PLUCKNETT, Theodore F. Thomas. *A Concise History of the Common Law.* Indianapolis: Liberty Fund, 2010.

PRADO, Geraldo. *Transação Penal.* 1ª ed. Coimbra: Edições Almedina, 2015.

PRADO, Geraldo. *A cadeia de custódia da prova no processo penal.* São Paulo: Marcial Pons, 2019.

PRADO, Geraldo; GRANDINETTI CASTANHO DE CARVALHO, L. G.; MARTINS, Rui Cunha. *Decisão judicial*: a cultura jurídica brasileira na transição para a democracia. São Paulo: Marcial Pons, 2011.

PRIGOGINE, Ilya. *As leis do caos.* Trad. Roberto Leal Ferreira. São Paulo: Editora UNESP, 2002.

PRUDENTE, E. A. de J. O negro na ordem jurídica brasileira. *Revista da Faculdade de Direito*, Universidade de São Paulo, v. 83, 1 jan. 1988.

RAKOFF, Jed S. Why Innocent People Plead Guilty. *The New York Review of Books*, 2014. Disponível em: http://www.floridayoujudge.com/wp-content/uploads/2016/07/Why-innocent-People-Plead-Guilty-J-Rakoff.pdf. Acesso em: 22 out. 2019.

RANCIÉRE, Jacques. *O desentendimento – política e filosofia.* Trad. Ângela Leite Lopes. São Paulo: Editora 34, 1996.

RICOUER, Paul. A memória, a História, o Esquecimento. Campinas: Editora da Unicamp, 2018.

ROSA, Alexandre Morais da; LINHARES, José Manuel Aroso. *Diálogos com a law & economics.* Rio de Janeiro: Lúmen Juris, 2009.

ROSS, Stephen F. *Bordenkircher v. Hayes: Ignoring Prosecutorial Abuses in Plea Bargaining*, 66 Calif. L. Rev. 875 (1978). Disponível: https://scholarship.law.berkeley.edu/cgi/viewcontent.cgi?referer=https://www.google.com/&httpsredir=1&article=2367&context=californialawreview. Acesso em: 22 out. 2019.

ROUSSEAU, Jean-Jacques. *O Contrato Social.* 3ª ed. São Paulo: Martins Fontes, 1996.

SANTOS, Boaventura de Sousa. *Para um novo senso comum: a ciência, o direito e a política na transição paradigmática.* Volume 1: A crítica da razão indolente: contra o desperdício da experiência. 8ª ed. São Paulo: Cortez, 2011.

SANTOS, Boaventura de Sousa. *A Crítica da Razão Indolente: Contra o desperdício da experiência.* Vol. 1. 1ª Ed. São Paulo: Cortez Editora, 2017.

SCHUNEMANN, Bernd. *La reforma del proceso penal.* Madrid: Editorial Dykinson, 2005.

SILVA, Danni Sales. *Justiça Penal Negociada.* Dissertação de Mestrado apresentada no âmbito do programa de pós-graduação em Ciências Jurídico-Criminais da Faculdade de Direito de Lisboa. Lisboa, 2016.

SOUZA, Jessé. *A classe média no espelho*: sua história, seus sonhos e ilusões, sua realidade. Rio de Janeiro: Estação Brasil, 2018.

SOUZA, Jessé. *A tolice da inteligência brasileira*: ou como o país se deixa manipular pela elite. 2ª ed. Rio de Janeiro: Leya, 2018.

SOUZA, Jessé. *A elite do atraso*: da escravidão à Lava Jato. Rio de Janeiro: Leya, 2017.

STONE, Lawrence. *Causas da Revolução Inglesa*: 1529-1642. Bauru: Edusc, 2000.

STUNTZ, William J. Bordenkircher v. Hayes: The Rise of Plea Bargaining and the Decline of the Rule of Law (November 2005). *Harvard Public Law Working Paper* n. 120, p. 13. Disponível em: https://papers.ssrn.com/sol3/papers.cfm?abstract_id=854284. Acesso em: 22 out. 2019.

STJ. Superior Tribunal de Justiça. *Novo CP*: instituto da barganha vai permitir acordo com processo em curso para réu que confessar crime. Jus, 2013. Disponível em: https://stj.jusbrasil.com.br/noticias/3133811/novo-cp-instituto-da-barganha--vai-permitir-acordo-com-processo-em-curso-para-reu-que-confessar-crime. Acesso em: 22 out. 2019.

SUPREME. U. S. *Reports: Parker v. North Carolina*, 397 U.S. 790 (1970). Pp. 790-816. Disponível em: https://supreme.justia.com/cases/federal/us/397/790/. Acesso em: 22 out. 2019.

TURNER, Jenia. *Plea bargaining across borders*. New York: Aspen, 2009.

VALIM, Rafael. *Estado de exceção*: a forma jurídica do neoliberalismo. São Paulo: Editora Contracorrente, 2017.

VASCONCELLOS, Vinícius. *Barganha e Justiça Criminal Negocial*: análise das tendências de expansão dos espaços de consenso no processo penal brasileiro. 2ª ed. Belo Horizonte: Editora D'Plácido, 2018.

VASCONCELOS, Frederico. Juízes criminais apoiam proposta de Moro sobre acordo penal. *Folha de São Paulo*, 2019. Disponível em: https://blogdofred.blogfolha.uol.com.br/2019/01/06/juizes-criminais-apoiam-proposta-de-moro-sobre-acordo--penal/. Acesso em: 22 out. 2019.

VOGLER, Richard. Justiça consensual e processo penal. In: CHOUKR, Fauzi Hassan; AMBOS, Kai (coords.). *Processo penal e Estado de direito*. Campinas: Edicamp, 2002.

WAGNER, Peter; RABUY, Bernadette. Following the Money of Mass Incarceration. *Prisionn Policy Initiative*, 2017. Disponível em: https://www.prisonpolicy.org/reports/money.html. Acesso em: 22 out. 2019.

WIEACKER, Franz. *História do Direito Privado Moderno*. 2ª ed. revista. Trad.: A. M. Hespanha. Lisboa: Fundação Calouste Gulbenkian, 1967.

WORRALL, John L.; NUGENT-BORAKOVE, M. (Editors). *The changing role of the American prosecutor*. Albany: State University of New York Press, 2008.

EDITORA
JusPODIVM
www.editorajuspodivm.com.br

Impresso por:
Docuprint
CNPJ 01.036.332/0001-99

JUS2805